PROFITING IN BULL OR BEAR MARKETS

聪明投资

如何利用经济枯荣循环获利

[美] 乔治·达格尼诺 著
陈仪、黄嘉斌 译

山西出版集团
山西人民出版社

图书在版编目(CIP)数据

聪明投资:如何利用经济枯荣循环获利 /(美)乔治·达格尼诺 著;陈仪 黄嘉斌 译
——太原:山西人民出版社,2010.12
ISBN 978—7—203—07112—9

I. ①聪… Ⅱ. ①乔… ②陈… Ⅲ. ①投资学 Ⅳ. ①F830.59

中国版本图书馆 CIP 数据核字(2010)第 248018 号

聪明投资:如何利用经济枯荣循环获利

著　　者:(美)乔治·达格尼诺
责任编辑:魏美荣
装帧设计:蒋宏工作室

出　版　者:山西出版集团·山西人民出版社
地　　　址:太原市建设南路 21 号
邮　　　编:030012
发行营销:0351-4922220　4955996　4956039
　　　　　0351-4922127　(传真)　4956038　(邮购)
E-mail:sxskcb@163.com 发行部
　　　　sxskcb@126.com 总编室
网　　　址:www.sxskcb.com

经销者:山西出版集团·山西人民出版社
承印者:三河市航远印刷有限公司

开　本:787mm×1092mm　1/16
印　张:19
字　数:240 千字
版　次:2011 年 1 月第 1 版
印　次:2011 年 5 月第 2 次印刷
书　号:978—7—203—07112—9
定　价:48.00 元

如有印装质量问题请与本社联系调换

各种经济指标犹如四季枯荣变化，遵循着经济世界的自然规律，循环往复。聪明投资，需要敏锐地把握这些息息相关指标的细微变化，才能洞悉商业与金融市场中的股票、债券、大宗商品、货币以及其他资产价格之间的内在运行规律，无论牛市、熊市都能从中获利。

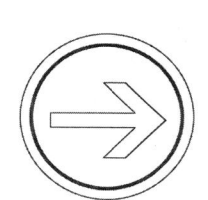

物价指数CPI
房价
GDP
石油价格
利率
就业指数
采购经理人指数
狭义货币供应量M1
……

乔治·达格尼诺提供的投资咨询服务：

福布斯（1998年）：过去10年投资咨询绩效"五佳红榜"（Top Five "Honor Roll"）
福布斯（1995年）："过往10年中提供的投资咨询建议，牛熊稳赚。"
时代杂志（1998年）：过去15年最好的5个投资咨询服务机构之一。
华盛顿邮报（1999年）：过去15年最好的5个投资咨询服务机构之首。

赞誉报道乔治·达格尼诺博士的专业传媒：

投资者报
巴伦周刊
消费者新闻与商业频道CNBC
CNN
《纽约时报》
《福布斯》
《华盛顿邮报》

乔治·达格尼诺图

在美国和中国台湾广受传媒与专业投资者引用
是对经济指标作用与金融市场预测最形象的图形描述之一

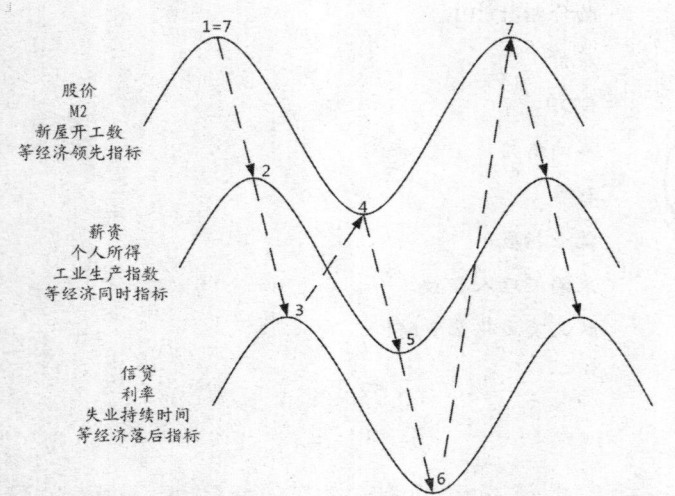

涨落有序

领先指标的高峰出现在同时指标的高峰之前；而同时指标的高峰，则出现在落后指标的高峰之前；落后指标的高峰之后，紧跟着出现的是领先指标的谷底，之后，同时指标和落后指标的谷底才会出现。这样的循环周而复始地在不断运行。

落后指标与股市

在技术分析领域，有人说"一千个落后指标也比不上一个领先指标"。

但在基本面分析领域，乔治·达格尼诺博士认为，**落后指标可能比领先指标更重要，因为落后指标不变，股价的趋势不变。**

"当某些落后指标如通货膨胀率、短期及长期利率下滑或维持平稳的阶段，投资股票市场的风险自然就较低，容易获取较佳的报酬。然而，当通货膨胀率、短期及长期利率开始上扬，股市通常就已达到高峰了。"

热议和推荐

三年来,我读过最棒的 33 本财经书籍中,我首先要向大家推荐这本《聪明投资:如何利用经济枯荣循环获利》,书中的股票市场四个循环对投资者很有启发和借鉴价值。

——台湾最著名的投资博主之一 黄国华

操盘投资前要识别经济大势,要适应当时的环境。如何确定经济热冷,如何确定通胀通缩?在通胀或者通缩的时候,我们的投资股票放在什么行业会比较好点:做生产的,做房产的,做消费的,还是搞资源的?这些其实都跟经济的循环起伏很有关系。要正确把握经济大势,提高投资的预见性,把握物价,房价,外汇以及股价下一步的变化趋势,《聪明投资:如何利用经济枯荣循环获利》一书就给了我们一幅很好的投资四季地图。

——新浪财经名博及《厚黑操盘学》作者 空空道人

本书对复杂生硬的经济指标及数据做了完美解释,对于我们经常提到的 GDP、CPI、PMI,本书不仅通俗易懂地给出了解释,并且还教会大家如何利用这些指标,来评估金融市场及投资机会。对于已经走过 20 年的中国资本市场而言,随着市场的规范化和国际化,如何读懂经济指标将越来越成为投资者所必须掌握的基本功,本书值得一读。

——新浪财经名博 揭幕者

达格尼诺博士会向你展示,如何巧妙运用投资策略,利用金融市场的枯荣循环,为自己谋取投资收益。达格尼诺博士揭示了为什么经济的枯荣循环和各国央行才是驱动金融资产价格的源动力,股票、债券、大宗商品、短期利率、房价、汇率,无一例外。

——Traderslibrary 网站

在书中,达格尼诺博士描绘了整个金融市场枯荣循环过程,并且对关键点进行了清晰的解释,例如经济、制造业和非制造业生产指数、原材料价格、利率、通胀。针对每一领域提出的策略都是真知灼见。

——SafeHaven 网站

我们的投资者需要仔细品读这本关于金融市场周期的书,领会并且实施他给出的投资建议。

——InvestingSchool 网站

乔治·达格尼诺是最有效率的经济学家。他出色、流畅地解释了经济指标和实体经济之间的关系,指标所体现出的状况对实体经济有什么样的影响,让人印象深刻。

—— Stanley Ross
克莱门森大学管理部门

毫无疑问,对于那些真正致力于开发交易策略,希望规避金融循环造成的风险,利用金融循环造成的价格波动来获利的投资者,这本书是必要的知识补充。

——Tim Slater
技术分析组织协会 经理

目录
CONTENTS

序 言

导 读

1 一场"你"和"经济"之间的博弈 /1

交易的目的是良好的获利表现,而交易的对象其实就是经济形势。投资人需要了解经济形势,从而预测金融市场的走向,并准备好应对策略。这是一场"你"和"经济"之间的博弈。

2 经济指标告诉你:经济正在做什么 /17

经济指标显示经济状况,告知投资人当前经济处于强势、持续强势、走疲还是低迷。投资人需要了解主要经济指标的意义,掌握判断经济发展方向及强度的方法。

3 经济指标间的关系 /45

经济领域,枯荣循环无处不在。本章介绍不同循环之中的经济指标之间的关系,帮你了解经济体系中的正面和负面回馈过程。

4 领先、同时及落后指标的综合指数 /63

领先、同时及落后指标是何物,这些指标对商业循环的影响几何,以及金融市场对经济增长率波动的反应又是如何……投资人需要利用经济指标清晰分辨目前的经济现况。

5 商业循环:经济指标的实务运用 / 77

商业循环的长短及波动性,乃至期间的投资风险,这些都完全取决于落后指标何时开始上升,以及上升的速度。投资人应该通过观察落后指标调整投资决策。

6 经济与投资的长期趋势 / 99

经济成长相对其长期平均成长率的强度,对金融市场及整体投资气氛而言,都具有极重大的影响力,投资人必须先深入了解整体的长期经济趋势。

7 中央银行与投资 / 121

任何国家中央银行——就像美国的联邦储备局,是一个国家中被赋予法定权力,足以影响短期利率水准与趋势的机构。那么,中央银行将如何作用于金融市场?

8 通货膨胀与投资 / 147

详尽探讨通货膨胀的过程。探究原材料商品价格何时会上涨、何时会下跌,以及其价位水准对商业循环及通货膨胀的相关影响。

9 债券与经济循环 / 165

债券价格(以及因此而衍生的利率水准)是非常重要的经济指标,因为它们可以反映金融市场的风险程度。本章解释债券的意义,讨论债券的投资方法。

10 股票市场与经济循环 / 187

经济状况、经济成长的长期趋势、通货膨胀,这些变动相互关联,对于股票市场构成重大影响。投资人应该增加或减少股票风险?是否应该持有100%的股票?

11 股价趋势技术分析 / 209

单纯观察股票价格行为,乍看之下或许十分狭隘;可是,技术分析确实可以提供一些助益。技术分析可以为择时提供一些参考线索,任何态度严肃的投资人都不应该忽略。

12 股票投资组合风险管理 / 229

投资组合的筛选问题,涵盖的范围很广,包括:你应该抱着什么心态来处理这方面的程序,如何管理风险,何时买进/何时卖出,以及每位投资人都必须面临的种种疑难杂症。

13 增进股东持有价值 /241

观察公司如何利用经济与金融循环所驱动的力量。讨论公司如何增进股东的持有价值,企业领袖如何提高股东的投资报酬,并说明公司首席经济顾问扮演的角色。

14 结论:指标排列结构和应对策略 /255

投资风险有多高?投资风险正在增加或减少?看一下指标排列结构,一目了然。

15 接着如何着手 /267

如何运用本书中有关经济与金融循环的内容、理论、关系与资讯。由资料收集开始,到绩效衡量为止,协助管理你的权益。

序 言

PREFACE

中国——正在升腾的世界经济核心!

中国的力量,来自于她勤劳、智慧、自律的人民。中国人民是中国辉煌成长的主动力。而为了保持这种成长,中国的领导人和中国的企业家们,不得不面对各种各样的决策。

每一天,都有无数决策被制定出来。比如,是扩充生产规模,还是降低生产规模。如果扩充生产规模需要购入更多的原材料,通常会抬高大宗商品价格。于是,就产生了相应资产的投资机会。如果企业选择降低生产规模,就会相应购入较少原材料。结果通常是大宗商品价格下降。于是通胀问题得到有效缓解。而此时进行债券投资,比如国债,将会受益于这种环境,从而产生资本增值。

一般而言,做出降低存货的决策,微观层面上可能是为了应对企业销售额下降,宏观层面上则很可能是因为整体经济趋弱。长期的弱势经济是中国领导人不能容忍的,于是,中央银行将降低基准利率。宽松的货币政策将创造充足的流通性。这时,股票市场开始勃发生机。

在相反的情况下,如果金融当局采取货币紧缩政策,控制过热的中国经济,将很可能使股票市场停止上扬……

这些关系,在所有的发达工业国家都可以观察到,在中国能否例外呢?不会。因为决策驱动经济枯荣循环,而做出决策的依据,是人和企业的天性——最大化自己的福祉。中国人与世界上其他国家的人们一样，会根据同样的原因，做出同样的决策，驱动大宗商品、公司所有权、债券、房屋、艺术品和任何其他种类资产发生价格变化。

这本书的目的，是向你展示这些关系。理解这些关系，有助于你建立一个成功的投资组合。

这本书是我过去 30 余年来研究商业及金融循环的行为模式，以及它们对投资管理的影响之相关心得。本书中的观点，源自于当年我在俄亥俄州克里夫兰 Case-Western Reserve 大学所写的博士论文。

这所大学以其在管理、信息系统和人工智能等领域的教学和研究而著称。毕业之后的几年，我把所学付诸实践，并逐渐领会其中要义。终于，我认识到，对于商业和金融循环这个课题的整个研究，其实是一个"思考工程"，其过程完全是逻辑和结构性的思考，所以属于典型的人工智能领域。

人工智能是计算机科学的一个分支，其基本假设是，人的思想可以被复制。任何头脑中的想法，都是经由多个组织到一起的逻辑步骤产生的。

当我研究驱动金融市场和资产价格变动的力量时，有一些经济指标的相互关系，明显比另外的一些更为显著。最为显著的，是那些经济指标的反转点和变动趋势在时间上的相互关系。使用绝对化的指标（比如，某个指标 A 达到 50），往往使我的研究结论和由此衍生的交易策略不够合意。但是，经济指标的变动趋势（比如，利率上升对股价的负面影响），对于交易策略有至关重要的价值。

本书的宗旨是将我的思考过程一步一步地呈现，同时，尽可能保持内容的连续性。当我述及新内容时，我会确认新内容的加入使之前建立的逻辑关系更加清晰，更加易懂。对我而言，挑战是，首先厘清各种可靠的、可获利的指标关系，然后找到一种能将它们组合在一起的方式，使得任意组合都能够推衍出唯一的有效投资策略。要找到这样的有效投资策略，必须要使用一些违背传统的新认识。例如，美联储实际上并不能控制利率，真正控制利率的是市场。利率上升是因为市场的力量使得资金价格走高。市场对于棉麻、铝和其他商品的价格也有同样的影响。美联储对于利率水平确实有冲击，但是这个过程并非直截了当，虽然财经时评人员往往言之凿凿。

同样的道理也适用于原油价格，它同样是由市场驱动。石油输出国组织就如同美联储一样，拥有绝对垄断地位。前者影响石油价格，后者影响资金价格。垄断的存在，只能增加价格的波动程度，而不能左右上升和下降的趋势，趋势由市场说了算。

我完全清楚这些说法有违常理，但是我相信，策略制定者和投资人必须敞开胸怀接受新观念。如果需要解决的问题是预测利率走势，投资者必须找到利率循环变动的真正模式。虽然利率变动的原因有可能确实是美联储，但在传统的预测利率和股市趋势的方法中，由原因到结果的过程分析绝对是错误的，对于原油价格和其他资产价格的预测也是如此。

这本书为读者提供了一个逻辑框架，明确了众多指标数据间的关系，融合了经济和金融中的众多变量，是我一生对市场调查、研究，几经成败之后的结晶。

这不是一本理论性的书籍，而是基于30年来担任 *The Peter Dag Portfolio Strategic and Management* 双周刊主编的经验，这份投资评论刊物早已赢得国内外的认可。

而过去在固特异轮胎及橡胶公司（the Goodyear Tire and Rubber Company）供职的经历，也让我有机会熟悉交易策略中的精髓。我的职责，一是为投资部门和CFO提供咨询，以优化固定资产与流动资产的比率；二是管理30亿美元的利率衍生品交易和10亿美元的外汇对冲业务。

这样的经历让我有非常多的机会来验证自己的想法，并且学会了如何在诡谲又复杂的市场中求胜，进而不断完善投资策略。在金融市场中为客户管理资金不啻为一种持续不断学习的过程。在我的网站 www.peterdag.com 上可以找到更多资讯。

George Dagnino

导读

　　Timer Digest 是一家交易模型绩效排名网站。监测超过 100 种交易模型的进出场信号，交易对象涵盖股票、债券、黄金等。网站对于各种模型的跟踪历时长久而且精确公正。向 Timer Digest 提供交易策略的投资和金融专家，无疑是开诚布公的。

　　2008 年底，全球金融危机爆发。2009 年上半年，全球各国的投资者都在政策导向和市场反应组成的重重迷雾中踟蹰、迷茫，渴望找到前行的方向。而在 2009 年 6 月底 Timer Digest 发布的投资绩效跟踪排行榜上，由乔治·达格尼诺所提供的投资策略 *Peter Dag Portfolio Strategy*，在上半年中，以 42.34% 的投资收益率雄踞榜首，领先第二名将近 10 个百分点，领先第三名将近 20 个百分点，同期标准普尔 500 指数只上涨了 3.76%。

　　Timer Digest 于 2009 年底公布的全年度排名中，乔治·达格尼诺以全年 55.65% 的收益率位列第三。前两名凭借 2009 年下半年标准普尔 500 指数飙涨 35.2% 赢得不到两个百分点的微弱优势，乔治·达格尼诺充分分散的投资组合貌似略逊飙涨的股市一筹，但股市不是永远向上。

　　2010 年上半年，标准普尔 500 指数大幅震荡，指数在 6 月底比上年末下跌了 7.57%，牛市涌现出的众多股神纷纷跌落神坛。乔治·达格尼诺在此期间的收益率为 12.49%，位列 Timer Digest 总榜第四名，而上年末排行榜上的前两名早已因为重仓股票而惨赔。

　　至此，乔治·达格尼诺在加入 Timer Digest 跟踪行列之后的一年半之中，每一个季度的收益率都超过了标准普尔 500 指数涨幅，是十强榜单中唯一一直在榜,从未跌落前四,并且收益率变动幅度最小的。

乔治·达格尼诺能在金融市场的洪荒时期明辨六合,是如何做到的呢?

在本书中,作者将介绍:

商业和金融循环如何驱动着股票、债券、大宗商品、短期票据和其他资产价格发生变化。

价格行为为何表现出周而复始和循规蹈矩的规律。

交易者如何辨别价格行为规律提供的获利良机。

通过作者在本书中介绍的方法,你会发现看似无序的市场行为有其清晰的发展轨迹,其背后的根本原因也得到了清晰的解释。

例如,金融危机后的2009年,股市止跌企稳(股市表现本身也是一种指标),利率人为维持低位,流动性充足,很多人以为股市马上就会进而上扬,但乔治·达格尼诺早在1999年于本书中这样写道:

你可以把经济循环转折看成是股票市场蓄水库的控制闸门。当景气情况好转,经济成长快速,到处都是投资机会,企业界急需资金来扩充产能或购买新设备,于是企业的获利能力提高。这类投资机会的报酬率可能高达40%或50%,显然超过股市所能提供的报酬水准。因此,当经济运转热络,景气展望乐观,投资人把资金由蓄水库,也就是股票市场,转移到经济体系的实质面。

作者抛弃了火星文一样的专业术语,将金融理论中的资本市场线用通俗的语言进行了描述。充足的资金会让企业持续扩大投资,而高企的通胀会让这些本不该存在的投资有华丽的短期表现,此时用金钱在股市重置资产的收益率低于直接投资实体经济,所以资金会追逐新投资项目的收益而不进入股市。

如果2009年的股市不是好的投资场所,那么应该选择什么市场呢?在本书关于大宗商品的章节,作者写到:

由于货币政策宽松,使货币供给成长率走高、实质短期利率维持低档,促使所有的原料商品同步上涨。由于它们的价格波动较消费者物价或生产者物价为大,因此,对预测未来通货膨胀走势而言,是更重要的线索。如果原料商品全面上涨,显示通货膨胀迟早会走高。原料商品的大幅上涨,是货币供给成长率过速、低实质利率及强势经济成长的结果,这三项要素的完美组合,使通货膨胀遭到推升。

本书作者已经笃定,通胀迟早会来临,因而,应该选择因需求旺盛而上扬,并且能够超越通胀的投资品种。这样看来大宗商品期货市场是首选。

如果中国读者了解达格尼诺博士介绍的这些知识,在中国市场上实行这些策略,那么将超越达格尼诺博士在美国市场取得的收益率。

乔治·达格尼诺博士在写作本书之前,曾担任固特异轮胎和橡胶公司首席经济学家,对周期理论已经钻研了20余年。作者从1977年开始就担任广受推崇的 The Peter Dag Portfolio Strategy and Management 投资评论双周刊主编,时至今日,这份刊物关于市场的看法仍旧经常被美国个人投资人协会(American Association of Individual Investors)、《福布斯杂志》(Forbes)、《纽约时报》(the New York Times)、《华盛顿邮报》(the Washington Post)等机构和媒体转载。

通过本书,读者将会认识到,把经济指标仅仅理解为一种量度,是错误的,是典型的静态看问题。经济指标不仅表明经济各领域当前的状态,还揭示经济发展的方向。要充分解读经济指标包含的信息,需要把它置入经济周期和金融市场周期的框架中。在周期框架中,领先指标、同步指标、落后指标三者的此起彼伏,把经济发展走势和金融市场行情的转折时点、当前趋势强弱、趋势持续时间都细致地描绘出来。

统计局公布的经济指标为数众多,其中较为重要的也有几十个,它们作为实体经济的特征,并非各自独立,而是如同人的体温、心跳、血压、脑电波等等特征一样,对整体状态进行综合反映。实体经济的各个领域之间是相互影响的,指标之间也就必然存在联动关系。了解这种联动的关系,就能够更加准确地验证金融市场当前的形势,更加合理地预测今后的走向。

当需要对经济形势做出判断和预测时,指标数值就好比六分仪上的刻度,指标之间的联动关系就好比航海地图和天空中的星星,将二者比对,就能够看清经济形势和金融市场的当前位置和发展方向。

除那些只能投资股市的基金之外,很多股民,尤其是老股民,有一个无奈的天职,那就是在漫漫熊市中站岗(或曰被套牢)到天亮。其实,良禽择木。股票市场的行情,与债券、大宗商品、地产等市场的行情交替走强,即所谓景气循环。而表现优秀的投资者与行情走强的市场是相互选择的关系。本书恰好解释了市场间的互动关系,是投资者开阔视野的好工具。

1
一场"你"和"经济"之间的博弈

博弈与策略

制定商业及金融策略的主要目标,是为了维持某种程度以上的获利表现。达到此一成果的最大挑战,便是如何在将获利的波动性降至最低的同时,还可以维持稳定的获利表现。想维持稳定的获利表现,必须具备足够的能力,以预测竞争者及金融市场中的变化。而当商业及金融条件改变时,如何在风险及报酬间取得平衡,也是非常重要的一点。读者一定很想知道,如何能做到上述几点?究竟主导商业及金融策略的主要变数是什么?是否有一个通用的模式可供策略分析师遵循?而你的研判能力是否够强?

谁也说不准自己的事业或投资组合会到怎样的地步,你永远也找不到一个简易可供遵循的公式,来告诉你最后的结果。如果可以,那每个人都可以成为成功的企业家,并因此致富。然而,即使成功并非绝对的,确实有一些特定的指导原则,在经过长时间的验证后,被证明是具有参考价值的。

有种方法经常被沿用在研拟商业及金融策略的制定上,就是将整个研拟过程当成一场竞赛。每个参赛者都尝试与另一个参赛者或市场竞争,费心思考制胜之道以赢过其他竞争者（或投资人），而在这一连串的过程中，策略的雏形便逐渐产生。

在20世纪40年代，这个博弈理论会协助军队用来规划，并执行了许多成功的策略。战争透露出在取得最佳报酬过程中的一个问题——想以最低的成本去打倒那些同样想要获胜的敌人，即使不知道对方将采取什么策略。对一个成功的企业决策者或金融策略分析师来说，类似的过程非常重要：先洞察对手的优缺点、所处的市场地位或情境，然后再根据这些因素去推敲敌人的下一步行动，最后制定出一套让我方制胜的策略出来。

一旦推演出所有可行方案，及对手可能回应的报复行动后，我方便可以决定各个环节的推动顺序，逐一实践以期获得胜利。而在我方开始动作之后，对手的所有反应会让我们再回到沙盘推演阶段，以建立新的应对策略，如此周而复始地进行。制定商业及金融策略也会面临同样的问题，它们的共同点有：(1)没有人可以精确预估对手——也就是市场，一下步将采取什么行动。(2)制胜几率及报酬的高低，只能臆测而无法预知。(3)策略分析师们根据要求的报酬多寡、预估的风险，及个人可承受的风险程度来进行这场博弈。

本书的内容可视为一套游戏规则，其他参赛者，也就是其他投资人可能对这些规则会有不同的解读，因此极可能以不同的策略来参与整个博弈。然而，有一个不变的真理——那就是当参赛者对游戏规则认识越深，便越容易获胜。

通过风险管理，成功达成资金管理目标

强调风险的原因在于，所有的预测值都不是绝对可信的。事实上，股票市场、利率走势或经济情势的发展，通常不会和人们的预估全然符合。如果预测是可靠，且必然会发生的，那根本就不需要任何策略了，因为最好的策略就是把全部赌资都投注在那上面。但既然我们不能确知预测值是否准

确,为了避免全盘皆输,不能将所有筹码都拿去押注,必须思考应该采取什么策略。

预测不可能完全准确,因为它是经由不同步骤所推演出来的。而在每一个步骤里,你都会发现新的不确定因素。预测过程中最重要的一环,即是预测者所作的假设。这些假设通常建立在预测者的理念,以及他曾经在相似情境下所学习到的经验。例如,预测者可能根据政府发表的一些政策,如税率、实质利率水准等,来推论未来通货膨胀压力可能不会大幅升高。这是一个非常重要的假设,因为如果一个经济体系的通货膨胀稳定,通常就不会有太多金融变数产生,经济景气亦将维持稳定,而就业情况可能会非常良好,关于这些之后将在本书中详加介绍。而稳定或低通货膨胀的假设,则可以推演出利率将不会走高、股票市场可能维持上扬趋势的结论。由此可见,在预测的过程中,假设是关键性的一个步骤。

预测的第二个步骤是,深入了解过去经济体系中不同变数间,曾经产生的关联性。举例来说,当短期利率走高,股市的表现通常不佳,振荡幅度大,仅有少部分股票还能继续上涨。通常预测者会依据自己曾经历过的这类关联性来进行预测。通过这个步骤可以帮助投资人了解各经济变数间的相关性。

第三个步骤则是先了解目前的环境。例如,预测者通常可以分辨目前利率是下降中或维持平稳,并对于预示经济景气可能走缓的征兆保持警觉。有时投资人会发现在媒体上,并非每个经济学家对于经济现况都抱持相同的看法,例如货币供给额是否成长过快、耐久财订单是太强或太弱等,更遑论他们对未来的预测了。由此可知,要经由目前情势的评估来推演出一个准确的预测值,是非常不容易的。

到了第四阶段,预测者将假设、经济体系各变数间的历史关联,以及对目前经济情势的了解等三个步骤,全部加以整合。整合结果将提供给预测者一个方向,以确认未来将会发生哪些变化。然而很重要的一点是,我们必须认识到在各个步骤中,都会有一个关键性的不确定因子存在。因此在每一个阶段里,都有可能会产生错误——这就是风险,也就是说预测值很可能是不准的。因此,对于不确定因子存在之认知是绝对必要的,因此投资人必须设法保护他们的资产,免于因错误的预测值而遭到损失。所以,深入了解预测过程中各个组成因子是非常重要的。如上所述,我们必须确实了解在整个预测过程中,曾经作了些什么假设、经济体系中各变数的相关性、目前的整体情势,以及整个预测值的推演过程是否合理。

一般而言,整个预测过程进行得越顺利,结果也会更加准确。然而,不论你有多么小心谨慎,绝不能忽略一点:不确定因子永远存在。而降低不确定性的最佳方法,便是不断检讨预测过程及结果。每当政府单位、中央银行或市场本身发布任何一个新讯息,预测者都必须将之列入评估,并重新检视整个预测的可能变化,再研拟一个新的预测。如此重复的检讨过程,可以使你进一步了解目前的实际情况,而使整体风险降低。

从投资的观点来看,另一个重要议题是了解趋势——这也是实际上获利与否的关键点,而非只靠预测。未来经济增长率会是2%或是6%?经济景气是否即将开始走缓,或持续低迷?利率是否将继续走高,或上升幅度会趋缓?若以数字来说也就是,利率会上升至6%或经济增长率将达5%?其实,这些对投资人而言帮助并不大。唯有掌握全盘的基本面趋势,才容易获取大量的利润。因为一旦经济趋势形成,将会持续数月甚至数年,投资人就有足够的时间可以为自己争取利润。这些就是各位读者将从本书中学习到的:如何辨识这些经济趋势,进而掌握获利机会。

看看以下这个简单的等式,以及它对你整个资产组合所产生的财务效果:
$15\% + 15\% + 15\% - 15\% = 6\%$

没错!如果你的投资组合在前三年中每年都获利15%,却在第四年亏损15%,那在这四年期间,每年的平均获利率便仅剩约6%。这个简单的算式正告诉我们,使你的投资组合免于亏损是多么重要。

如市场不断地从高档荡到低档,这样的波动循环,将使你的投资及获利暴露在不断改变的风险及变数中。为了免于因此而遭受损失,你可以尝试从游戏中发展出一套应对策略来。当然,先学习相关知识,可以帮助你了解如何获胜。例如,在玩扑克牌或二十一点之前,你必须先了解游戏的方法及诀窍,例如不同的出牌顺序对制胜几率的影响等,才能充分掌握制胜的契机。

然而更重要的是,我们必须认识到这些游戏是"活"的。事实上,在游戏过程中,制胜的关键因素不断地改变。例如,在团队体育竞赛中,制胜的关键系于团体士气、队员受伤情况,以及对手在竞赛过程中的状态等。你可以从任何一个平日喜爱的比赛中,轻易验证前述的论点。深入了解比赛规则并融会贯通的重要性,在于它可以协助建立风险意识,通过一套既定的策略,从中研判获胜的机会。

因此,为了提升获胜的机会,就必须发展许多新的策略——这对一个决策分析师而言,是非常重要且持续不断的过程。固定每天或每周检讨策略的分析师,极可能较每个月或每一季检讨策略的分析师要来得成功。事实上,金融决策的制定过程,与先前提到的比赛或游戏没有太大差异。在经济萧条的末期,企业股价通常非常低,此时,通过购并来获取利润的几率相当高。然而,当越来越多的投资人认清这样的环境而开始一窝蜂买进股票时,股价便会被推升上去,在走高以后,投资人就不再对它感兴趣了。再进一步引申,当股市持续走高,个股股价开始达到超涨的水平后,投资人可能亏损的几率亦相对提高,投资风险是随着市场脉动而改变的。

美国在1995年时经济景气开始走低,利率亦达到高峰。当时,联邦储备局担心景气走缓过剧,遂开始投注资金至经济体系中,使得短期利率开始下降。利率的走低,加上1994年一整年的下跌走势,投资人逐渐认识到股市已超跌,而开始进场。在投资人相继投入、短期利率走低等使资金不断增加的因素带动下,股票市场又开始有了起色。

一旦上述等经济趋势逐渐明朗化,迅速掌握买进时机是非常重要的。由于投资人尚无法分辨股价的确实底限,为降低不确定性,一开始投入的资金会以少量为宜。而当趋势逐渐形成之后，投资人便应增加资金，巩固有利的投资地位。

让我们往后推四年，看看相反的例子：1999年间，美国经济非常强势，而资金成长率却逐渐降低，进而带动利率走高。虽然此时的股价比四年前很明显高了许多。然而在这样的时候，产生亏损的几率也会大增，因为股价确实过高了。就如同你将从本书中学到的，在这样的情境下最佳的应对策略是，保持低调休养生息，静待下一次机会的到来。与其眼睁睁看着自己的资产随股市下跌而缩水，不如将资金转投在货币市场工具上。从这个例子你可以知道，在1995年时，股市中所有风险因素都非常低，使得投资人增加他们的投资量；而到了1999年，各项风险因子开始浮现且升高，投资人的操作便随之转趋保守。

由于整个过程中变数繁多，专家们必须不断地检讨在一分钟、一周及一个月前所制定的策略是否依旧适用。在所有博弈中，尤其是商业及金融管理，更需积极寻找具有获利机会的产品，将资金分别投入。因此，当某一产品的获利几率低，亦即当它仅处于潜在的反转点时，投入的资金就不能太多；而当获利几率提升，投入的资金则应增加，以获取更高的报酬。

举例来说，当利率于1995年开始下降而货币供给额逐渐增加时，投资人就必须认识到，股市已经非常接近谷底。当然，要确定股价的底限并不容易，因为通常在所谓的反转点最容易令人误判行情。正因如此，在1995年，当时的最佳策略是：认知利率走低的确是市场趋势即将扭转的重要先行指标。从实际做法上来说，较适宜的方式是由少量开始增加投资金额，即使判断错误，损失也不会太大。

而另一方面，如果利率持续走低且股市持续上涨，投入的资金就能增加。你只需耐心观察一阵子，一个月左右，当你发现利率仍持续走低且资金成长率不断增加，就可以判定另一个利于投资的趋势已经展开。如果你能认真研拟一套投资策略，就能及时赚取利润。

1 一场"你"和"经济"之间的博弈

当投资人在决定买进或卖出股票前,整个思考过程通常会非常复杂,因为他们考虑的是全部买进或全部卖出。但事实上,决定投入多少资金在某一股票/资产,或自某一股票/资产取回多少资金,会比绝对的买/卖决策来得容易。当某一投资标的获利几率增加,投资在该标的的资金就应该增加,以获取更高的报酬。若目前的情势分析显示,股市已逐渐逼近高峰,也就反映出一个很简单的事实:风险正在升高。此时投资人应开始卖出一定金额的股票,至于卖出的多寡,完全要看个别投资人认为目前股价水准距离高峰的多远而定。千万不要贸然买进或卖出全部资产——毕竟股市的走势没那么容易掌握,因此在进行投资时,最好是逐步增加或降低头寸,以免错失良机。

在制定投资决策的过程中,如何充分掌握目前情势并应用在决策上,是最困难的步骤之一,因为很难避免涉入过多个人情绪及价值判断。经济或金融数据可以明确告诉我们目前的情况,然而投资人往往并不相信这些数据。1999年,在美国就发生过这样的情况。当时短期利率走高,经济的强势成长使资金成长率走低,这些都是对股市非常不利的因素。强势经济迫使利率走高,更进一步使这些不利的因素势必会持续好一段时间。虽然投资人都接收到前述的不利讯息,但个人的情绪化判断使他们不愿相信这些讯息,而人类贪婪的本性亦使投资人忽略问题的严重性。

因此,最适当的操作方式应该是,一旦发现有任何不利股市的因素——浮现时,就应开始逐次降低投资头寸,并作选择性的投资。毕竟分批少量抽离比一次出清还要容易执行。例如,先将投资股市的头寸降低10%,是转趋保守不错的起步。若是就1999年的情况而言,当大多数股票同步下挫时,就应该再降低10%的头寸。当经济及金融情况持续恶化,且各项经济指标不断出现负向讯息,获利机会亦将随之降低。而当投资亏损的几率升高时,最好的决策还是分批逐次卖出持股。

所谓的谷底反转点,即提供最大获利机会的时间点——这是极难预测的,因为这些点并不常见。而正因为它不常发生,所以股市起死回生的概率并不高。简单地用玩扑克牌的逻辑来解释,当获胜的概率不高时,下注的金额就不能太高,以降低输钱的冲击。然而当整体情势好转,风险水平走低,且投资机会出现时,投资人就应该拟好分批进场的策略。首先,投入约25%的资金;等到确认股市走势与原先所预测的方向一致,再投入另外的75%。因为趋势一旦形成,投资人将有非常多的机会可以获利,不需急于一时而徒增风险。从另一方面来看,假使投资人先前的预测错误,股市并未上涨,而因为投入资金不大,损失也就得以控制在可接受范围内。这些就是提高投资制胜几率的方法。

当然,同样的模式亦可运用在卖出股票的决策上,买进时所采用的分批策略,一样可以套用在卖出持股时。当市场风险升高,且股价翻转下滑的几率逐渐收高,即代表获利几率已然降低。以上一段的扑克牌逻辑来看,此时应先减少赌注,收回一部分资金。举例来说,投资人可以衡量其风险承受度,先行减仓20%或15%的头寸,如果股市仍持续上涨,至少还有80%~85%的头寸,可以继续享受升值的利益;然而若股市如预期般下挫,迈入空头市场的几率就逐渐升高,此时投资人应再次减仓,例如再卖出20%~30%的持股。整个投资策略是依股市的趋势来作调整,如此,投资人承受的风险将大幅降低。

投资人总是喜欢问:"我究竟应该买进或是卖出?"然而,问题的症结并不在于买进或卖出,而是当时的环境是否适合投资。重要的是,如何依当时市场的风险情况,适度地买进或卖出部分股票,以建立一个更好的投资组合。

如上所述,风险的概念提供一个制定策略的绝佳指导原则,这样的方式使投资人得以在风险最小的情况下,获得最高的报酬。

我们再拿扑克牌的例子来与投资活动相互对应,通常参赛者每次下注金额都不一样,一开始,因为他们无法预期将拿到什么牌,所以投注金额较小,在观察对手的状况后,若自己拿到的牌看起来赢面较高,才会再增加下注金额。倘若经评估后,制胜几率不高,即输钱的风险太高,他们就会收手。

在投资时同样会面临类似的挑战,整个市场就是你的对手,而经济及金融机构是庄家,不断地改变投资市场中风险／报酬的因子。投资人必须采用一套适合自己的投资策略,以应对不断改变的风险情况,并保护资产免于受到市场波动的伤害。

风险管理的法则

定期检讨投资组合及策略,对资金管理及控制投资组合风险是非常重要的。专家们可能随着新资讯的增加,每天甚至每秒钟检讨他们的策略。积极度高的投资人可能每天或每周检讨投资策略,其他人则偏好每个月检讨一次。无论周期长短,定期检讨投资策略是否适用,并重新评估相关风险,是非常重要的。通常,越关注自己投资组合的人,就越可能获得良好的投资成果。如果你没有时间做定期检讨的工作,很可能是因为投资过多,如持有太多股票、债券或其他资产,以致无法针对这些投资加以一一追踪。你应该试着不要一次投资太多种资产或股票,并密切追踪个别的状况。如果你还是没有时间,那最好的方式,就是把资金委托给专业的投资组合经理人管理,或是请一位助理,每周将资产组合价值整理成书面资料,供你参考。事实上,一个无法被密切追踪检讨的投资组合,是很难成功获利的。

投资周期的决定,必须是个别投资人觉得可以接受,且与自己的行为模式相符的。有些投资人喜欢当日冲销,一早买进股票,在数小时甚或几秒钟后随即将之卖出,他们觉得这样做起来特别顺手,因为他们早已发展出一套适用于这种投资模式的指标及方法。一旦买进股票之后,他们通常会每分钟都检讨一次投资决策,并随时评估目前的投资头寸是要保留,或是要卖出。尽管时间非常短,但在众多投资模式中,却是最能与他们的性格互相配合的。也就是说,采用这样的模式来制定决策,是这一类投资人最能接受的。

另外,股市经常在某些时点出现特定的波段行情,在这类波段中,股价通常可以维持约一至两周的上涨走势，可能发生在股市超跌、成交量增加、股价波幅加大，或较多股票同时上扬等时候。有些投资人就偏好靠这种市场模式获利，他们认为一周或十天的投资周期，是最具高度获利性的。与当日冲销者不同的是，他们每数个小时或每天才检讨一次投资策略，以确认市场趋势是否依旧对他们有利。这种投资模式虽然不像当日冲销者那么频繁，却还是属于行动较密集的一群。

还有一类投资人较偏好长一点的投资周期，唯有在确认市场趋势在数个月内不会改变时，他们才会将资金投入股市。这种投资人通常固定每周分析资讯，以检验市场趋势及当初促使他们进行投资的因素是否改变。

此外，还有一些投资人，只在每年10月底至次年4月底间投资股票，因为他们坚信股票市场有一定的季节性表现，而根据这类模式看来，每年的5月至10月间，并不适合投资股票。

个别投资人在进行投资时，会因个别不同的性格及心理需求，采用不同的策略。此外，投资人据以制定决策的法则，对整个投资结果也会有重大影响。然而，无论每个人的人格特质或情绪状况如何，以下四点都是非常重要且应特别留意的：(1)决定你的投资周期长短。(2)必须认识到定期检讨投资策略的工作，对投资组合的表现有绝对的影响力。(3)检讨当初促使你买进或卖出的因素是否已经转变。(4)保留修订投资策略的弹性，以防万一该决策证明错误时，陷入进退两难的局面。此外，当投资策略必须被迫更改时，应逐步分批进行，以免再次犯下令人痛苦的错误。

接下来，我们将谈到风险管理及制定投资决策的过程。首先，第一阶段是收集资讯。在后续的内容中，将告诉你如何评估不同市场中的风险程度、应该追踪的重要数据有哪些，以及投资人该如何组织并解读这些数据，以作出最后判断。

根据所采用的投资方法，你需要收集不同类型的资讯。习惯当日冲销者，可能对复杂的股价技术面形态、压力／支撑、价量结构及每小时的股价走势较有兴趣。而如果你偏好的投资期间是数个月,经济及金融指标将是较有助益的研判工具,同时每一至两周检讨一次投资策略也是必要的。

风险管理的第二阶段是建立相关的投资常识,即针对第一阶段中收集的资料,在心中建立一个分析处理的模型,以推演出可供参考的资讯。本书后续的内容中,亦将提供一套分析处理、判断以至运用层面的模型,以使在第一阶段收集的资讯变得有用。

本书稍后将为你分析,为何经济景气热络通常伴随而来的是利率走高?而利率走高与股市走向及经济体系的资金状况,又有何关联?通常当景气疲弱时,短期利率会逐渐走低,经济体系中资金状况便会转趋宽松,这样的环境则有助于股市上扬。诸如此类,还有其他非常多的经济及金融变数,必须列入分析,以作为拟定投资策略的参考。本书的目的便是要教导投资人如何将这些资讯加以整合、分析,以研判目前的整体情况。通过整个分析过程,便可以了解金融市场中隐含的风险何在,从而对预测值及策略的制定有极大的助益。

第三阶段是投资组合风险管理部分中最重要也最艰苦的一步。在这个阶段,投资人必须以前述的分析模型及所收集的资讯为基础,评估出各个市场中目前的风险程度及未来的走向,而这也就是本书所探讨的重要主题之一。

在第四阶段中有三个议题需要探讨,第一就是,当你经过第三阶段的分析研判后,某一资产的投资风险正逐渐下降,此时你应该增加投资吗?第二,假设经评估,目前风险正逐渐升高或已然过高,那值不值得继续将资金投资在这个标的上?第三,或者应该按兵不动,维持目前头寸?第四阶段也就是作最终决策的时候。其实这几个问题的答案很简单,视个别投资人的风险承受度,及投资组合管理的积极度而定,问题的主要目的只是要提醒投资人,在不同的风险水准下,应该要适度地调整投资组合。

假设经济景气非常热络,而且依据第二阶段所收集的资讯,研判可能还会持续下去;再假设当时短期利率至少已上升两个月,通过本书所提到的评估方法,投资人可以判断未来短期利率仍将继续走高,那么在第三阶段便可以得知,在这种情况下,投资股票的风险绝对会升高。

当风险升高,获利的几率自然降低。虽然货币市场基金的报酬不高,但与其被股市套牢,不如先将资金暂放在货币市场基金中,因此投资人可能会决定减少投入股票市场的资金。请记得一点——当获胜的几率降低时,投入资金就必须降低,这就是第四阶段的答案。

当然,投资人也必须深入了解各种金融商品的特性,以增加投资标的的选择。例如,经济景气热络通常会带动商品价格走高,包括原油、铜、黄金、银、钯金及白金等。因此,在这样的环境下,除了降低投资一般企业股票的资金外,投资人还可以将资金转往能源及其他商品类股票。

或许,对所有投资人而言,最困难的决策应该是决定要持有现金,或是将其投资在股票上。因为即便在空头市场,还是会有一些股票的价位反向频创新高——不过要选到这些"飙股"的几率并不大,因为一般而言,当多数股票下跌时,投资人因持有股票而亏本的概率非常高。此时最好的策略还是暂时不要进场,等到情势发展至获利几率明显提升后,再进行投资。

最后,一旦你制定好投资策略,就一定要执行,并针对最适合自己的投资周期,定期检讨策略的可行性。

由于每天都会接收到可能攸关投资决策修订与否的新信息,专家们通常每天都会重新评估他们的投资策略。投资人也一样,最好在接收到最新信息后,依模型加以分析处理,研判风险情况是升高或降低,再据以订立新的投资策略,决定是要买进还是卖出股票或按兵不动。这样的检讨过程,最好每天都进行一次,如此才能使你免于亏本的风险,并确保你的投资有获利的机会。再一次重申,当大环境显示获利几率不高时,就没有理由投入太多资金。

以下,我们将风险管理的步骤再作总结:

1. 选择一个适合自己性格的投资周期,开始收集相关资讯。

2. 建立知识基础——采用一个适当的分析模型，以帮助你了解这些资讯的含义。

3. 深入了解收集到的资讯并加以研判，以评估当时市场的风险程度是否在高档且继续升高，或是在低档还继续走低。

4. 建立投资策略。当市场风险走高，较好的策略应是降低股票投资头寸，反之，若市场风险走低，则可以考虑增加投资股票的资金。

在你选择好适合自己的投资周期后，以上这些步骤都必须重复进行。例如，当日冲销的投资人几乎每分钟检讨一次投资决策的各个步骤，以10～15天为投资周期的投资人则每天检讨一次，而以数个月为投资周期的人则是每周，或至少每个月作一次检讨。

买进持有及向下摊平策略的迷思

买进且持有是最常见的投资策略，因为这样的投资流程几乎是不需要分析或思考的。然而，我们都知道，天下没有免费的午餐，这种买进后持有的策略必定是有陷阱的。主要的盲点在于大多数投资人相信，买进股票且长期持有一段时间，就会有丰厚的利润。这样的理论并非全然错误，但它只适用在非常年轻且未来还有数十年日子要过的人。然而，当你10岁的时候，并没有那么多资金可以去投资。而当人们到了一定的年纪，拥有许多资金，且意识到再过不久就该退休时，这个问题就突显出来了。

假设你现在45或50岁，已经规划好一个退休基金的投资组合，期望自己到65岁时，这个投资组合足以提供给你不虞匮乏的生活所需。而在这时问题来了，因为你已经50岁，不像10岁的小朋友还有数十年的日子好过，因此你的投资周期，不可能跟10岁小孩一样长——因为你只有10～15年的时间可以规划，上述的策略对于50岁的投资人而言，是没有意义的。此时,年长的投资人必须审慎评估在未来10~15年间,他所面临的投资环境将如何演变,并作出相应对策。对10岁的小投资人而言,由于可供投入的资金不大,即使经济崩溃,他的损失亦不大,且依据合理推论,在未来50~60年间,市场终究会再回升。所以,买进且持有的策略,可能较适合年轻的投资人;但对于已经50岁,行将退休的投资人而言,可行性并不高。

买进且持有的投资策略,就像买进股票,却不再管它,甚至忘了自己有这些持股。这是一个非常简单的方法,不需花费太多时间与精力,且最终还是会获利。但接下来我们要谈谈,所谓长期投资隐含的风险。采行这种投资方法,长期而言,平均一年应该可以获得10%~11%的报酬率,其中8%是资本利得,另外3%则是股利所得。正因如此,部分投资顾问就建议投资人,既然预估长期投资可取得年报酬率约11%,那就直接挑个好股票,坐享资产升值的乐趣即可,何必再作一堆分析与评估呢?

这样的理论其实有着极大的风险,事实上市场并不会让投资人每年真的获利10%~11%——股市有时上涨,有时下跌,这个报酬率只是一个长期平均值。股市有时甚至会连续数年持续低迷,毫无报酬率可言;有时却可以连涨几年,每年都有20%~30%的上涨行情,只要观察美国20世纪的情况,便可窥知究竟。

1928年时,美国标准普尔500家公司股票指数(简称S&P500指数)是17.66点;到了1949年,指数是16.76点——在这21年中,股市其实是下跌的。再看看道·琼斯工业平均指数,1900年时它是77.66点,到1932年时反而跌到50.16点,整整32年股市不涨反跌。再近一点的例子是1968—1982年,1968年S&P500指数是100.53点,但到1982年,也仅达到109.65点。再一次印证,在这长达14年的时间里,投资股市的报酬几乎是零。也许有部分人会说,在1968年至1982年间,投资股票的股利率数高;但其实在这段时间,货币市场基金提供投资人10%~15%的年报酬率,比股利率还要好。

买进且持有所能获取的报酬率只是一个平均数,上述10%~11%的年报酬率是要非常长的时间才能达到，而其间股市可能连续10年、15年甚至20年没有上涨，却在接下来的10年或20年中，每年都是上扬的走势，就像1982年到1999年间，股市每年平均报酬率就高达约20%。所以，如果将这两段期间的报酬率加以平均，就可以算出一个长期的年平均报酬率。由上面的分析可以得知，买进并持有的策略是危险的。假设在1968年，一个55岁的投资人开始计划退休，并决定作所谓的长期投资，然而在1968—1982年间，股市总共出现几次20%~30%跌幅的下跌行情，如果这个投资人够幸运，到1982年时，他最多也仅能达到损益平衡而已，真可说是非常惨痛的经验。

闭着眼睛投资并不是办法。因为不论我们相信与否，风险是永远存在的，而稍具常识的投资人也不得不承认，股市可能经常会有很长一段时间难以有所表现。这是市场中的另一个陷阱，如果你是相信买进且持有投资模式的人，在20世纪70年代可能就损失惨重，因为这期间股市下跌了30%~40%，投资人的资产当然也就严重缩水。总括而言，投资风险波动性的管理，是所有投资人都必须重视且不得不面对的议题。

还有另一种投资方法是分批向下摊平。根据这类策略，投资人以固定金额、固定时间间隔，来增加股票投资。例如，有位投资人决定每个月买进50元或100元的股票，由于摊平的效果，投资人在下跌行情中会更加积极地持续买进，因为购买金额固定，但股价下跌，投资人可买进的股数就相对增加。虽然这种投资方法非常机械化，却不需针对目前的投资环境作太多研究分析工作，也不用具备太强的专业能力，因此很受欢迎。

然而，这种投资策略的基本假设是：股市趋势永远往上。但不幸的是，从先前的例子中，我们得知事实并非如此，有时股市在10至20年间都没有任何表现。既然如此，在股市下跌30%~40%的期间里，持续买进股票的道理何在？为何要不断亏本？就像每个会玩扑克牌的人一样，当一轮牌局输掉后，较好的应对手段应是先缩手，把钱存起来再说。因为亏本对整个投资组合的冲击很大，因此等待局势好转，获利几率较高时再择机开始投资，是较好的策略,一个严谨的投资人不会在下跌的趋势中买进股票,因为一旦买进,亏本的几率就相当高;他们只在有足够迹象可以证明当时市场确实超跌,且具备翻升的条件时才会开始投资。不管是风险管理或是在市场上获利,都不容易。许多商人及投资人都知道,从投资到获利,是非常艰苦又紧凑的过程——这是一场知识的博弈。接下来的内容,将提供你进一步的资讯,告诉你如何在这种博弈中取胜。

投资并没有简单的公式可循,如果有,所有人都已经变成百万富翁了。要成功地通过投资获利,必须投入许多时间与心力。本书就是要提供投资人一套投资分析基础,帮助你开始认真管理自己的资金,以期在瞬息万变的市场中,精确掌握获利契机。

2
经济指标告诉你：经济正在做什么

所有资产的价格均受到经济成长情况的左右。当投资人深入研究经济状况后，通常可以判断出，哪些资产最具上涨潜力，而哪些资产却有下跌的风险。当然，当这些资产的价格有所变动，投资人便需调整策略。不过，在讨论投资策略的细节之前，我们要先谈谈有关商业循环的概念。

在本章中，我们将检视各种不同来源的主要经济指标及数据，并介绍如何判断这些指标的意义。在后续的章节里，我们将陆续讨论这些指标与数据之间的关系，这对评估市场风险有极大的帮助。之后，我们会进一步分析这些经济指标对资产价格的影响。

经济指标

首先，将这些指标列成一张清单，再注记个别指标所反映的现况，以及如何判断它们代表的意义。投资人可以通过网络，在不同的来源找到接下来所提及的各类指标资讯。

为了使这些指标更有组织，让投资人易于追踪，我们将这些指标分成几个类别，包括整体经济活动指标、消费者活动、生产及资本投资活动、建筑、通货膨胀、生产力以及获利能力等。请投资人务必牢记一点,在现实世界里,这些指标都是息息相关的。

举例来说,如果中央银行为提供资金给企业使用,而挹注资金至经济体系,通常会同时造成利率水准走低。当资金增加及利率走低两个因素结合在一起,将使企业贷款意愿提升,增加雇用员工的数量,并进行新的投资计划。因此,人们的收入开始增加、就业情况改善、消费信心上升,进而带动经济景气更加热络。为了更了解这些经济现象的关联性,首先必须检视这些指标,并深入研究它们的资料来源,以及各项指标所代表的意义。下一章将详细告诉投资人,这些指标的关联性,以及它们之间的因果关系。

整体经济活动指标

整体经济活动指标也就是国内生产总值(GDP)。从投资的观点来看,由于GDP每季才公布一次,较不具时效性,因此不是经常被投资人采用的指标。然而,了解这些指标本身,以及该指标可以提供我们什么资讯,还是非常重要的。以下的指标介绍均以美国为例,为读者说明。

GDP代表一个国家中所有劳工及企业产出的物品及劳务,它是以货币／元计价,在美国每季由经济分析局(the Bureau of Economic Analysis)公布。GDP是四个要素的加总:(1)个人消费支出;(2)国内民间投资总值;(3)净商品及劳务出口;(4)政府消费支出。

个人消费支出代表消费者对耐久财如汽车、零件、家具,和非耐久财如食物、服装、汽油,以及劳务如公用事业、运输、医疗保健等的支出。个人消费支出之所以重要,是因为它占美国经济约60%。由于这个部分非常庞大,许多经济学家费尽心力,为的就是要深入了解消费者行为。

而国内民间投资总值代表的是所有固定投资,以及企业存货变动的总和。固定投资是指投资在非住宅建筑以及生产者的耐久性机器,例如工厂的生产用机器。此外，还有住宅用途之固定投资，如单户或多户型的住宅建筑。

净物品及劳务出口是 GDP 中一个关键的元素，它指的是输出商品或劳务的净利，也就是出口及进口的差异值。此一指标重要的原因是，它对货币走势及国外投资收益具有长期且关键性的影响，关于这一点，我们稍后会再讨论。主要是因为净出口终究必转为正值，如果一个国家长期贸易逆差，也就是进口值持续超过出口值，它的币值就有大幅贬值的可能。

GDP 的最后一个要素是中央及地方政府的支出。部分经济学家认为政府支出占 GDP 的比重越高，长期而言，经济增长率将越疲弱。最明显的例子是前苏联，该国的政府支出占 GDP 的 100%，是前苏联政府彻底瓦解的重要原因。

所谓成长的概念，是经济增长率相对于其长期平均成长率的程度。而一个国家的长期平均经济增长率，则可能也确实受到政府的整体政策影响而有所改变。例如，20 世纪 70 年代美国与欧洲受到通货膨胀及其引起的各种问题影响，平均经济增长率大约只有 2%；到了 80 及 90 年代，由于通货膨胀降低，才又提升到 3%，美国甚至超过 3%。然而问题是一样的，究竟怎样是强劲的经济成长，而什么又是疲弱的成长呢？

20 世纪 70 年代时，由于经济增长率是 2%，因此当 GDP 成长超过 2% 时，就算是强势；然而到了 80、90 年代，平均经济增长率因生产力的提升而达到 3%，在当时，经济增长率必须超过 3%，才算是强劲的成长。同样的，在平均经济增长率为 2% 的年代，GDP 成长率低于 2% 就被视为是经济走弱的现象了。

这证明经济成长的观念，视不同时期的标准而定。接着，我们将说明为何通货膨胀率是研判经济成长形态的主要变数。

消费者指标

与消费者财富最息息相关的指标，是每个月公布的就业报告。就业高度成长代表当时经济非常强势,消费者所得增加,且愿意增加支出;而就业成长率下降,则表示消费者的支出将因所得增长率的降低而缩减,消费态度亦将转趋保守。

而怎样的情况代表就业强劲成长?为了衡量这个指标的强度,我们假设就业成长的长期成长率为接近2%,当然实际的情况,要看投资人是截取哪一段时间,以及长期成长率如何定义。例如,假设就业成长月增率为0.1%,投资人可以用非常粗浅的运算式,将它乘以12,得到该指标的年成长率约为1.2%。此时投资者可以清楚地看到,这1.2%的成长率较先前假设的2%还低,因此可以判断当时的商业成长并不热络。

而如果我们假设每月就业成长率为0.5%,粗略估算,该指标的年成长率约为6%。以长期成长率2%来看,6%的水平显示当时就业状况非常好,而经济景气亦属强势。劳工统计局(the Labor Statistic Bureau)通常会在每月月初公布上个月的就业数字。

同时,劳工统计局还会公布另一个就业数字,就是失业率。若失业率下降,显示经济景气非常好,劳力市场中新雇用人数较人力供给为高。

然而,当失业率持稳在低档水平,代表劳工短缺且经济扩张程度已达全产能水平,劳工薪资成长加速的程度,将使华尔街的分析师开始忧心通货膨胀的风险。当失业率升高,代表经济景气走缓,就业人口成长率较新增人力成长率为低,到此一阶段,经济增长率低于其长期平均值的几率将逐渐提升。

企业招聘广告指数也可以用来衡量经济体系对劳工的需求情况,当它下降时,代表企业决定减少雇用人数,未来就业率因而可能走低,由于它代表失业率的先行指标,所以非常重要。投资人可以在《华尔街日报》及《巴伦杂志》(*Barron's*)找到企业招聘广告指数。

零售销售资讯亦是每月公布,它代表消费者在零售商店支出的金额。当零售销售数字强劲成长,显示经济景气热络、就业情况佳,且人们所得增加。这个指标一般被用来印证当时经济成长的强度,由户口普查局(the Census

Bureau)所公布。

还有一些评估消费者态度的调查报告,经济咨商局(The Conference Board)会发布消费者信心指数,密西根大学则提供消费者信心调查报告。他们针对取样的消费者进行问卷调查,如对整体经济情势的看法、购物或购车态度,以及对未来经济景气、通货膨胀及收入的看法等,再将这些答案加以量化统计,以编制消费者信心指数。

当密西根大学消费者信心指数接近100,表示消费者对目前及未来的经济景气看法非常正面,并且愿意增加消费;再进一步说,消费者信心指数高,显示经济景气可望维持强势,零售情况热络,且就业情况非常良好。

然而,当消费者信心下降,经济增长率将因消费者支出下降而逐渐走缓,因为消费者支出在整个商业循环中,占非常重要的地位。投资人必须非常密切留意消费者信心指数的变化,尤其当它降至80~90,经济步入缓慢成长甚或萧条的可能性非常高。

另一项代表消费者财富的指数是消费者循环信用。这个数字代表消费者通过循环信用所借贷的金额,由联邦储备局(the Federal Reserve)所发布。这个指数是观察消费者财务状况及消费能力的重要工具。

消费者循环信用若高度成长,显示消费者对未来前景感到乐观,因而愿意进一步提高借贷额度,同时经济成长也将更加强劲。在这种情况下,利率通常会走高。不过当利率持续走高、经济开始走缓后,消费者信用循环成长率又会降低。

还有一个与前述各项指标关系密切且更重要的指标,那就是个人所得。个人所得与就业情况、零售销售及消费者信心的关系密不可分。个人所得高度成长显示消费者对未来前景感到安心,就业增加且零售销售非常强劲,因此这个指标几乎完全反映了整体经济成长或GDP的情况。

当经济体系中资金增加,而通货膨胀与利率下降,将促使人们增加消费并带动企业增加生产量。而当经济情况好转,就业增加,所得自然亦随之增加,这么一来,就会促使消费者增加支出,并使得零售销售趋势逐步走高。

相反,当个人所得降低,通常显示经济体系各部分的表现亦在降温中,而反映出的是就业情况恶化、零售销售降低等。而利率走高、央行紧缩货币政策导致经济景气的走缓,将使企业对经济前景的看法及未来生产计划趋于保守。为了控制成本,企业可能进行裁员,这将使个人所得降低,进一步使消费者支出态度转趋保守,间接又使零售销售下降。每月的个人所得资料是由经济分析局所提供的。

另外,美国劳工统计局还会公布每周平均初次申请失业救济金人数,由于每周公布,因而成为广为使用的指标。它是观察社会上请领失业保险金情况的重要指标,当这个指标升高,表示经济正在走缓;而当请领的人数减少,就代表有越来越多的失业人口已找到就业机会,景气就会逐渐改善。

由此可见,初次申请失业救济金人数的增减,是评估经济景气的工具之一。当请领人数达到历史低档——即接近30万人,代表经济情况非常好,就业成长率以极快的速度走高,劳力市场因而非常紧缩,景气也异常热络。就分析师的说法,也就是所谓的"景气过热",在过热的情况下,可以预见的是薪资水准将加速上扬。而相对的,当初次申请失业救济金人数超过30万人越多,就代表经济情况越趋疲弱,失业人口增加,劳力市场不再紧缩,商业活动亦逐渐失去活力。在这种情况下可以预期的是,薪资水准将逐步走低。失业保险相关指数是由劳工统计局所提供。

总结上文,以下各种指标的上升趋势,反映经济高度成长:

- 就业达到2%~3%的高成长率。
- 劳力需求增加使企业招聘广告亦随之增加。
- 零售销售快速成长,年增长率达4%~5%,同时,密西根大学消费者信心指数达到90~100,反映出强劲的消费者信心。
- 消费者循环信用快速增加,反映出消费者对未来收入深具信心,因此增加借贷。

- 由于经济及就业强劲成长,个人所得亦增加。
- 首次请领失业救济金人数下降。

而以下各经济指标的下降趋势反映出经济走弱:
- 就业成长率低于2%~3%。
- 企业招聘广告减少,显示人力需求下降。
- 零售销售成长走缓,进一步证明就业情况的疲弱。
- 消费者信心指数下滑,显示由于就业情况转差,人们对未来收入的稳定性感到疑虑。
- 消费者循环信用也倾向降低,由于消费者对未来景气及收入感到担忧,因而减少借款。当然,此一指标的下降,是导因于经济景气的走疲及失业率的提高。
- 首次申请失业救济人数持续上扬。

制造及投资指标

联邦储备局每个月会公布工业生产指数,它反映的是制造业趋势的全貌。这个指数包含的范围非常广泛,包括制造业中各部门的成长情况。当工业生产指数以月增率约0.3%~0.4%的速度成长时,即显示制造业景气非常强劲,亦代表当时就业情况、销售值及个人所得都非常好,而经济景气则欣欣向荣。

反之,若工业生产指数走缓,显示就业及个人所得情况恶化,销售情况亦将受到拖累。另外,工业生产指数的走势,与整体商品价格亦息息相关,这层关系我们将在本书稍后再作说明。工业部门景气的好转,将带动原材料商品价格上扬;反之,当制造业指数下降时,原材料商品价格亦会随之走低。

另外,主管级员工平均每周花在每单位产量上的工时,也是经济活动中的重要指标,特别是制造业,该指标之所以重要,是因为制造业者减产的第一步，通常都是先削减现有员工工时，若情况仍未改善，他们就会决定进行裁员。

而当经济景气好转，制造业也会先提高工时，必要时，再开始增加雇员以应付生产需求。因此，观察平均每周工时的变化，便可推估工业生产指数的未来走向，进一步地说，平均每周工时的变化，是经济活动的先行指标。

还有，通过劳工的加班情况，亦可窥知制造业的前景。因为当制造业对未来经济前景看法悲观，或认为消费者对该产品需求降低时，通常会先削减加班时数，因此劳工的平均每周加班时数，也可以被视为经济活动的先行指标。当然，一旦经济情况好转，企业在增加雇员之前，一定会先提高现有员工加班时数。以上这些指标，都是包含在劳工统计局所发布的就业报告中。

新增耐久财订单及新增消费品订单指数也非常重要，因为它们代表了制造业的订单状况。订单增加显示制造业者必须增加产量，以应对升高的需求；倘若订单减少或成长率趋缓，显示工厂生产量将降低，整体产出量亦将随之降低。

当一个企业接到订单，通常不会立即交付生产，因为生产线可能还在全面赶做先前的订单，所以目前接到的订单可能会暂时搁置，待未来工厂产能较为宽松时才会交付生产。由此可知，订单的增加，极可能反映制造业未来景气将逐渐好转。

另一方面，当订单开始减少，企业就必须被迫减产。所以，订单指数不管在预测制造及非制造业景气，都具有可靠的参考性，对预测未来整体经济景气而言，是一个绝佳的指标。

通常耐久财订单的波动性会特别大，因为高单价产品的消费情况，与消费者信心有更密切的关系。举例来说，当利率及通货膨胀情况改变，消费者对耐用性商品的消费态度亦旋即改变，因为类似汽车、冰箱及家具等使用年限3～4年的商品单价较高，消费者在购买时需付出较多金钱。

当利率或通货膨胀率走高，而对经济情势造成冲击时，几乎所有的消费者都会因对未来的不安全感而降低消费,订单数字于是将大幅下降。由此可知,通货膨胀率的变动将引发商业及金融循环中许多重要的连续反应。

通货膨胀上升对于劳动及非劳动人口的所得,有非常重要的影响力。因为通货膨胀升高,将使消费者的购买力降低,通货膨胀率越高,人们的购买力就越低。而购买力降低的结果,将促使消费者立即减少高单价产品的消费,若情况仍不见改善,人们便连低单价的产品也会开始减少消费。而消费的降低将导致订单减少,进一步导致经济活动的趋缓。

通常当通货膨胀率走高,伴随而来的必是利率的上升,且导致贷款成本增加。而贷款成本的增加,则进一步导致消费者支出减少,以及企业投资意愿的降低。

通货膨胀率降低所引发的效应,与上升时全然相反——通货膨胀率下降,将使受薪阶级的购买力提升,因此消费者非常乐意见到通货膨胀走低。而且,通货膨胀率下降还会带动利率走低。所以我们可以了解,低通货膨胀对消费者购买力有双重的正面影响,一是使购买力提升,二是低利率使贷款成本下降。而购买力的提升加上贷款成本的下降,将带动消费者支出意愿及企业投资的增加。在这种情况下,由于消费者较愿意购买过去觉得太贵而买不起的东西,因此带动订单增加,并使经济增长率获得改善。

这些已足以解释,为何订单数字是预测未来经济前景的重要指标。耐久财订单代表企业对扩张产能及提升生产力的态度,而这两者均为经济成长的原动力。

另一个衡量制造业景气和趋势的指标是未交付生产订单,即已接单但尚未生产的订单。如果未交付生产订单快速增加,厂商可能没有足够的产能可以提高产量,而必须不断赶工,以将这些未交付生产订单完成,这种情况下,经济景气可望走高。但相对而言,如果未交付生产订单减少,厂商将被迫放慢生产速度,以减少产量。未交货订单指标是由户口普查局所发布。

全国采购经理人协会(the National Association of Purchasing Managers)

提供了两个非常重要的调查报告：制造业报告以及非制造业报告。该协会调查报告中的企业活动指数可充分反映目前经济的情况，这个指数以50点为基准，呈现或上或下的波动。当企业活动指数向上突破50点，显示当时经济正迅速扩张；指数下滑则显示经济略为走疲，一旦跌破50点，即代表经济景气下滑的程度非常明显。

从投资人的观点来看，这个指数非常实用，因为它提供一个非常简单的指导原则，供投资人制定决策。当该指数上升并突破50点，投资人就必须仔细追踪经济体系中是否有哪些事件可以佐证，目前景气成长确实超过其长期平均成长率，例如利率是否逐步走高、通货膨胀压力是否有增无减等，关于这一点，我们稍后将再讨论，在这种情境下如何制定投资策略。

然而，当该指数低于50点，投资人必须认清当时经济成长已低于其长期平均成长率，且应该不难见到经济走缓的一些相关佐证，如利率及通货膨胀率的走低。

全国采购经理人协会还公布另一个重要的经济指标，即卖方成就指数。这个指数代表企业界延迟出货的现象，代表当时制造业者非常忙碌，因生产不及而无法及时出货，经济景气也因而非常强劲。

卖方成就指数可以被当做是确认全国采购经理人整体指数趋势的一个辅助工具。当这个指标高于50，显示经济非常强劲，高于其成长潜能，投资人就必须提高警觉，因为利率及通货膨胀率亦将随之走高。当指标超过50越多，越可以断言通货膨胀率及利率即将上扬。

而当该指数低于50，则显示经济走弱，且低于其成长潜能。此时投资人可以发现，通货膨胀率及利率都同步走低，指标低于50越多，则通货膨胀及利率降幅越大。

存货变化亦是判断制造业景气的重要指标之一。存货升高显示企业为满足销售面不断增加的需求，而加速存货的囤积。厂商囤积存货意愿越强，表示经济正处于高度成长的阶段；然而，当存货成长率降低，显示制造业活

2 经济指标告诉你：经济正在做什么

动有趋缓的迹象。

为了进一步说明存货的观念，投资人可以再参考存货／销售额比率。这是由商务部（the Department of Commerce）负责发布，它是由零售业、制造业及贸易业等的数字运算而来。以一个月的存货金额除以销售金额，当该比率维持在稳定的低档，显示存货与销售量平衡，且经济情况非常良好。

当存货／销售比率下降，显示销售成长高于存货成长，企业必须加速生产应付销售面的需求，经济景气因而变得非常热络。

然而，当该指数走高，显示制造业的存货成长速度高于销售成长，制造厂商因而必须被迫减少产出，以在存货及销售间取得平衡。由以上的分析可知，存货／销售比率真实地反映了企业活动的强弱，因此也是评估经济增长率的重要工具。

举实例来看，在1993—1994年间，存货／销售比率大幅自1.45降至1.37，此一讯息显示销售成长速度明显高于存货成长，厂商为提高存货水准，而开始增产。存货／销售比率的下降，显示经济景气强盛。失业率跟存货／销售比率的趋势有一点类似，因为失业率下降显示人力需求高于人力供给。再回到存货／销售比率，该指数于1995—1997年间反自1.37遽长至1.45，反映出经济景气走疲。

在1997—1998年间，由于亚洲金融风暴发生，当地需求疲弱，美国制造业景气受到严重波及。在两年之内，存货／销售比率由1.36上升至1.40，这显示商业活动衰退得非常厉害，销售衰退幅度超过存货降低幅度，厂商被迫降低生产量，以使存货成长率降低至销售成长率的水平。由上可知，当存货／销售比率逐渐升高，显示经济景气正逐渐转弱。

后来，当亚洲金融风暴在1998年初步获得解决，当地商业活动开始恢复，对美国产品的需求亦逐渐回升。此时，美国制造业景气好转，存货／销货比率亦快速下降，整体经济状况因而得以回复到强势成长的局面。因此，存货／销售比率的走势在印证其他经济资讯方面，是非常有助益的。

比较存货成长率及销售成长率的状况,也可用来观察经济健康程度。当存货成长率低而销售成长率高,显示制造业者必须加紧提升产量,增加存货水平以应对销售需求。反之,若销售情况清淡,但存货成长率却激增,厂商便须减产以降低存货水平,直到存货成长率与销售成长率达到平衡为止。

当企业为应付强劲的销售需求而增加存货时,通常必须提高贷款金额,以支应囤积存货所需的营运资金。在这一期间内,企业贷款需求增加,因而迫使短期利率走高;而当厂商存货水准降低,他们所需要的营运资金自然较少,贷款需求因而降低,在这种情况下,短期利率将具备走低的空间。以上要说明的是,资金的价格,亦即利率,受资金需求多寡的影响而有不同的变化。存货相关指标是由户口普查局调查并发布。

以上说明的各项指标,在以下状况时,可以判断制造业景气非常热络:

- 工业生产指数每年成长3%～4%。
- 每周平均工时上升,显示薪资收入亦同步增加,但也可能是通货膨胀即将走高的负面指标。
- 加班时数增加。
- 耐久财订单增加。
- 未交付生产订单增加。
- 全国采购经理人指数上升至50以上。
- 卖方成就指数超过50点。
- 存货水平升高。
- 存货／销售指数下降。

以下各现象则显示制造业景气可能趋于低迷:

- 工业生产指数年增率在3%～4%以下。
- 每周平均工时下降,负面来看,显示薪资收入降低;但从正面来看,收入的降低却代表通货膨胀压力可能走低。
- 加班时数降低。

- 耐久财订单减少。
- 未交付生产订单减少。
- 全国采购经理人指数低于50。
- 卖方成就指数低于50。
- 存货减少。
- 存货/销售比率上升。

建筑指标

由于建筑业启用劳工人数多，因此建筑指标也非常重要。新屋开工率及新增建筑许可数都足以反映经济景气强度，并可用以预测未来景气走向。当利率持稳或走低，房屋开工率及商业活动都将加温，整体经济也会获得改善。

然而，当经济环境中的不确定性升高，加上利率开始走高，消费者及投资者将立即删减其购屋支出，以及新建筑案的投资。房地产的趋势与利率趋势息息相关，利率走高显示贷款成本增加，因此人们购买房屋或其他物产的花费也会提高。所以，利率的走高通常导致房地产相关产业成长率降低，甚至步入衰退。

当房地产市场表现强势，且人们贷款购屋，利率上升的几率便升高；而当房地产市场长期持续低迷，投资人为等待利率走低，而对房地产及建筑相关产业的投资采取观望态度，此时，利率才开始有调降的可能。

然而，利率的下滑将带动商业活动转趋热络，在这个时候，建筑业通常是最先复苏的产业之一。当然，利率的下降通常是因房地产市场长期低迷所致，而当资金成本降至投资人或企业觉得可以接受的水平以下，他们又开始增加借贷来购买房地产或投资建筑案。

当利率达到高峰并开始走低后，房地产市场才会有好转的机会，利率快速下降或维持低档，房地产市场才会迅速成长。而当经济成长不断扩张，导致利率开始自谷底上扬时,房地产市场便会出现走缓的迹象。有关建筑活动的资讯是由户口普查局发布。

有关建筑及房地产业的数据,还有新／旧屋销售数字,这个数字反映消费者购屋意愿。通过这个统计,还可以知道房地产平均售价,并据以推估房地产市场的通货膨胀情况。房屋销售数字与新屋开工率有极高的相关性。该资讯是由全国房地产经纪人协会(the National Association Realtors)负责发布。

建筑业景气与新屋开工率、建筑许可,及新／旧屋销售量息息相关。通常在利率下降或维持低档时,建筑业景气会较为热络;而当利率走高,建筑业景气则有走弱的可能,利率越高,该产业景气就越加疲弱。

利率水准对建筑业景气影响甚剧的原因在于,借贷成本的高低,是左右投资人对房地产市场投资决策的关键。

通货膨胀指标

用来衡量通货膨胀最通用的指标,是消费者物价指数年增率。当报纸报道通货膨胀率是2.7%,意思就是消费者物价指数在过去一年中上升了2.7%。关于这个指标,我们稍后将详加叙述。投资人必须密切追踪并比较目前通货膨胀成长率与几个月前有何不同。在接下来的章节中,我们会提供投资人许多有关评估通货膨胀的方法。

通货膨胀率之所以重要,是因为它和经济与金融市场息息相关,当通货膨胀率下降或维持低档的期间(低于3%),景气及金融市场表现都会很好;反之,当它走高,经济及金融市场的波动便会加大,导致不确定因子升高。这样的情况不只在美国才会发生,而是遍及世界各地,无论拉丁美洲、欧洲或亚洲都一样。

就像米尔顿·弗力德曼(Milton Friedman)所归纳的研究结果,通货膨胀纯然是一个货币政策现象,换句话说,通货膨胀率的趋势完全取决于联邦储备局(FED)的货币政策。我们将在第七章详细说明,中央银行如何以货币政策来影响通货膨胀走势。

从投资的观点来看,通货膨胀率的改变,对金融市场及资产价格有决定性的影响。在通货膨胀下降时,对股票及债券价格走势是有利的;然而当通货膨胀走高,房地产、贵金属及其他有形资产的表现将较股票及债券为佳。

原材料商品价格可能是预测未来通货膨胀走势最有意义且敏感度最高的指标,所谓的原材料商品指的是生产一般物品所需的原材料,例如:

- 谷物及饲料,例如大麦、小麦及玉米。
- 食物类,例如牛肉、鸡肉、奶油、可可、蛋类、火腿、羊肉、猪肉及小公牛等。
- 油脂类,如椰肉、椰子油、椰子树、猪油、黄豆及牛油。
- 石油类,如不同种类的原油、国内各级原油,以及提炼过的油品等。
- 纤维及纺织类,如粗麻布、棉花、羊毛。
- 金属类,如铝、铜、铅、铁砂、锡及锌等。
- 贵金属,如黄金、白银、白金及钯金等。
- 杂项商品,如橡胶及兽皮等。

以上这些原材料商品都是用于物品的生产,因此其价位变动,对预测未来经济走势具有重要的指标性。这些商品的价位通常都是齐涨齐跌,投资人可能不太相信,但在景气强势成长时,经济体系中对各种原材料商品的需求确实都很高。

原材料商品交易价格有两种形态,一种称为现货价格,另一种称为期货价格。在现货市场中,商品价格是以立即交货为基础进行交易;而在期货市场中,商品交易价格是买卖双方约定在未来某一时点交货为基础。例如,一个月后交货的原油价格与两个月、三个月后交货的原油价格不同,造成这种价格差异的变数为市场状况、储置成本、利率,以及运送成本等。

在所有原材料商品中,工业用原材料商品的现货价,通常最能反映制造业及整体商业活动的强弱趋势。由于原材料商品数量众多，无法一一评估，因此分析师建立了数个不同类别的原材料商品价格指数，以便于追踪，包括谷物、食物、油脂、纤维纺织及贵金属等等。

其中，最广为采用的原材料商品指数是由桥讯／美国商品研究所（Bridge/CRB）公布，该机构发布两个主要指数，即 CRB 现货指数及 CRB 期货指数。CRB 现货指数代表的是相关组成商品的现货价，CRB 期货指数则代表所有相关原材料商品的期货价。投资人可以在 Bridge/CRB 的网站（crbindex.com）上找到这两个指数的相关资讯。

原材料商品价格趋势可以反映目前市场情况、经济景气强度，以及联邦储备局的通货膨胀应对政策。当商品价格整体走强，显示经济景气热络。而原材料商品价格的上涨，最终还是会从企业生产的商品，转嫁给最终消费者。因此，当原材料商品价格走高，通货膨胀率则可能上扬，而长、短期利率亦会开始出现走高的压力。这就是为什么前面提到，原材料商品价格趋势对投资人而言，是非常重要的参考指标。经由对原材料商品价格的追踪与观察，投资人可以提前留意到利率是否即将走高、货币政策是否将趋紧等可能性。这些都将在第七章再作更详细的说明。当然，在原材料商品价格、通货膨胀、利率等趋势上扬的环境中，投资股票及债券的风险都是非常高的。

另外，黄金及原油价格走势，亦是反映通货膨胀的重要指标。虽然原油价格因控制在垄断基础上而有较大幅度的波动，但它与黄金的基本走势及价格反转点差异却不大。一般而言，认为所有原材料商品价格走势一致的假设是合理的，原因很简单，因为当黄金价格上涨时，几乎不曾见到黄铜价格下跌，原油亦然。换句话说，当黄铜价格强势上涨，可是黄金或其他商品却未走高，投资人便会对铜价上涨的理由产生质疑。因为原材料商品价格的上涨，通常都是受经济景气热络所带动，而当经济转强，所有商品都会同步上涨。当然，当它价格下跌，投资人便可以预测经济可能将转趋疲弱。

追踪各种商品及商品价格指数的重要性在于，当通货膨胀压力大幅升高时,几乎所有原材料商品价格都会同步走高,上升幅度越大,通货膨胀压力越高;反之,当原材料商品价格下跌,则显示未来通货膨胀情况将非常良好。

另一个研判通货膨胀趋势的指标是薪资。当失业率稳定下降时,薪资成长率通常会升高,这显示人力市场趋于紧缩,同时,失业救济金申请人数也不会太高。

如同我们接下来要讨论的,薪资成长并不一定会引发通货膨胀压力,因为有时生产力的提升,可以抵消掉薪资成长的负面效应。事实上,大家都希望在经济高度成长的阶段见到如此绝佳景况。最理想的状况是,当经济景气以3%～4%的速度成长,生产力亦以同样水平向上提升。在这种情况下,劳工成本(经过调薪后)为零,尽管薪资成长,却未造成通货膨胀压力。然而,若当时生产力成长率为零,且调整过后的人力成本则增加了3%～4%,这很显然将会引发通货膨胀压力。有关薪资及生产力的相关指标,是由劳工统计局所提供。

生产者物价指数代表生产及制造业者的定价能力。劳工统计局提供了几个相关数字,如在制品的生产者物价指数,也就是尚待进一步加工的商品生产者物价指数,以及原材料生产者物价指数等。因此,生产者物价指数(PPI)其实是一系列的指标,代表国内生产者产品或劳务的平均售价变化。

PPI指数是用来衡量卖方的价格变化,正好与用来衡量买方价格变化的消费者物价指数(CPI)相反。由于政府津贴、营业所得税、货物税及配送成本等因素的影响,卖方与买方物价可能不同。每个月都会公布超过一万种以上的个别产品或商品类别的PPI指数,这些PPI指数几乎涵括了美国所有产业,如理财、矿业及制造业等的产品价格水准。

近来,又有一些针对运输业、公用事业、贸易业、金融业以及服务业等产业为基准的PPI指数被发展出来。生产者物价指数被商业社会及政府单位广泛利用,主要的用途在于:

1. 作为经济指标：由于PPI指数反映在零售阶段前的价格水准，其变动通常可以预先反映企业及消费者的物价变化。因此，PPI指数成为总统、国会以及联邦储备局制定财政及货币政策时的重要依据。

2. 作为其他经济指标的平减值：PPI指数被用于部分经济指标的价格调整值，以将之调整为扣除通货膨胀后之实质数字。以实例说明，国内生产总值的恒值，即是以当期国内生产总值，平减当期PPI指数后得来。

3. 作为合约价格调整率的基准：PPI指数也常被当做采购及销售合约价格的自动调整值。一般来说，买卖合约中都会注明在未来交货的时点及应收付的特定金额，通常人们会希望在合约中，加注以投入商品的价格为基准的价位调整条款。例如，由于面包的长期买卖合约可能受小麦价格变化的影响，因此，此一买卖合约将加入以小麦PPI指数为准的价位调整条款，以制定长期面包买卖合约价。

虽然PPI及消费者物价指数(CPI)都是用来衡量在固定期间内，某些特定物品或劳务的价格变动，但它们却有两个重要的不同点，即：(1)采样的物品或劳务组合不同；(2)采样物品或劳务的价格形态不同。

PPI所采集的标的，是美国各生产厂商所售出的全部物品及劳务，其组合包括：各厂商向其他厂商购买的物品或劳务，作为投入生产的原材料或设备之用，及消费者直接向劳务生产厂商，或间接向零售商购买的物品或劳务。由于PPI采集的标的以美国生产者为主，因此进口物品及劳务并计算在内。

CPI指数所采集的物品及劳务项目，是美国各城市中，各家庭以消费为目的，所买进的所有物品或劳务，包括进口物品。顾名思义，生产者物价指数是一个经简化，以便于衡量各种物资价位变动的工具，当期的价位变动是以基期值100为标准来计算。例如，当PPI指数值为110，显示自基期开始，PPI价格指数上涨了10%；同样的，当指数值为90，则代表自基期开始，该指数已下跌10%。为了便于分析，表达生产者物价变化情况的典型方式，是将这个

2 经济指标告诉你：经济正在做什么

月的PPI指数值与去年同月份的指数值予以比较，计算出在过去一年中指数值的变动值。它的计算方式是，将本期PPI指数值除以去年同期PPI指数值，减去1，再将该运算结果值乘以100，便得出PPI指数的年变动率。

以上所提及的各项指标，通常都在同一时点出现反转，当其中一个指数开始走缓，其他的便会出现相同的走势。不过，它们的波动性并不同，在生产者物价中，原材料价格波动率就较半成品或成品的价格波动率要来得大。

通货膨胀与我们每个人都息息相关，而最广为采用的通货膨胀指标，就是消费者物价指数。CPI是衡量在一固定期间内，消费者购买各种消费用途之物品或劳务，所付出价格之平均变动率。它可以让消费者清楚了解一段固定期间内，购买各种物品及劳务的价格变动率。

消费者物价指数对每一个人都影响至深，原因有三：(1)它是一个经济指标；(2)它可以作为其他经济指标的平减指数；(3)作为调整货币价值的平均值。CPI反映的是大众的支出形态，它几乎涵盖城市及其卫星地带所有人口，包括专业人士、个体户、穷人、失业者、退休人士、城市中的受薪阶级及办事员等的支出水平。

未被列入CPI衡量标准的，是住在乡村或非卫星地带的人口、农家、军人、牢中的犯人，以及医院中的精神病患者等。每个家庭或个人购物时，实际付出的金额等详细资讯，是CPI指数的计算基础。也就是说，CPI反映的是各个相关族群以消费为目的，所购入的物品或劳务的价位水平。劳工统计局将200个种类中的所有支出项目，分成8个主要类别：

1. 食物及饮料（早餐的玉米片、牛奶、咖啡、鸡肉等）；
2. 家计支出（主要住宅区的房租、屋主的等值租金、燃油等）；
3. 衣物支出（男女装及鞋子等）；
4. 交通支出（购买新车、机票支出及汽油等）；
5. 医疗支出（外方用药、医疗用品、心理咨询服务等）；

6. 休闲支出(电视、电影及剧院票价、宠物及宠物用品等);

7. 教育及通讯支出(大学学费、邮资、电话服务等);

8. 其他物品及劳务(烟草及香烟制品、理发等)。

　　在这些主要类别中,还包括不同的政府规费,如用水及水管系统维护费、汽车登记费及汽车通告费等,其他还包括附加在特定物品及劳务上的税捐等。然而,CPI并不包括薪资所得税、社会保险税等,与消费用途无直接相关之商品与劳务。此外,CPI亦不包含股票、债券、房地产及人寿保险等以投资为用途的支出项目。

　　劳工统计局从这200种各类物品中,个别挑选出数百种特定项目作为衡量基准,其中包括消费者购买频率最高的企业产品。运用科学的统计流程,来表达市场中数千种不同物品的价格情况。劳工统计局的资讯搜集人员,每个月会定期拜访或致电给全美数千家零售商、服务机构、出租单位以及医师办公室等,以取得这数千种物品或劳务的相关价格资讯,加以追踪并用以衡量CPI的变动情况。

　　如同生产者物价指数,CPI指数是用来比较目前与过去一特定时期之间,价格水准的变动情况。因此,如果目前CPI指数为115,而基期指数为100,则代表自基期至今,价格已上扬15%。CPI指数被最广为采用的模式,是比较目前指数相对去年同期指数的变动率:以当月CPI指数值,除以去年同月的CPI指数值,减去1再乘以100,便可算出去年同期至今,CPI指数的变动率。若再将各月份的CPI年变动率绘成趋势线,就能勾勒出通货膨胀率的走势。

　　劳工统计局同时也负责其他特定指数的统计,最普遍的是核心通货膨胀率,及不包含食物及能源在内的CPI指数。由于食物及能源价格经常受特定因素影响,而呈现较大的波动性,连带导致CPI指数的波动性加大。因此一般而言,分析师较喜欢采用波动率较低的核心CPI指数。

CPI指数的走高显示通货膨胀压力亦将升高,因为CPI反映各种物品及劳务的价格,因此也受原材料商品价格的变动所影响。于是我们可以经常见到,当原材料商品价格走高,随之而来的,就是消费者物价指数的上升。换句话说,当原材料商品价格连续数个月急挫,则意味经济景气逐渐降温,且消费者物价指数即将走低。消费者物价资讯同样是由劳工统计局所提供。

另外,全国采购经理人协会还负责发布各采购经理的相关采购价格资讯,这个指标一样是以50为基准,上下游走。当超过50%的采购经理人反映他们付出较高的价格时,显示通货膨胀的压力非常大;而当指数跌破50时,显示通货膨胀风险已经降低,并逐渐获得控制。

这个资讯对投资人很有帮助,因为当情况显示通货膨胀率走高时,利率调升的可能性亦增加,此时投资金融市场的风险就会增加;反之,如果该指数低于50,显示通货膨胀已获得控制,利率因而具备调降的空间,投资股票及债券就较具优势。

最后,劳工统计局还会每季发布雇用成本指数。这个指数反映出企业支付劳工薪资及福利的趋势,也是衡量劳工成本最全面的指标。追踪观察该指标成长率的重要性有二:一是雇用成本指数成长率的走高,代表企业付出的劳工成本增加,届时,企业一定会设法将这些新增成本转嫁给消费者。因此,当企业雇用成本成长率走高,很可能代表通货膨胀率即将升高。第二是当劳工成本增加,企业的获利将面临下降的压力,而当获利率降低时,企业只好加速撙节成本,甚至开始进行裁员。

由于雇用成本指数是预测通货膨胀的重要指标,因此它对利率走势的预测,以及推估企业获利能力方面,也都具有相当重要的指标性。

总括来说,当经济高度成长时,通货膨胀才会有走高的压力,反映在以下各项指标,则是原材料商品价格上升、生产者物价指数及消费者物价指数成长率升高、全国采购经理人物价指数确定站在50点等。在通货膨胀压力走高的阶段中,雇用成本指数成长率亦会上升。另一方面,当经济景气走缓一段时间后,通货膨胀压力将减轻,反映出来的现象则是:商品价格下跌、生产者物价指数及消费者物价指数成长率下降、全国采购经理人价格指数低于50点等,在这段时间内,雇用成本指数成长亦会下降。

生产力及获利指标

生产力是衡量经济体系中总投入相对于总产出之经济效益。它是将厂商投入生产的物品或劳务,与生产出来的物品或劳务,二者加以比较得来的。劳工生产力则是劳工投入生产的时数,相对于产出物品或劳务数量的比值。换句话来说,生产力是衡量单位劳工每一工时的产出量,即每一劳工投入生产一小时可以产出的物品数量,这就是劳工生产力。然而一般而言,全部劳工同时投入生产一小时的产出量,才是较为普遍采用的生产力数字。以投入劳工来衡量每一单位投入相对每一单位产出,是较简单的衡量方式,若以成本观念来说,劳工成本大约占产品价值的2/3左右。

企业部门产出是以GDP为基础,还包含了GDP中各项物品及劳务产出的子项。企业部门产出仅约占GDP的80%,因为必须扣除无法以生产力评估的部分,如一般政府单位、非营利事业的员工产出及自有住宅的房租价值等。工时及就业的原始数字由劳工统计局提供,它统计总就业、平均每周生产工时,及非农业机构中非管理阶层劳工的就业状况等。

单位劳工成本是将总劳工津贴除以实际产出数字得来,也就是每小时津贴除以生产力。所谓津贴是指雇主支付提供劳务之员工的所有保障,包括薪资、红利、业绩奖金及员工福利计划中雇主应付的部分等。

实质产出是经济体系中扣除通货膨胀后的总产出,这一点我们在前面已提过。而生产力,即经济成长与否的关键,其成长率视不同的经济时期而定。例如,20世纪70年代通货膨胀率由2%~3%上升至15%,当时生产力成长率非常低(仅介于0~1%之间)。然而,到20世纪80年代,当通货膨胀率

2 经济指标告诉你：经济正在做什么

自15%逐渐降低至2%~3%时，生产力成长率则稳步回升。到了90年代，制造业生产力成长率达到5%~6%，几乎已经成为常态了。强劲的生产力成长率也使美国在80至90年代间，经济表现异常强劲，且经济体系中的财富亦得以快速累积。

生产力成长率的强度可以说是判断经济健康与否的关键指标，让我们来看看它的重要性何在。

假设你生产的装饰品在国内没有竞争者，即你是该产品的唯一生产商，如果你一天仅能生产一个装饰品，且在当天可以以50元卖出，那一天的收入便是50元。之后，由于采用新技术，使你一天可以产出的数量增加至两个，此时，由于你还是国内唯一的生产商，因此一天的收入可以增至100元。换句话说，由于生产力提升一倍，使得收入亦以同等幅度增加。

生产力成长率的提升，与收入成长率的提升是息息相关的。因此，没有一个国家可以在生产力成长率未同步提升的情况下，期待经济可以高度成长。同样的，任何人亦没有理由在生产力未同步提高的情况下，期待收入无端增加。

生产力对获利能力的影响亦非常重大，因为为了提升获利水准，企业必须设法将薪资、原材料及其他成本的增加，予以吸收。举例来说，当生产力成长率为4%，前述各项成本亦增加4%，成本增加的幅度被生产力提升的幅度抵消后，对获利率的冲击降至零。换句话说，实际上成本并未增加，因为生产力的提升，降低了成本增加的冲击。生产力是决定经济成长的重要因子，当生产力成长率降温，个人收入也因此而减少，收入的减少则使企业销售降低，这一切推演下来，便可以判断经济景气将因生产力的下降而受到影响。

经济改善的第一个迹象，便是生产力的提升，因为生产力的提升，显示个人收入及企业获利将增加，经济情况亦将因而获得改善。生产力的相关资讯是由劳工统计局所发布。

企业获利趋势也是判断经济健康程度及预测未来景气走向的重要指

标。因为当企业获利增加，他们就可能增加投资以扩张产能、购买新机器并雇用更多员工。而判断企业获利状况的重要指标，是标准普尔500（S&P500）指数中各公司的平均每股盈余（EPS）。《巴伦周刊》每周都会公布EPS的相关资讯。

通常，在低通货膨胀期间，生产力成长率亦会较高；而通货膨胀走高的期间，生产力成长率则较低。生产力成长率必须维持强势，企业获利才得以免于受到员工薪资增加的冲击；一旦生产力成长率疲弱，企业将无法吸收新增的成本，导致获利下降、被迫裁员、削减支出，甚至使得经济走向萧条。因此，各国主政者最首要的施政目标之一，便是维持高度成长的生产力。

取得相关资讯的来源

以上所谈的各个指标，是由不同来源所统计与发布（我们并未提及货币指标，因为它对经济的影响重大，因此将另辟专章来讨论此类指标）。所有相关政府单位或机构，都将这些指标放进它们的网站中，投资人可以通过网络获得非常清楚的资讯。这些机构是：经济分析局、劳工统计局、户口普查局、全国采购经理人协会、经济咨商局、联邦储备局系统（the Federal Reserve System）、全国房地产经纪人协会及各州的联邦储备银行（the Federal Reserve Banks）等，它们均拥有非常详尽的馆藏，使投资人可以轻易将这些指标的历史资料下载至自己的资料库中。

圣路易联邦储备银行（the Federal Reserve Bank of St.Louis）在网络上提供了一个非常完整的经济指标资料库，称为"FRED"，很容易就能找到（www.stlouisfed.org）。它提供投资人需要的所有资料，详尽度可能还超过一般投资人的需求，是经济指标历史资料的绝佳来源，该机构聘请了非常优秀的咨询人员，可以为投资人在电话中回答任何相关问题。

追踪经济指标变化时最常遇到的困扰应是，这指标经常会有修正值，投资人必须再耗费许多时间来修改自己的资料库。不过,由于 FRED 系统会将这些修正值列入资料库,投资人只要通过系统下载相关资料,便可省去很多时间。

《华尔街日报》则提供主要经济指标的公布值及其完整的趋势图。另外还有《总统经济报告》(*the Economic Report of the President*)、全国房地产经纪人协会及其他金融机构,如第一银行(Bank One)、三菱东京 UFJ 银行(The Bank of Todyo-Mitsubishi UFJ)、美国银行(Bank of America)、德意志银行(Deutsche Bank)、蒙特娄银行(Bank of Montreal)、摩根·史坦利(Morgan Stanley)等的网站,都提供非常多且详尽的经济指标数据及分析报告。

结 论

在本章中,我们介绍了主要经济标的意义及判断方法,由这些内容,我们初步了解了应如何利用这些指标,来评估金融市场及投资机会。

显示经济景气热络的指标是:

- GDP 成长率大幅超越长期平均成长率。
- 就业成长率超过2%。
- 企业招聘广告增加。
- 零售销售数字大幅增长。
- 消费者信心指数上升,并达到90甚至100。
- 消费者循环信用增加,个人收入成长率与 GDP 成长率并驾齐驱。
- 首次申请失业救济金人数减少。

其他还有一些指标可以反映经济是强势的:

- 工业生产指数大幅成长,达到3%~3.5%以上。
- 每周平均工时上升。
- 耐久财订单增加。

- 未交付生产订单及积压订单数量增加。
- 全国采购经理人指数超过50点。
- 卖方成就指数上涨突破50点。
- 存货升高,且存货／销售比率快速下降。
- 建筑许可数及新屋开工率上升。
- 新／旧屋销售成长率超过4%。

然而当经济持续强势,将使通货膨胀压力升高,衡量通货膨胀率是否走高,可以观察以下数个指标:

- 商品价格如CRB指数现货及期货价上扬。
- 原油及黄金价格走高。
- 生产者物价指数及其组成因子走高。
- 消费者物价指数走高。
- 全国采购经理人物价指数快速涨升,突破50点。
- 雇用成本指数成长率升高。

为了维持高度成长的景气同时却拥有低通货膨胀环境,我们见到各国政府致力于生产力提高的相关政策,以期使物价走高对经济体系的冲击降至最低。

经济走疲时常见的指标现象有:

- GDP成长率低于长期平均成长率。
- 就业成长率降至1%～2%。
- 企业招聘广告减少。
- 零售销售量创高峰后走低。
- 消费者信心指数急速降至90甚至80点。
- 消费者循环信用成长率趋缓。
- 工业生产指数年增率降至2%、1%甚至零增长,显示工业生产的高峰已过。

2 经济指标告诉你：经济正在做什么

- 个人收入趋缓甚或衰退。
- 申请失业救济金人数增加。

在这样的阶段中，以下的情况经常出现：

- 每周平均工时降低。
- 每周平均加班时数减少。
- 耐久财订单成长率走缓甚至降低。
- 未交付生产订单数量减少。
- 全国采购经理人指数跌破50点。
- 卖方成就指数跌破50点。
- 存货/销售比率上升。
- 建筑业景气转弱，新屋开工率及新/旧屋销售量降低。

当经济持续低迷时，通货膨胀指标通常会下降：

- 原材料商品价格下跌。
- 生产者及消费者物价指数的升幅缩小。
- 全国采购经理人物价指数跌破50点。
- 雇用成本指数成长率下降。

通常，当经济成长趋缓，生产力成长率亦会下降。

我们将在下一章的内容中，介绍这些指标的相关性，以及经济状况如何在这些指标的互相牵引下，由成长到衰退，再由衰退恢复到成长。我们亦将通过对消费者循环、制造业循环、房地产循环、通货膨胀循环，以及生产力/获利循环等的探索，引导投资人更进一步了解影响经济景气的因素有哪些。我们将整合所有经济指标，说明它们对商业循环、资产价格及金融市场的波动之影响性。

3
经济指标间的关系

如同本书一开始提到的,商业循环就像是一幅马赛克镶嵌画。经过前两章的介绍,这些画面已慢慢组合在一起,而投资人终究会看清楚画面的主题。第二章介绍的主要经济指标,就可以帮助投资人判断商业循环的方向及强度。

在这一章,我们将举一些有关商业循环的例子,以引导投资人看待及思考各项经济指标所代表意义。这些例子不见得非常完整或深入地去探讨问题,却可以帮助投资人建立一些基本概念,例如,为何景气在经历一段时间的弱势后,经济体系中所酝酿的一些正面回馈过程,可以再带动经济情况好转;而为何在景气持续热络一段时间后,经济体系中的负面回馈过程,又会将经济带往疲弱的方向。这些例子可以当做下两章的基础,届时我们将进一步讨论商业循环的整体流程。投资人在看完这几章的内容后,便可完全整合这些零碎的画面。

而本书其他部分的焦点,则集中在如何利用这些经济资讯,投资适当的资产并发展有利的投资策略,以使投资人可以有效管控风险程度。

消费者循环

首先,我们要讨论有关消费者行为的指标,并看看它们在典型的商业循环(图3-1)中之表现。假设目前存货水准低,企业因预测未来销售量会增加,而决定增加存货以应对新增需求。首先,提高每周平均工时或加班时数,因为除非企业确定经济复苏趋势可以非常持久,否则他们不会贸然增加雇员。此时,失业救济金申请人数可能会开始减少,且由于经济情况的改善,使先前因经济成长不佳而低迷的消费者信心逐渐回升。

本图简单地举例说明消费者部门对商业循环的影响。要特别注意的是存货／销售比率的变化对整个循环的正负面回馈效应。

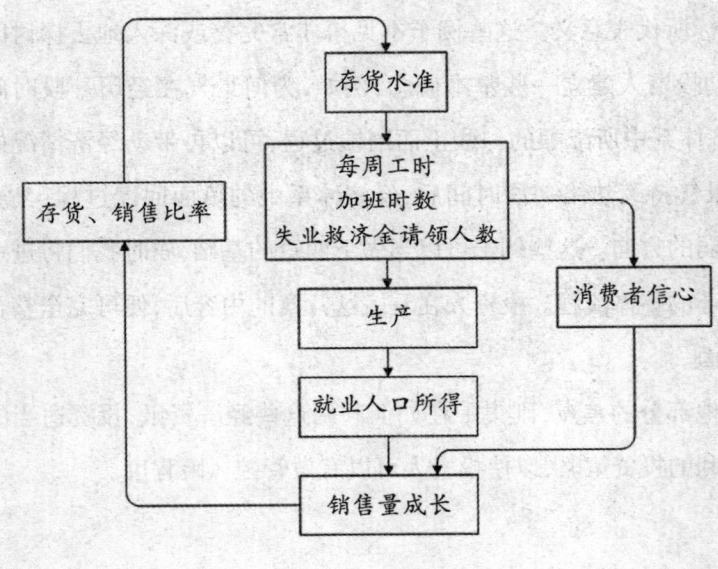

图3-1

每周工时及加班时数的增加使生产力得以提升，伴随而来的是就业及薪资状况的改善。而由于消费者的所得增加，他们的消费亦随之增加，最终导致销售量的回升。而在经济复苏的初期，由于销售量增加的速度高于存货增加的速度，存货／销售比率就会开始下降。

当然，消费者信心的回升会更进一步增加销售面的强度，当存货／销售比率持续下降时，企业就会考虑进一步增加每周工时、加班时数及生产量。这样的循环过程，最终将促使就业成长率升高，并进一步带动所得的增加，使得销售量提升。

当存货／销售比率持续走低，消费者信心得以维持强势，此时，企业需要不断地将存货补足。这个循环不断周而复始，而当经济情况改善，整个循环将会更加强劲。

问题是，这样的循环看起来非常圆满，为何经济景气还是会有转趋疲弱的一天？主要的原因在于，就业市场开始变得紧缩。在循环初期，由于经过一段长时间的经济走缓，许多人在待业，而这也就是商业活力可以快速提升的原因。随着企业使用人力不断增加，可供雇用的人力越来越少，就业成长率因而走缓。

就业成长率的走缓，将导致相关人口的所得减少，并进一步使销售额降低；而销售的降低，将使存货／销售比率走高，企业因而必须设法降低存货水准。为了降低存货，企业只好缩短每周工时、降低加班时数，以减少产量。

当整体就业情况恶化、个人所得降低，消费者信心将受到冲击而下降——结果导致销售情况继续恶化，最终促使失业率逐步走高。此时，虽然存货／销售比率持续走高，但企业为降低存货成本，还是会持续内部的调整。整体经济景气在这样的情况下，将呈现非常疲软的走势。然而，经过一段时间后，一旦存货水平降到低点，为填补销售面的缺口，企业又将再度提升存货水平。

当企业决定再度开始囤积存货时，另一个商业循环又再度展开，原因是存货的重新囤积，使加班时数再度升高，接着就业率会改善，并进一步使个人所得增加，此时，商业循环将再度呈现上扬的趋势。虽然这是一个简单的模型，却足以解释，为何景气在开始走缓之际，经济增长率仍旧很高，尔后因经济资源的短缺，才逐渐走低。我们要强调的是存货调整机制的观念，在下一章我们将会把联邦储备局、通货膨胀及利率等变数加入此一模型中，以使推演过程更加完整。

观察 1991—1995 年的商业循环，虽然该期间未发生经济衰退，却能使投资人看清商业循环与金融市场间的关联。我们将看到，经济成长的小幅变动，如何导致资产价格大幅动荡。

有趣的是，起源于 1991 年的商业循环，是由 1990 年整年及 1991 年初的经济萧条所引发的——这显示某一商业循环的主要情节，受到上一循环的部分特性所牵动。货币供给额成长率的升高，是 1991 年新商业及金融循环的第一个征兆（联邦储备局在金融循环中所扮演的角色将在第七章详加讨论）。当时，美国正面临一系列的房地产市场危机及存款／放款危机，同时还有许多不利的情况。

由于这些危机，联邦储备局发挥它身为最终放款机构的功能，释放出资金到市场中，以防堵房地产、存／放款等危机，扩大至经济体系的其他部分中。由于资金的释放，促使货币供给成长率升高，并在经济体系中激起许多涟漪。也由于联邦储备局积极宽松的货币政策，经济开始出现非常快速的成长，进而带动就业、个人所得及销售情况的回升。

当时强劲的销售情况，以及相对保守的制造业者，使销售成长大幅超过存货成长，存货／销售比率因而急速下降，失业救济金申请人数亦因就业人口的增加而降低。然而，1994 年的强势经济现象，却带来一连串问题，如利率走高。结果导致消费者态度又转趋保守，最终使得销售、就业情况及个人所得再度降低。

同时，制造业者由于感受到 1995 年存货／销售比率的升高，开始减产并减少雇用人数。自此,商业循环开始呈现下降趋势,成为1996年及之后的经济高度成长之基础。

制造及投资循环

让我们再次假设存货水准低,且企业决定开始囤积存货(图3-2),因而必须再增加产量并增雇员工。结果是,个人所得及销售量增加,存货/销售比率降低。在商业循环的扩张初期,由于销售成长幅度超过存货,存货囤积水准因而必须再增加。

本图说明制造及投资活动对商业循环的影响。当产能满载及人力达到全能使用时,生产量便会开使下滑。存货/销售比率增减所导致的正、负回馈效果,是促使制造及投资策略调整的因素。

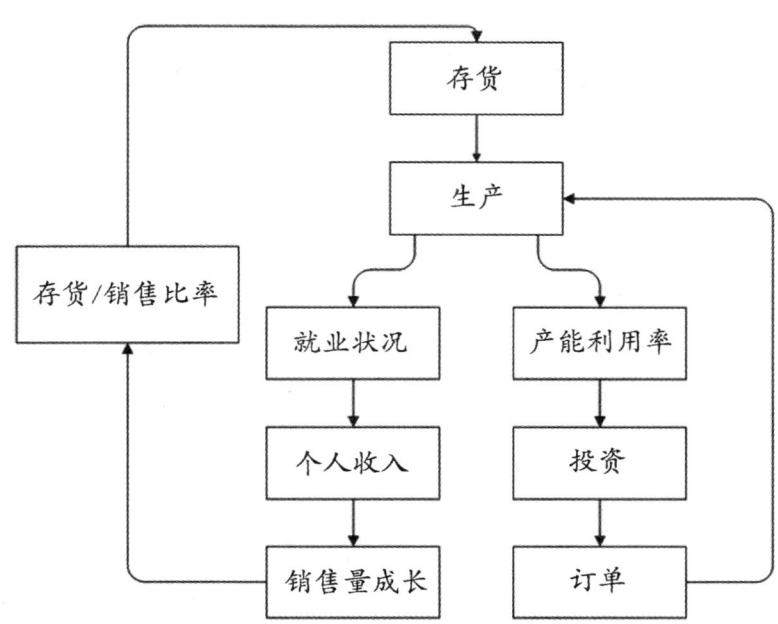

图3-2

当生产增加,产能使用率亦获得提升,这显示国内制造业者有能力生产足够的产品,来满足销售面的需求。产能利用率代表的是目前的产出占制造业最大潜在产出量的比例。当该数字是 1 时,显示企业在目前的资源环境下,已经无法提供更多的产量来补足需求缺口。此时,企业便必须再增加生产机具,以配合高度销售需求,并提升生产力。而销售的上扬及企业投资新产能,将使消费品及耐久财订单走高,这一点更促使企业增产,以应付订单需求的急迫性进一步提升。这样的过程不断运转,终使经济增长率得以提升。

那为何经济最终还是趋向走缓?与前段提及的答案一样,因为就业人口的来源是有限的,而且,产能来源也是有限的。在循环的初期,产能利用率偏低且失业率高,有许多剩余人力等待被雇用,而产能亦闲置。一直要等到这些有限资源(即劳工与产能)被充分利用后,高成长的目标才有办法达成。

然而,在就业率低且产能利用率高时,经济景气将无法维持如循环初期般的高度成长,反而会呈现缓步下滑的走势。而销售成长率的下降,最终亦将反映在投资及订单的缩减,以至于生产量的减少。

存货/销售比率是一个规律的机制,它指引企业应该增减产量或产能。当经济成长走缓,企业投资贷款及消费者的消费性借贷都将降低。唯有当存货水平降至足以说服企业增产时,生产及投资循环才会再度向上。特别需要留意的一点是,借贷活动的强弱,与存货囤积及产能扩充计划有极大的关联,同时也是左右长、短期利率的重要因素之一。

让我们再看看 1991—1995 年间的商业循环。短期利率在 1991—1993 年间急速下降,这样的演变促使消费者支出态度转趋积极,销售量及就业成长率亦随之快速上升;直至 1994 年,经济景气走强,使得存货/销售比率开始下降,制造业才开始感受到有增产的必要。

接着,由于企业增产,产能利用率开始升高。但 1994 年间经济的高度成长,终究引发了一连串经济问题,如通货膨胀、商品价格、利率等走高,因而迫使投资人的消费态度转趋保守。

之后,销售情况开始趋缓,且存货/销售比率自1995年起开始走高。制造业者开始意识到问题所在,于是开始降低生产速度,以使存货水准回到可以掌控的范围内。因此,产能利用率再度下滑,为配合销售面的走缓,产能使用情况只好一降再降。

房地产循环

房地产循环起始于经济低度成长的阶段(图3—3),当时利率下降,且薪资、通货膨胀及商品价格都非常持稳。此时,由于各项成本都很低廉,房地产开发业者开始感受到机会的来临。由于未来商业情况可能好转,将带动办公室及住宅需求升高,房地产开发业者会开始增建办公及住宅用房屋,以吸引不同的买主上门。当然,为了进行这些开发案,企业贷款活动也就跟着增加。

本图说明为何当相关成本,如原材料及利率等持稳,房地产业便会快速成长。负向回馈效应则是当原材料价格上扬及利率走高,将使房地产业成长趋缓。

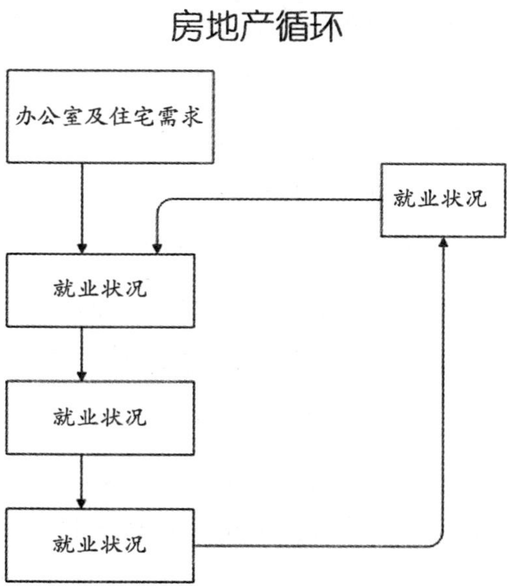

房地产循环

```
┌──────────────────┐
│  办公室及住宅需求  │
└────────┬─────────┘
         │         ┌──────────┐
         │         │ 就业状况 │
         │         └────┬─────┘
         ▼              │
    ┌─────────┐         │
    │ 就业状况│         │
    └────┬────┘         │
         ▼              │
    ┌─────────┐         │
    │ 就业状况│         │
    └────┬────┘         │
         ▼              │
    ┌─────────┐         │
    │ 就业状况│─────────┘
    └─────────┘
```

图3—3

很快地，其他开发者也会认知到这个趋势，也许有些人更加看好未来情势。他们都认识到由于当时利率水准低，是增加建筑案的好时机，而新建办公或住宅房屋都会增加银行贷款及劳工，因此银行贷款成长率开始升高。

当经济景气因建筑需求及整体商业活动增加而逐渐加温时，房地产价格上涨程度将更大。这样一来，更多的地产商将投入市场，并带动银行贷款进一步增加，一段蓬勃的房地产及建筑景气于是展开。在初期，由于建筑活动非常热络，房地产行情持续上涨，因此银行对相关的贷款并不会存有疑虑。

但到了某一时点，开发案开始变得过度泛滥，而利率也因经济强势成长而走高。此时，由于部分新落成的办公室或住宅无法立即租出或卖出，高利息成本压力将使地产商对于进一步增加投资感到却步，最后只好折价出售房地产。当房地产价格或租金下降，或当尚待投入的地产商感到在目前的建筑景气中，无法取得预期获利时，便会停止新的开发计划。当然，这样的发展将对经济、就业情况及个人收入造成负面影响。

房地产需求的降低，原因并不仅在于过度开发，还因为利率走高，造成成本的增加。到最后，当新建筑价格走低时，不仅地产商自己发现滥建的问题，银行也注意到建筑业获利能力的下降，而不愿再增加对该产业的放款。此时，银行业的不良债权开始变成一个重要问题，且当景气越弱，该议题就越发被突显。此时，为了防止一些可能无法偿债的人来借款，或为提升银行本身的获利能力，银行放款部门将提高利差（即放款利率与市场利率的差距），来保护自己。在这种情况下，利率走高的负面冲击就会更加剧烈了。

这样的演变将使整体商业循环进一步走低，一直要到资金需求下降（不仅建筑业，而是整个经济体系资金需求下降）到利率不得不调降时，商业循环才会有反转的机会。到最后，当商业循环趋于稳定时，机会又重新浮现。因为当各项成本诸如原材料、劳工及资金等成本，都低到让地产商感到推动新建筑计划有利可图时，新的房地产循环便会再度展开。投资人可以在20世纪80年代的美国，及90年代的亚洲看到许多房地产循环的例子。

房地产循环受经济景气、利率及原材料商品价格趋势的影响非常大。例如，1989—1992年间，经济体系中高度的资金成长率，造就了该期间的经济繁荣。在那一期间利率下降、原材料商品价格走势亦非常疲软，尤其是木材。然而，1994年的经济强劲复苏，促使利率及原材料商品价格在1994年至1995年初走升。

当时由于原材料商品价格及利率大幅走高，房地产业者增建情况达到高峰后，于1995年开始小幅度下滑。然而随之而来的经济走缓，又营造了利率走低的环境——最后，因利率及原材料商品价格的下跌，建筑业在1995年及1996年又恢复活力。

通货膨胀循环

影响通货膨胀最甚的因素，多半是与资金相关的因素（如货币供给成长率、实质短期利率等），我们将在第六及第七章详加讨论。事实上，通货膨胀的循环有非常明显的时点（图3—4）。

本段的目的是审视通货膨胀如何形成，以及为什么它们会发生——更重要的是，它们在商业循环中所扮演的角色又是如何？我们的目的是要强调通货膨胀的正面回馈效应。当通货膨胀走低，实质所得（所得减去通货膨胀）增加，使消费者有较多的诱因去花费；但另一方面，通货膨胀的走高，则转变为负面回馈效应。因为通货膨胀的走高使实质所得降低，因而将导致消费者的支出计划转趋保守。

让我们再回到简单的存货循环模型。当存货水准低，由于企业认为未来有机会增加销售额，因此开始增加存货的囤积。为了达到目的，企业必须增产并增雇员工，而且增加原材的采购。

由于原材料对供需变化的反应非常敏感，因此当企业活动加温，原材料价格很容易就会上涨。经济景气越强,利率及薪资水准走高的压力将越发升高。这些新增的成本最初通常是由企业所吸收,但最终,企业还是会通过定价的提高,转嫁给消费者。

当消费者物价指数升高,消费者信心便会下降,原因是当通货膨胀走高,个人所得扣除通货膨胀因素,即实质所得,便会下降。消费者购买力的降低,将冲击到泾渭分明者对未来的支出态度,结果造成消费者缩减支出——这一点将导致销售成长率低于存货增长率,即存货/销售比率升高。

因大量资金、劳力及原材料供给所带动的经济繁荣,终将因前述这些资源的被耗尽,而逐渐走缓。当企业不得不开始将成本增加的部分转嫁给消费者时,负面回馈效应于是产生,也就是通货膨胀。而由通货膨胀所引发的实质所得下降,亦将对销售成长率造成负面冲击。

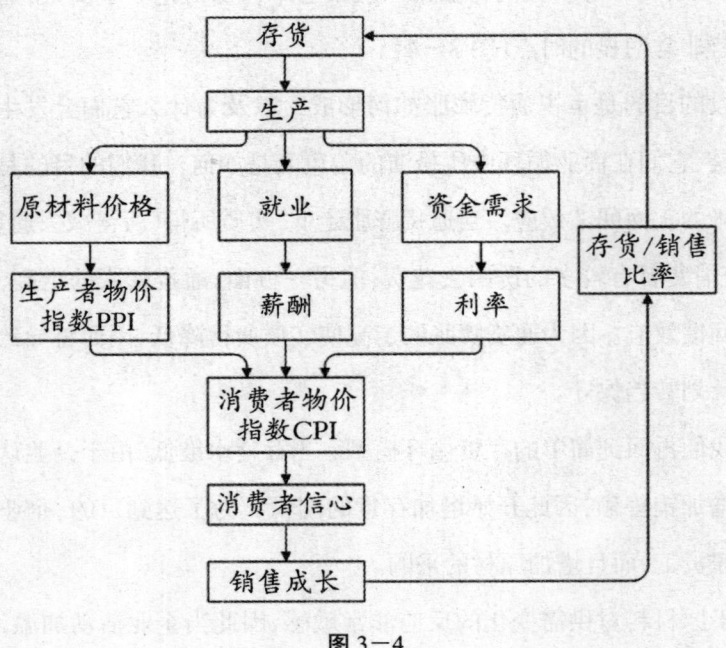

图 3—4

当企业察觉存货水平已经失去控制,便会开始削减产量。减产代表的,是原材料的采购量及员工的聘任数都会降低,进而导致原材料价格下降、薪资成长趋缓,最终又将使得消费者物价指数走低。

消费者物价指数的走低对消费者而言是个好消息,因为此时他们的收入扣除通货膨胀因素后,已获得改善。于是,他们对未来前景的看法又再度转趋乐观,并开始增加消费。而由于销售情况好转,存货/销售比率下降,企业开始重新增产并囤积存货,而一个新的消费者循环又再度展开。

如同先前所讨论的几个循环所看到的,当经济景气扩张,一定会有一些经济要素开始产生不利发展,来修正经济的走势,最终导致商业循环的走缓,这一切都是自发性的自我修正机制。在我们讨论的所有循环中,主要的焦点是每当经济进入扩张阶段,经济体系中就会有一些不利的发展(负面回馈),来修正经济过热的现象,最终将商业循环的成长率向下拉至长期平均成长率的水准边缘,也就是2.5%~3%的水准。换句话说,商业循环本身具备非常微妙且具渗透性的自我调整机制,足以将经济及金融状况调整至长期趋势中。存货/销售比率的走高,通货膨胀的上升,长、短期利率的上升,单位劳工成本的增加等,都是这个机制中的重要力量。它们对经济的负面影响必然会发生,唯一不同的只是时间早晚而已。

如同投资人在前几个例子中看到的,相关经济要素间的因果关系,发生在某些时点,就会造成经济的波动。举例来说,在1992—1993年间,联邦储备局为解决存/放款及房地产市场崩溃等问题,大量挹注资金至市场,使货币供给额大幅走高,结果造就了1993—1994年间的经济繁荣。然而这样的强势经济成长,却带动原材料及利率走高,最终导致经济情况在1995年开始走缓。

当时经济的走缓对就业情况及个人收入造成负面冲击,直到1996年,经济状况依旧持续弱势。而在这样的经济环境下,利率及原材料商品价格开始逐渐下滑,也因此,经济景气在1997—1998年间再度转强。如你所知,目前所发生的经济事件,都将导致许多干扰因素在未来不断地衍生出来。在 70 年代,因通货膨胀的走高,这些经济波动现象非常明显,但到 80 年代时,由于通货膨胀平稳走低,波动程度也就较轻微。

当经济维持一段时间的强势成长之后,通货膨胀压力便会逐渐升高,我们将在第六及第七章讨论到,通货膨胀的上升或持稳,完全取决于当时的货币环境。在 70 年代时,只要经济走强,通货膨胀便大幅走高,其中一个循环,通货膨胀率是由 3% 上升至 5%,之后的一个循环更由 6% 上扬至 8%,我们稍后将再详加讨论这些趋势所造成的结果。

自 1982 年起,情况开始转变,通货膨胀变得较为平稳,但还是可以分辨出经济的循环性。例如,在 1989—1992 年间,货币供给量快速成长,使得景气走强,一直维持到 1994 年。在这样的高成长环境下,强劲的生产及销售面带动原材料商品价格走高,CRB 工业原材料价格指数(现货)在此时大幅上涨,该现象进而带动利率的走高。要特别注意的一点是,当经济持续一段时间的强势后,原材料商品及货币这两种基础资产的价格都会上涨。

当时,单位劳工成本亦温和上扬,但幅度不大。然而,相关成本的增加,却使生产者原材料价格指数逐渐升高,尽管不甚明显,却足以成为整个经济循环的波动因子,最后,造成消费者物价指数在 1994—1995 年间的些微上扬。

由于自 1994 年起,利率及通货膨胀明显走高,1995 年经济成长开始走缓,原材料商品价格的涨势则略歇,不过,1995 全年间,还是维持在平稳的水准。

生产力及获利循环

为了检验在典型的商业循环(图 3—5)中,生产力及获利的状况,我们再次假设存货水准低,且企业决定增产以囤积更多存货。为了增产,企业必须增加贷款金额,来支应原材料采购、新增员工薪资,及投入新生产线等支出。

当生产量增加,所需资金必然增加,原材价格亦会上涨;而雇用人员增加,失业率将会降低,最终带动薪资成长率的升高。

此外,当产量增加,产能利用率也会上升。一开始,企业会采用最具效率的现有机制,运用于生产线中,但当产能利用率越高,可供采用的机器或制程就相对减少。此外,在失业率降低期间,剩余未就业劳动人口的技术水准通常较低,这种种现象,便足以说明为何经济持续强势成长,将导致生产力成长率的降低。

经济的强势扩张,将使各项成本(如利率、原材料及薪资等)上涨压力升高。当产能接近全能使用时,生产力成长率便会开始下滑,导致单位劳工成本上涨压力升高。本循环的负面回馈效应是企业成本(利率、原材料及单位劳工成本等)的上升。当获利能力开始面临下降压力,厂商对消费者售价将提高,而进一步影响到消费者的支出意愿。另一个负面回馈因素则是,企业为提高获利而开始削减成本所造成的冲击。

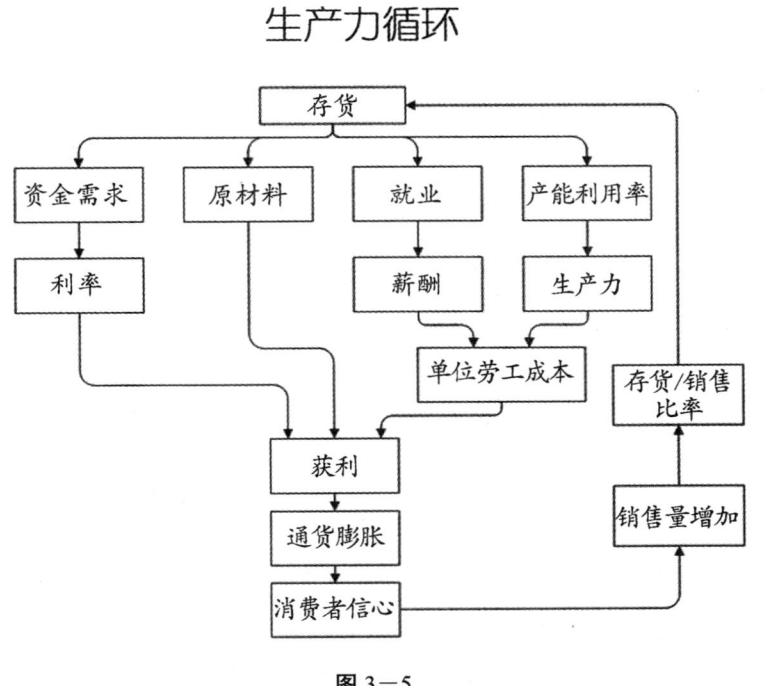

图 3-5

当生产力成长率降低,企业吸收新增薪资的能力较弱,因此单位劳工成本将开始增加(在生产力强劲成长的期间,单位劳工成本一般会维持稳定)。此时,单位劳工成本、原材料价格及利率水准的上升,对企业获利将造成负面影响,并使之下降。劳工成本、原材料价格及利率,实际上就是经营企业的最主要成本,因此这些主要成本的增加,将导致企业获利率降低。从另一方面来看也是一样,当前述的相关成本降低,企业的获利率提升,获利状况亦会好转。

在最初期,获利的降低可以用提升售价的方式来弥补,但是这样却会引发通货膨胀。当然,我们在先前的章节也看到,通货膨胀将使实质所得降低,再导致销售量下降,企业也就必须调降存货水准,以配合趋缓的需求。

此外,当企业获利降低,典型的反应即是削减资金、原材料及劳工等成本,以及生产力降低的问题也有待解决。因此企业必须努力思考,什么样的投资才可以提升产能或生产效率,不过,这就是比较长期的策略了。

就短期而言,企业必须进行裁员,以降低薪资升高的冲击,并减少原材料采购及借款。然而,降低贷款成本的代价却是,提升产能的投资计划必须延宕。当然,裁员、减产、降低原材料采购及资金需求减少等因素,终将导致经济步向疲弱。

在获利率提升之前,企业不得不继续撙节成本,而当薪资大幅下降,原材料价格及利率亦同步下降时,获利率才会得以改善。届时,即便经济环境仍然不佳,企业也会开始觉得市场中还是有获利机会。在获利能力提升的激励下,又开始囤积存货、进行新投资案,新的生产力及获利循环便再度展开。

当经济景气非常热络时,成本(薪资、利率及原材料等)通常会走高,而当企业越来越接近全能生产时,将导致生产力逐渐走下坡路。开始时,由于生产力降低,企业会尝试将这些新增成本转嫁给消费者,而引发通货膨胀的压力;而通货膨胀的走高,又进一步使消费者实质所得降低。所得降低将导致消费者撙节支出,并造成经济增长率的下滑。在同一时间点里,由于获利能力的降低及单位成本的扬升,企业遂尝试削减成本以改善获利情况。由于经济成长的疲软导致成本下降,新的商业循环于是再度展开。此时,在宽松的产能使用率、生产力提升,以及低通货膨胀等因素的影响下,获利于是得以改善。

获利能力及每股盈余

1994年的状况,是解释循环性获利的最好案例。由于投资人在意的不只是企业获利,也重视企业每股盈余——即推动股票价格的主要因素。因此,让我们来看看1992—1994年间S&P500指数的平均每股盈余状况。接下来要讨论的重点是,S&P500指数的平均每股盈余之变动,是紧紧跟随在原材料价格的变动之后,让我们来看看原因。

Fed积极的降息动作,导致经济在1994年快速扩张,引发出来的结果,便是生产增加、就业情况强劲、个人所得升高,也因此,使得销售转强。当销售成长率超过成本成长率时,获利便开始改善,每股盈余大幅提升,同时,其他景气循环指标,如利率及原材料价格亦开始攀升。到最后,利率及原材料价格的上升程度,开始冲击到每股盈余,企业为削减支出,终至经济在1995年开始走缓。当经济走缓,随之而来的即是原材料商品价格及利率的下滑,其后,每股盈余亦因整体企业不佳而下降。

了解每股盈余的循环特性,以及该循环性与利率及原材料商品趋势的运动关系是非常重要的,因为该运动关系可用来评估股市的风险。我们将会再深入讨论,为何每股盈余虽不是评估进场时机的好指标,却是用来选股的好工具。

结 论

在本章中我们验证了不同指标间的互动关系，下一章我们会将这些不同的循环归纳至同一个流程中，并观察商业循环的成长及相关变化是如何发生的。

在先前讨论的例子里，我们可以更清楚地看出，主导商业循环的主要动力是金融循环，它代表的是货币供给额的成长模式，而货币供给则是由央行掌控。货币供给额成长率的成长或衰退，将对商业活动造成波动效果，并影响未来数年间的资产价格。

我们也看到，在1992—1994年间，联邦储备局采行积极的宽松货币政策，以解决经济体系中房地产及存/放款品质的问题。当时，联邦储备局以人为的方法，将利率维持在低于市场供需所决定之利率水平，造成的结果是，信用大幅扩张，激励企业增加借款来投资。

最后，商业循环终于又开始全面启动，就业情况、个人收入及销售情况迅速好转，而存货/销售比率也因反映经济的强势成长而下降，失业率则展现出较热络的雇用情况而同步下滑。在这样的过程中，各个因素相互牵引，形成趋势的动力来源。然而，1994年的经济繁荣，后来也逐渐引发出负面价格效应（资金、劳力及原材料价格等）。

1994年起，由于销售情况非常良好，企业每股盈余亦快速上扬，导致利率及原材料商品价格大幅走高，劳工成本亦有加温的现象。经济繁荣同时也种下各项经济因素趋缓的种子，这些都是负面回馈的现象。当企业经营成本如利率、劳工及原材料等成本上升，企业将放缓投资及新增雇员的速度，同时开始削减存货及产量。结果造成1995年经济活动及企业每股盈余的趋缓。不过,当时经济情势的走缓及企业营运成本的降低,则种下商业循环下一次回升的种子。

稍后我们将分析长期趋势,并将讨论美国经济如何从20世纪50年代的低通货膨胀,演变至70年代的高通货膨胀;再由70年代的高度通货膨胀,回到80—90年代的低通货膨胀环境。这些相关内容,将使投资人了解商业循环中波动因子的必要特性,及它们与通货膨胀跟货币政策间的关系。

4
领先、同时及落后指标的综合指数

在第一章中,我们讨论了风险的概念及保护投资人的投资组合免于亏本的重要性。管理投资风险,确实是投资策略中最优先的目标。竞赛的策略就像是玩扑克牌一样,投资人可以从中学习如何发展一个以策略弹性及风险承受度为中心理念的投资策略。就像玩家在评估手中牌面的获胜几率后,才会决定赌注大小,而投资人也应该以各种资产的获利几率高低为基准,调整投资在各特定资产的资金额度。

本书的重要主题之一是要告诉读者,多数资产的价格,都会因经济情况的不同而有所变化。当景气自非常强劲成长的情况变为走缓,资产价格也会因而有所改变。为达到风险管理的目标,发展投资策略的关键就在于,了解资产价格为何以及如何变化。

我们已经初步了解到,在经济环境中各要素所扮演的角色及其间的关系。先前已经介绍了各种经济指标,并将它们分成数个类别。分类的目的无他,只是希望能更易于解释及介绍相关指标。它们分别是消费者相关指标、制造指标、建筑指标、通货膨胀指标及生产力与获利能力的指标等。与利率及股市相关的指标将在本书稍后再详谈。

此外,通过一些商业循环案例的讨论,我们也已经见到这些指标之间因果循环的连锁关系。主要目的是要告诉投资人,在商业循环强势向上时,负面回馈过程如何发展,导致商业循环走缓;而最终又如何将经济带回长期平均成长水平。

然而这幅马赛克镶嵌画依旧未完成。在本章我们将试图把这些图片组合在一起,并探究这些指标对商业循环的影响,以及金融市场对经济增长率波动的反应又是如何。稍后,我们将讨论如何发展一个适当的投资策略,以便在经济变动过程中获益。

不过首先,我们要介绍有关领先、同时及落后指标的概念。这几个指标能使投资人更容易了解循环中各个要素,并清晰分辨目前的经济现况。

在1937年夏末,美国国务卿亨利·摩根陶(Henry Morgenthau, Jr.)要求美国国家经济研究局(the National Bureau of Economic Research, NBER)一个专责研究经济循环及其他经济问题的机构,编制具有高度前导性的策略性指标,用来预测经济衰退何时将会结束。卫斯里·米特歇尔(Wesley C. Mitchell)是当时NBER的研究部门主管,他找来亚瑟·伯恩斯(Arthur F. Burns,后来成为NBER的局长)协助完成此项工作。

呈给国务卿的报告中,讨论到一些可以准确预测经济扩张的指标,其中还包括选择这些指标的原因,并将这些指标过去的表现作了详细记录。这个报告在1938年5月出炉,成为最早的领先、同时及落后指标。

在1938年夏天,这些指标首度被用来测试,经济从6月起开始步向复苏,而米特歇尔及伯恩斯所提出的领先指标,便记录了经济复苏的第一个征兆。

而现在,有许多研究商业活动的新理论不断推出,有关循环高峰及谷底的新见解亦不断出版,最初所采用的各种指标也已经过许多次修订。

目前,美国经济咨商局负责记录及更新每个月的领先、同时及落后指标等相关数据,并将之公布在网络上,投资人可以免费上网查询。多数的工业国家后来亦效仿美国这一套指标系统,因为在经济发展及货币政策的制定上,这套系统搜集资讯的方式可说是最具深度且最即时的。

此外,探究综合指数比同时追踪数百个指标要容易得多,综合指数其实就是所有指标的融合体。只要这三个指标,便可以让分析师清楚了解目前的经济情势。不过,为了更透彻地了解这些指标的含义,还是必须深入研究这些指标的详细组成因子及其行为模式。

领先指标

领先指标综合指数可以说是统计美国经济情势的综合指标。这个指标是由各个相关因子的平均值所组成,采取平均值的原因,是为了不使某单一因子的波动性影响到整个综合指标的客观性。领先指标的主要目的,是在预测未来经济趋势,该指标若走缓,显示未来经济增长率可能降低;而该指标若上升,则显示在可预见的未来中,经济增长率可能走高。

用于计算领先指标综合指数的组成因子有以下几个:

1. 制造业平均工时 制造业生产员工的平均每周工时可作为领先商业循环指标的原因是,企业主通常在调整雇用人数前,曾先调整现在员工的工作时数。

2. 平均每周初次申请失业救济金人数 对预测整体商业情势而言,初次申请失业救济金人数的敏感度,较整体就业或失业人数为高。该指标通常会领先商业循环的走势,并以负值的形式列入综合指数。

3. 制造业新订单、消费性物品及原材料 这些物品主要是供消费者使用。新订单的金额经通货膨胀调整后,可以用来预测生产情况,原因是新订单数量将直接影响到未交付生产订单及存货水准,而这两项都是企业决定生产策略时的重要参考指标。

4. 卖方表现、延缓出货综合指数　该指数用来衡量工业界厂商接到供货商寄出货物的速度。送货速度慢则使该指标升高,同时亦显示下游厂商对供应商的需求增加。也因为如此,这一系列指标通常是领先商业循环的。这些资讯由全国采购经理人协会所提供,它呈现的是目前有多少采购经理人未按时收到货物,该指数若增加,代表经济情况将改善。

5. 制造业新订单、非国防用资本财　这是指非国防用资本财制造商所接到的新订单数量。如同先前谈到的新订单一样,非国防性资本财新订单亦领先商业循环走势。

6. 建筑许可、新的私人住宅数量　该指标代表政府发给民间建筑的许可数,是建筑活动的重要指标,而建筑活动的走势通常领先于其他产业。

7. 股价、500种普通股　S&P 500股份指数代表的是在纽约证券交易所挂牌的股票中,客观取样的500档股票之价格变化。股价的涨跌,反映出金融体系资金的增减,是预测未来经济活动的重要指标。

8. 货币供给额M2　货币供给额M2的公布数字是经过通货膨胀调整的,包括现金、活期存款、其他支票存款、旅行支票、储备存款、小额定期存款及货币市场基金中的现金头寸等。

9. 利差、十年期政府公债利率减去联邦基金利率　该指标是采用十年期公债利率、联邦基金利率及银行间隔夜拆款利率为基准。这些利差的变化,领先经济活动的反转点。

10. 消费者预期心理指数　该指数反映消费者对未来经济情况的看法改变,进而产生的态度转变。该指标是领先指数中唯一完全采用预期基础的。

在使用经济循环指标时,我们建议采用现在与一年前的变动比率,也就是年增率。主要的原因是,金融市场中各种资产价格的趋势,对这些经济指标的成长率反应较为敏感。此外,变动率的采用,可用来比较不同指标间的

4 领先、同时及落后指标的综合指数

成长率变化。

领先指标综合指数之所以能领先商业循环反转点的原因是，领先指标指数中的组成因子，反映各界在产出决策或承诺方面的改变。例如新订单、建筑许可数及金融体系资金指标，还有货币供给额及股价。当联邦储备局增加挹注至银行体系的资金时，股价通常会立即反映此一利多，我们将在本书稍后讨论这一点。所谓资金，代表的是货币供给额成长率的高低。货币供给额成长率若增加，代表联邦储备局挹注资金至经济体系，而成长率若降低，则代表联邦局正从银行体系中将资金抽离（我们将在第七章介绍，央行为达到此目标所进行的相关运作）。这些指标的变化，通常领先整体经济至少数个月的时间。例如，货币供给额成长率的变化，领先经济增长率的变化约两年的时间。

订单是领先指标的重要因子，反映的是企业对增购机器及扩充现有产能的态度。由于将订单转化成实体的机器或设备需要时间，因此，该指标将领先物品及机械产量的变动，可以说是非常具有参考性的领先指标。

领先指标指数中另一个非常重要的是建筑许可。假设由于利率下降，建筑许可数开始增加，反映出新的建屋计划正逐渐增加。建筑许可的增加，最终将反映在建筑活动的升高、新建筑物的完工、建筑原材料产量及最终房屋销售量的增加等。

根据合理推测，建筑许可通过后，一直到建筑用机器完成生产，再到房屋建构完成甚至卖出，期间是有时间落差的。也因此，建筑许可成长率的变化，确实可以用来预测——也就是领先整体商业活动的变化。

还有一个重要的领先指标是股价指数，如 S&P 500 普通股股价指数。股市被当做经济活动领先指标的原因，是股价走势通常领先商业活动的走势约数个月，而且股市活动天天都在进行。此外，它就像货币供给额，代表经济体系中的资金成长情况。例如，货币供给成长率及股价变化的年增率在 1995 年起开始快速升高，而经济则自 1997 年底至 1998 年初，开始回复高度成长。

由于金融性资金反映信用扩张情况，因此，经济体系中资金越多，就代表有越多金钱被使用在企业建屋、生产物品、购并其他公司或投资等。当股指下跌，显示经济体系的资金成长率趋缓，造成的结果是，消费者可供花销或投资人可用于新投资计划的金钱减少，整体企业活动也可能因而趋缓。

另一个重要领先指标是货币供给额成长率，它代表了信用扩张情况。我们将在第七章介绍联邦储备局时，再详细检视这类指标。我们也将看看央行如何影响货币供给成长率，并进而对经济成长造成影响。而目前，我们有足够的理由说，货币供给额也是用来衡量经济体系中资金状况的指标，并且是由联邦储备局严密掌控的。

当银行体系中可用资金增加，代表可供放款的资金增加，因此消费者及企业将增加借款，以用于投资，这将带动经济成长；但若银行体系中可用资金减少，代表银行可供放款的资金减少，那么，在企业可供支出及投资的资金减少的情况下，企业活动将因而趋缓。

总括而言，领先指标的综合指数使投资人可以大致看清未来经济趋势的全貌。由于它融合十个指标于一个指数中，而这十个指标在过去已被验证，可以准确预测经济活动的趋势，因此，采用此一综合指数将可以简化整个研究过程。虽然每一个指标都很重要，投资人还是可以渐渐发现，货币供给成长率的变化，对未来趋势的预测较具可信度，因为它反映经济活动变化的先行时间非常长。

同时指标

同时指标综合指数提供有关目前经济情势的资讯，由4种反映目前经济强弱势的指标综合估算得来。同时指标的成长率通常与商业活动成长率相近，也就是说，它的趋势正代表目前商业活动的现况。

用来计算同时指标综合指数的经济指标如下：

1. 非农业就业人口之薪资 该指标包括全职及兼职员工,而且不分永久性及临时性员工。由于该指标显示农业、政府机构及小型企业以外的企业中,实际雇用及解雇员工数,因此通常是人们密切观察,借以判断目前经济健康程度的重要指标。

2. 个人所得减去移转性支出 该指标衡量所有经通货膨胀调整后的个人实质所得金额(含薪资及其他收入)。不包括政府移转性支出,如社会福利支出,但包含薪资相关增值减去薪资相关支出的调整数。收入水准重要的原因是,它们决定支出金额之累积及整体经济健康程度。

3. 工业生产指数 该指数代表制造业、矿业及电力公用事业中,各生产阶段之有形产出。过去,此一指数反映总产出的绝大部分波动性。

4. 制造及贸易销售 制造业、批发业及零售业的销售水平,除反映经济趋势外,亦代表整体实质支出,也就是调整通货膨胀后的支出水平。

当就业、生产、消费及销售快速成长,显示经济亦处在强势阶段;而当各种同时指标走低,则显示商业循环将趋缓。

由于领先指数中囊括的指标具有领先经济趋势的特性,因此,领先指标成长率的变化,亦会带动同时指标的成长率。一般而言,领先指标成长率走缓数个月后,同时指标亦会出现疲态,换句话说,当领先指标成长率开始走高,同时指标成长率亦会在几个月后逐渐回升。

落后指标

落后指标综合指数是由数个个别指标的平均值组合而成,根据历史经验,这些组成指标的反转点通常落在同时指标之后。该指数可能较领先、同时指标还重要,因为它可以反映目前经济体系中资源过剩的程度。

在经济迅速成长的阶段,即成长率超过长期平均成长率2.5%~3%,落后指标成长率通常便会上扬。被用来计算落后指标综合指数的经济指标如下：

1. 平均失业持续时间 该指标为每个被定义为失业者的平均失业周数。由于此一指标在经济衰退时容易达到高点，在经济扩张时达到低点，因此其负值被采用于落后指标的计算。换句话说，每个月间变动率的数字是采用其负数。只有在经济扩张幅度开始增强后，平均失业持续时间才会开始降低，而当降低幅度达到最大时，经济景气通常已经步入衰退。因此，当平均失业持续时间大幅下降，显示经济景气已经过热，投资人必须开始转趋保守。另一方面来说，平均失业持续时间大幅上扬，即显示经济景气已大幅走缓，此时，上一商业循环中所造成的资源过剩情况，应已获得调整。

2. 存货／销售比率、制造及贸易存货／销售比 存货／销售比率是衡量单一企业、产业界及整体经济中的商业情况。该指标是由经济分析局所统计，以制造、批发及零售业的存货及销售数字来计算，所采用的数据都是经过通货膨胀调整，并以户口普查局调查而来的资讯为基础。通常在经济景气趋缓，或销售量无法达成预估目标时，存货水准才较容易升高。因此，存货／销售比率容易在景气衰退的中期才出现高点；而当企业界销售升高，不再有存货过剩问题，即景气开始扩张时，存货／销售比率才会开始下滑。

3. 制造业每单位产出之劳工成本变动率 该指标的变动率若上升，代表制造业劳工成本上升幅度高于其生产力之成长率，反之亦然。这个指数是由经济咨商局汇集诸多要素加以建构而来，包括季节性调整的制造业员工津贴——即薪资加上其他补给。而这些要素则是由经济分析局提供，均经过季节性调整，调整基准是联邦储备理事会（Board of Governors of the Federal Reserve System）所公布的制造业工业生产值。进行调整的原因，是为了消除季节性因素所导致的扭曲，例如冬天的制造活动较高，而夏天产出较低等相关效应。由于该指标的月变动率极不规律，因此劳工成本的变动百分比是每半年计算一次的。而每半年该指数变动率之循环高点，通常在经济萧条时出现。常见的情况是，即便企业裁减生产线员工，但产量的减少幅度仍大过劳工成本降低幅度。该指标的谷底通常不易定位或描述,典型的情况是,当经济走缓且就业人口减少,薪资及劳动成本成长率便会下降。因此,该指标是在经济情况趋缓,或同时指标开始下降之后,才渐渐走低。换句话说,当同时指标延续约一至两年的成长后,可用劳工的减少,将促使劳工成本成长率逐渐走高。

4. 银行平均基本放款利率　虽然基本放款利率是银行业制定各种放款利率的基准,但该利率的变动,经常落后于一般经济活动的变动。银行平均基本放款利率的每月资讯,是由联邦储备理事会搜集。毫无疑问,利率是落后指标中最重要的组成因子,因为它们可以用来衡量信用成本。虽然基本放款利率被认为是落后指标,但我们在稍后的章节中将讨论到其他形态的利率,如13周国库券利率及政府公债相关殖利率等,它们对市场变化的反应却非常快。

5. 流通在外之商业及工业放款总额　该指标代表银行对企业的放款金额,以及其他非金融机构所发行的商业本票金额。商业本票是主要企业通过承销单位发行的,是一种高等级但未经保证的票据,基本上就是这些主要企业的借据。相关资讯也是由联邦储备理事会所搜集。经济咨商局根据以个人消费支出为基础的通货膨胀数据,来对该指标进行价格调整,该数据也被用于平减领先指标中的货币供给额。此一放款额指标通常在经济扩张高峰之后才会出现高点,原因是企业获利的降低通常会使贷款需求减少;而谷底则通常在经济萧条结束约一年之后才出现。

6. 消费者流通在外的循环信用金额相对个人所得比率　这个指标衡量个人债务及所得间的关系。消费者流通在外的循环信用额度,由联邦储备理事会负责搜集,而个人所得资料则是由经济分析局提供。由于消费者通常在经济景气衰退结束后数月内,仍会继续紧缩其借款行为,所以此比率通常在个人收入连续上升一年甚至更久之后,才会走出谷底。当然,该比率的高峰亦出现在经济景气高峰之后。

7. 劳务性消费者物价指数 该指标由劳工统计局提供,用来衡量消费者物价中属于劳务部门的变动率。在整体经济及同时指标综合指数长期走缓后,通货膨胀率才会开始走低,而当经济景气及同时指标综合指数成长率回升约两年之后,通货膨胀率才会逐渐攀升。

毋庸置疑,落后指标综合指数最容易为人们所误解,虽然它非常重要,但媒体及投资人却不太注意它。人们总是认为,在经济景气满舵前进的当下,为何要注意那些落后上升的数据?或是当经济景气已经反转向下,才开始走低的指标?为什么人们要去留意那些已经发生过的事所造成的结果?

然而,落后指标综合指数及其组成因子所提供的,对投资人而言却是最重要的资讯,同时也是判断经济及金融市场健康程度最重要的标准。它们的趋势,对于衡量商业循环对金融市场所造成的风险变化,是非常有价值的工具。我们将进一步探究为何它们对投资人而言,是那么重要的工具。

如同先前所说的,落后指标综合指数的趋势,落后商业活动两年左右。让我们来看看为什么。以利率为例,利率通常在经济大幅度走缓之后才会下降,并在经济强势成长一段时期后才会上升。主要原因是当经济快速成长,为满足扩充产能及增加雇员的需要,贷款需求将升高,而贷款活动的升高最终将促使利率面临走高压力。这就是为什么利率的上升总是落后商业活动趋势——当企业认知到经济扩张将持续时,才会积极贷款;而在经济走缓时则相反,当企业认为经济活动将持续恶化,贷款行为将趋保守,而导致利率的下降。

落后指标综合指数的另一个组成因子是单位劳工成本,也就是经调整生产力之劳工成本。通常在经济复苏走势非常确定,且景气强劲时,该指标才会走高。最初,当经济景气自疲弱转为强劲时,经济体系中的劳工供给非常充裕,生产力高且薪资水准非常低,因此,劳工成本降低或维持平稳。但当越来越多人受雇,劳工供给趋紧,薪资上涨压力于是升高。

当产能利用率达高档,有限的产能边际效益常导致生产力难以继续提升而开始下降。生产力代表的是经济效益之指标,它被用来衡量经济投入转为产出的效率。最常用来衡量生产力的,是所有劳工的每小时产出值。例如,若生产力上升4%,而薪资成长率为5%,经调整过生产力的薪资成长率为1%,由此可见,较低生产力成长率将对劳工成本造成负面冲击。较低的生产力成长率,及较高的薪资成长率,将使单位劳工成本走高,这一状况通常会在商业循环快速成长时出现。

这些简单的例子显示,落后指标反映经济体系中所累积的过剩资源,其高峰及谷底落后于商业循环所呈现的经济状况。如果经济过度扩张,导致经济体系中出现不均衡的现象,落后指标便会开始上升;换句话说,当经济体系走缓,景气情势变得非常沉闷时,落后指标才会开始下降。

当经济成长的速率过高,导致成本面趋于紧绷时,落后指标才会走高,这就是落后指标综合指数重要的原因。该指标的上升显示经济景气非常强劲,整个体系所面临的成本上升压力非常沉重。而成本上升压力有两个主要影响:首先,它将对企业获利造成负面冲击;而第二项与第一项关系非常密切,当企业成本升高,他们便会将新增成本转嫁给消费者,结果导致消费者层面的通货膨胀走高,并进一步使实质所得及消费者购买力降低。因此,落后指标的走高显示商业界正面临重大变数,这些变数将对企业及消费者造成负面冲击。稍后我们将探讨如何通过这些指标的策略运用,来判断商业循环中的情况。

其他实验性的同时及领先指标

在1989年春天,有两位经济学家,詹姆斯·史塔克(James S.Stock)及马克·华特森(Mark W.Watson)在《NBER报告》中,发表了《同时及领先指标的指数》的研究报告。在报告中,两位经济学家提供了不同的经济指标计算方式,他们只选择具有信赖度的经济指标,发展出实验性同时招数及领先指数。

实验性同时指数汇集了数个衡量经济活动现况的经济指标,将之加权平均得来。这些指标是逐月公布的,它们是:

1. 工业生产。
2. 个人收入总额减去经调整通货膨胀之移转性支出。
3. 经调整通货膨胀之制造及贸易销售总额。
4. 非农业就业人口总工时。

如同我们先前讨论的,这些指标可以反映经济在某一时点发生的情况,以及整体经济情况的优势与弱势。用于计算实验性同时指数的加权平均值,是以上述四个经济指标目前及最近的成长率加权平均得来。该加权平均成长率则被用于指数水准的累计上。由于此一指数以1967年7月为基期,故当期的指数为100。实验性同时指数的月成长率换算成年率后约为3%,与实质GDP的成长率趋势相近,在1960—1988年间,实质GDP平均年增率为3.1%。一般而言,实验性同时指数的波动率大约较实质GDP高1至1.5倍。

由史塔克及华特森两位经济学家提出的实验性领先指数,乃是实验性同时指数在未来6个月成长率的预测值(也就是说,本月份领先指数值代表6个月后的同时指数值)。该预测值是以年率(百分比)的形式来呈现。例如,4月份的实验性领先指数代表4月至10月间,实验性同时指数成长率的年率。实验性领先指数是由以下7种领先指标加权平均得来:

1. 民间住宅用新屋之建筑许可数。
2. 制造业及农业耐久财产业订单,须先调整通货膨胀因素。
3. 美国及英国、德国、法国、意大利及日本间,名目汇率之贸易加权指数。
4. 因主业轻闲而兼职副业的非农业人口数。
5. 美国十年期政府公债收益率。
6. 三个月期商业本票与三个月期国库券之间的利率差距。

7. 十年期政府公债与一年期政府公债收益率之差距。

史塔克及华特森另外还发明了一个指标,称为实验性衰退指数,该指数是用来估计自目前算起的未来6个月后,经济步入衰退的概率。例如,4月份的实验性衰退指数告诉人们经济在10月份衰退的概率。该指数是采用实验性同时指数中4个每月公布的指标,及实验性领先指数中7个每月公布的指标,加以计算而来。

实验性落后指数代表的是一个概率,举例来说,如果实验性衰退指数为25%,代表6个后经济衰退的概率是25%。该指数的最低值是0,最高值则是100%。

由于实验性领先指标太过于依赖金融资讯,史塔克及华特森发展出一个替代式实验性衰退指数,它是以实验性领先指数中的7个指标为基础,但是不包括利率及利差两个指标。替代式实验性衰退指数的计算方式,与实验性衰退指数的计算方式相同,但它们采用的指标却不同。替代式实验性衰退指数的组成指标为:

1. 民间新住宅建筑许可。

2. 制造业及农业耐久财产业订单,经调整通货膨胀之数字。

3. 美国及英国、德国、法国、意大利及日本间名目汇率之贸易加权指数。

4. 企业刊登于报纸的招聘广告指数。

5. 耐久财产业生产线员工平均每周工时。

6. 企业反映延迟出货之比率,由全国采购经理人协会编制。

7. 制造业产能利用率。

史塔克及华特森每个月都会在他们的网站(www.KSGHOME.Harvard.edu)上发表这些指数的最新资讯。读者若想详细了解及讨论这些指标的计算方式及用法,可以在他们于1989年春天在《NBER报告》上发表的原始研究报告中取得相关资讯。

BAA 等级之债券及 10 年期政府公债的收益率差,虽然未被经济咨商局或史塔克－华特森等指数采用,却也是一个极佳的领先指标。该利差比率与货币供给成长率及股价间的相关性非常高。由于它的循环时机性,在与其他商业循环指标同时使用时,此比率拥有非常重要的策略价值。

结 论

本章的目的,是将先前所介绍的经济指标整合在一起,并讨论综合指数的概念。同时也回顾这些指数的历史,以及对投资人而言,利用它们在观察经济及金融市场表现时的重要性。

对投资人而言,重要的是这些指标可以细分为三个大类:领先、同时及落后指标。领先指标综合指数及其组成因子的重要性在于,密切观察这些指标,投资人可以预知未来经济成长速度。

然而,要建构成功的投资策略,落后指数可能是三个指数中最重要的工具。在落后指数开始上升时,投资人对经济及金融市场的展望,应该要特别小心谨慎。因为当落后指标上升,即反映经济体系中的资源过剩,而为控制这些过剩的情况,资金成长率的下降终将促使经济成长明显趋缓。

在下一章,我们将详细探究领先、同时及落后指标的相关性,以及它们对商业循环的影响。

5
商业循环:经济指标的实务运用

通过领先、同时及落后指标系统,投资人可以追踪商业循环中各个阶段的发展,同时,该指标系统亦可以协助投资人判断各种资产的投资风险与机会。我们已经知道,领先指标综合指数,如货币供给成长率、订单、建筑许可或企业获利等指数走高,通常同时指标综合指数,如生产、就业情况及个人所得等,也将在数个月后攀升。

随着同时指数连续性的高度成长,通货膨胀、劳工成本及利率等落后指标将随之走高。这些指标的上扬,代表经济扩张的程度已接近全产能生产,因而将导致物价及成本面临上升压力。

商业循环的期间长短及波动性,乃至于投资风险,完全取决于落后指数何时开始上升以及上升的速度。原因在于,落后指标成长率开始上升后几个月,领先指标成长率便会开始走缓。譬如,利率上升将使建造或购买房屋的成本上升,因此将抵制房地产业的发展,这便是落后指标上升的典型例子。落后指标,即利率的上升,将使领先指标成长率,如建筑许可及新屋开工率等下降。

同样的道理亦可推演至企业获利方面。成本的增加将立即对获利造成负面影响,使得获利成长率逐渐降低。另外,利率上升将导致货币供给成长率走缓、股价下跌。最终,领先指数成长率连续走缓数个月后,将导致同时指标综合指数成长率转趋疲弱。重点在于,这三种指标(领先、同时及落后)之间的关联性相当高,他们之间的关系是非常精确且具逻辑性的。

一般来说,只有在同时指标成长率连续滑落多时以后,落后指标才会开始走低。事实上,各项同时指标的持续走缓,便是反映经济体系中各部分的成长情况已经趋弱,而通常在此时,落后指标的高峰才会出现。落后指标下滑所衍生的发展则是:失业增加、劳工开始有过剩压力,且薪资的增加幅度不再像以往般快速。在另一方面,由于景气走疲,经济体系中对资金的整体需求下降,因而使利率水准逐渐具备调降的空间。

当落后指标连续下降数个月后,紧跟着,各项领先指标又开始回升。原因是相关成本(薪资及利率)的下降,使投资新的房地产或建立新产能,再度变得有利可图。而受到利率下降及股市上涨的带动,经济体系中对资金的需求开始回升,带动货币供给额再度走高。

领先、同时及落后指标系统的重要性,缘于其间紧密相连的交互关系(图5—1及5—2)。落后指标相对而言最为重要,因为它的上升被视为领先指标即将下滑的预兆,因此,投资人及商人们可以通过观察落后指标,来预测领先指标与景气转向恶化的时机,并据以调整他们的投资决策。换言之,当落后指标开始滑落,亦在暗示投资人及商人,领先指标不久后将回升,且商业景气将逐渐好转。

如同先前提到的 S&P 500 指数,是用来衡量股票市场表现的标准,属于领先指标的组成因子之一,而短期及长期利率则是落后指标。股票市场被当成商业循环领先指标的原因,在于它充分反映经济体系中可动用的资金水位。而由于股市属于领先指标,故当某些落后指标如通货膨胀率、短期及长期利率下滑或维持平稳的阶段,投资股票市场的风险自然就较低,容易获取较佳的报酬。然而,当通货膨胀率、短期及长期利率开始上扬,股市通常就已达到高峰了。

图中可以看出,领先指标的高峰出现在同时指标的高峰之前;而同时指标的高峰,则出现在落后指标的高峰之前;落后指标的高峰,紧跟着出现的是领先指标的谷底,之后,落后指标的谷底才会出现。这样的循环周而复始地在不断运行。要特别注意的是,落后指标上升所衍生的负面回馈效应之所以重要,是因为它们对于衡量股市风险及预测股市的主要高峰,是非常关键的指标。

领先、同时及落后指标的先后关系

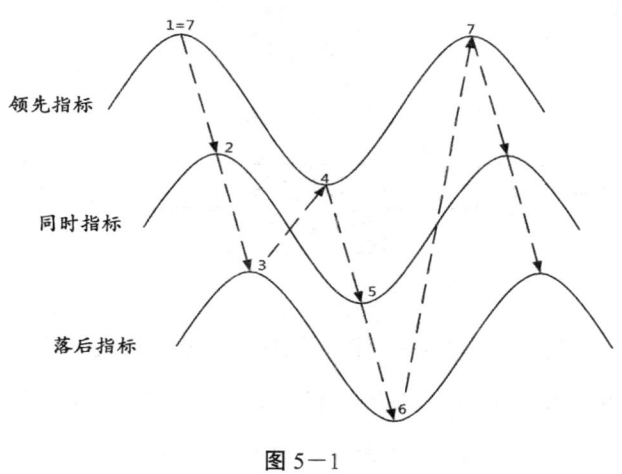

图5—1

观察美国1989年至1995年间所经历的金融循环,便可了解领先、同时及落后指标的关联性。自1989年起,美国国内货币供给开始大幅增加(货币供给成长率是领先指标之一),同时,股市亦走出谷底,并且逐步翻升。受到货币供给增加、股市上涨的影响,经济体系中的资金水位大幅升高,从而带动工业生产指数(属于同时指标)自1991年起快速成长。接下来,由于经济景气强劲成长,亦使得利率及原材料商品价格在1994年起逐步上扬。不过,当利率(落后指标)的上升对货币供给成长率造成压抑作用时,股市亦随之下跌。整个金融循环在1995年进入尾声,由于货币供给成长率自1992至1995年间连续走低,导致经济从1995年开始又软弱。也就是说,另一个新的金融循环从1995年再度展开。

图 5-2 是图 5-1 的另一种呈现方式。图中强调的是,落后指标可以用来预测领先指标的趋势;领先指标可用来预测同时指标的趋势,而同时指标则可以预测落后指标的趋势。

景气循环指标的反转点

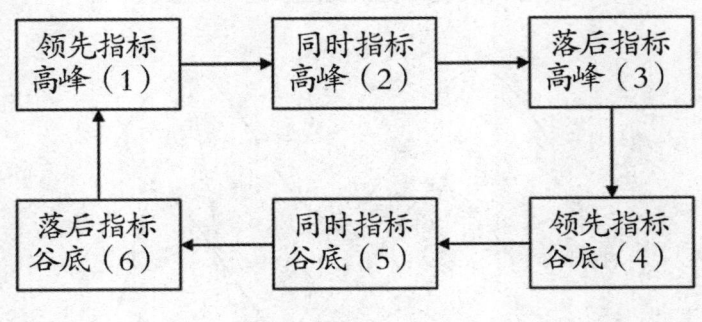

图 5-2

股价(为领先指标)的下挫,伴随而来的是经济景气转弱,最终会导致利率等落后指标走低。通常,在股市连续一段时间维持弱势之后,利率(落后指标)水准才有可能调降;而当利率(落后指标)开始走低数个月后,股市就会再度回复活力而上涨。换言之,自利率的高峰到股市的谷底,或自利率的谷底至股市的高峰,通常会相距数个月的时间。

领先、同时及落后指标系统的重要性,在于它们将商业及金融指标结合在一起。它们的关联性,可以帮助投资人更容易预测金融市场的风险程度,是非常重要的辅助工具。以下我们将它们的基本关联性归纳为几点:

● 当领先指标成长率(例如货币供给额)走高约两年后,同时指标(例如工业生产)的成长率将出现翻扬。

● 当工业生产(同时指标)成长率稳定增加一年半至两年后,落后指标(例如利率)成长率就会开始升高。

● 当落后指标成长率持续翻扬数个月后,领先指标(如货币供给额)成长率的高峰便会出现。

● 当领先指标(如货币供给额)成长率连续下滑一年半至两年后,经济增长率(如同时指标的工业生产)便会趋缓。

- 而工业生产(同时指标)成长率滑落数个月后,落后指标(例如利率)成长率亦将逐渐随之下降。
- 落后指标(例如利率)成长率下降数个月后,领先指标(例如货币供给额)成长率就会再度反转上升。

而商业及金融循环就是在这种模式下,周而复始地运转。

商业周期的各个阶段

整个经济体系其实是非常精细且敏感的机制。因此,任何指标成长率的细微变动,都会对经济活动造成很大影响,从企业获利能力乃至资产价值都会发生变化。此外,不论是原材料商品股票、利率、贵金属或汇率,也都会受到影响,石油或木材也可能因为经济面的变化,在一年内急涨,而在下一年度下跌。过去,曾在20世纪70年代红极一时的黄金及房地产,到了80及90年代,却人人避之唯恐不及。而在70年代崩盘的债券,却在1982年后,让投资人获得至少40%以上的丰厚报酬。

而一个商业及金融策略分析师,如何去预测这一切财经形势的可能演变方向与发生时点呢?其实答案非常简单,造成各种资产价格产生变化的主要推手,在于当时实际经济增长率是高或低于该经济体的长期平均成长率。

资产价格的变化,受到当期经济增长率相对于长期平均成长率的强度所左右。一般而言,工业化国家的长期平均经济增长率在2.5%左右。以美国为例,1982年以后,其长期平均经济增长率在2.5%~3%之间。我们也称此为成长潜能。也就是说,2.5%~3%的长期平均成长率代表的是,美国这个经济体在正常的条件下,平均每年可以达到的经济增长率。

然而现实状况是,经济不是一个遵守规矩的学生,它通常不会制式地维持在这2.5%~3%的成长区间内。有时会超过,也有时却低于这个区间(图

5—3)。我们接下来将进一步分析造成这种偏差现象的原因。既然资产价值的高低,决定于当时经济成长是高于或低于其长期成长潜能,因此若能充分掌握在商业循环的四个不同的阶段中,分别会发生什么不同的财经现象,对于制定投资决策的指导原则,将非常有帮助。

第一阶段

在商业循环的第一阶段中,景气自远低于成长潜能的低迷困境中逐渐回升。然而,经济增长率虽呈增加的趋势,却仍难以超越长期平均成长率。而经济增长率低于成长潜能的界线,显示当时极可能处于一个景气衰退的局面。不过,若套用于投资实务上,无论是在经济极低度成长或是在景气衰退的阶段,决策的制定其实是相近的,因为在此二情境下,资产价格的走势通常大同小异。

商业循环可区分为四个不同阶段,四个不同阶段所产生的经济情势变化,往往可以左右资产价格及金融市场的方向。

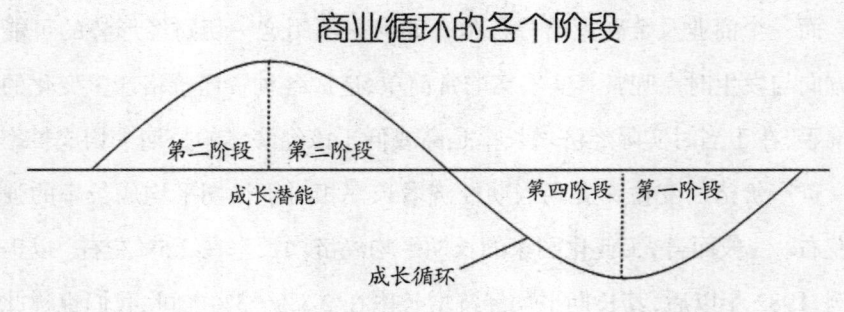

图 5—3

第二阶段

到了商业循环的第二阶段,经济增长率开始超越成长潜能。举例来说,假设一个国家的长期成长潜能为3%,若当期经济增长率超过3%,则代表该国经济已进入商业周期的第二阶段。此时,在各项条件都非常有利的情况下,经济状况可谓欣欣向荣,如同美国在1995年至1999年创造的荣景,一般亦称之为金发女孩儿经济(Goldilocks economy)。

第三阶段

经过第二阶段的荣景,到了第三阶段,经济增长率又逐渐回到典型的成长潜能区。以美国为例,联邦储备局在第一及第二阶段所实施的政策,在第三阶段开始见效,经济于是进入调整期。

第四阶段

到了第四阶段,经济成长又再度滑落至成长潜能以下,在第二及第三阶段中,非理性的超额投资及生产,此时开始转向节制,过度投资的恶果亦在本阶段开始一一浮现。然而,这一期间,却为较敏锐的投资人提供了绝佳的投资机会。尽管此时景气状况不佳,失业升高,且民众信心普遍低落,但金融市场表现却异常的好,股票及债券市场经常出现幅度不小的上涨行情。历史经验证明,当经济转强且成长率逐渐回升时,金融市场往往提前走下坡路且表现清淡;而当经济走疲到利率开始调降的那一刻起,金融市场又开始回春,提供投资人较佳的投资报酬。因此我们可以了解,投资的机会与风险,就是在经济从扩张到衰退,再从衰退到扩张的交互循环过程中产生。举例而言,美国利率(落后指标)于1995年起开始调降,货币供给(领先指标)随即恢复较高的成长率,股市亦开始大涨,最终,引导工业生产成长率(同时指标)自1996年起逐步攀升。

当商业循环稳定地自第一阶段朝第四阶段发展,投资风险便不断改变。当经济成长高于其长期潜能时,落后指标如利率、通货膨胀及劳工成本,便随之上升。这样的时点对股票市场而言,风险相当高,因为在此期间内,证券投资的报酬将低于平均值。当经济增长率低于其长期平均值时,因利率及通货膨胀下降,投资风险将跟着降低,因此股票及债券的预期报酬率将较高。如同先前几章所谈的,当经济景气维持荣景,经济环境本身将会酝酿出令景气趋缓的负面回馈因素。然而即便有这些变化,当时的经济增长率依旧可以维持在长期平均成长率约 2.5%~3%。

慢跑也是一样的情况。如果一个慢跑者的自然速度是每 9 分钟一英里,若任意加快速度,就会导致脉搏跳动加速、体温升高、呼吸变得急促、疲劳度亦增加。此时,若还想跑得更远,慢跑者必须放慢速度,等待体能恢复。所有的跑者也都知道,若慢跑的速度超过平均速率越多,且持续时间越长,他们就越需要放慢速度,休息得更久,才有办法复原。

经济活动的行为模式与慢跑几乎是相同的。如果经济景气成长率高过其成长潜能甚多,它的温度亦会升高;对经济而言,温度升高即代表通货膨胀、利率水准、原材料商品价格、薪资水准、机械产能及人力资源使用率等指数走高,最终则导致生产力降低,使得企业获利下降。就像慢跑选手一样,在这类压力下,此时经济必须走缓,以蓄积成长的力量。这样一来,经济增长率就必须降至成长潜能以下,也唯有如此,通货膨胀、利率、薪资及产能利用率才会下降,等到成本下降、生产力回升时,企业获利才有改善的空间。

当经济增长率改变,获利能力的趋势便会形成。在我们探究这一点前,先来看看导致经济景气攀升或走缓的原因,之后我们会再讨论如何预测这些变化,以及如何掌握特定投资策略的最佳时机。

5 商业循环：经济指标的实务运用

商业循环各阶段中所发生的现象

当你读过接下来的几页后,将会问一个问题:如果长期平均成长率那么重要,我们要如何才能让它上升？该领域的实质研究得出的唯一答案便是:提升该国的生产力。要做到生产力的提升,必须从改善教育、增加投资及维持低通货膨胀环境等着手,这是一个看起来简单,却又很难达到的目标。

商业循环的第一阶段所发生的现象

当经济景气终于从衰退或低度成长(成长率低于成长潜能)的阶段开始恢复时,就是第一阶段的开始。

经济从一个阶段迈向另一个阶段,过程中的所有变化,都是从前一阶段的事件中所衍生出来的。当经济成长非常缓慢,消费者因意识到未来时局可能将恶化,而采取保守的消费态度,此时通货膨胀就会下降。而此时,由于失业率高,人们会发现求职越来越困难,结果造成薪资成长率下降,个人所得亦呈缓步成长,也因此,消费者对价格变动的敏感度升高,进而使通货膨胀得以获得控制。当然,由于经济疲弱不堪,贷款活动亦非常低迷,导致利率下降。经济成长缓慢期间,生产量亦较低,因此原材料需求较少,而生产活动疲软导致需求的降低,将使原材料价格下跌。

不过,在经济成长非常缓慢的时期,也是有好消息的。此时,薪资成本、利率支出、原材料成本及通货膨胀等下滑,将使企业整体成本降低。在这种情况下,企业获利开始改善,也就是说,在这个多数人都认为是商业循环最糟糕的阶段中,企业获利却已开始回升。

特别值得一提的是,薪资增加、利率降低及贷款成长率的下降,都属于落后指标。而落后指标的下降,显示成本压力,即前一段成长期所累积的过剩问题,终于获得控制。因此,企业也开始预期商业循环将好转。事实上,由于低成长导致成本开始下降，加上在此期间企业为提升生产力所作的努力开始见效，企业获利开始获得改善。也因此，企业获利是非常重要的领先指标，它的改善将激励企业对未来前景看法转趋乐观，对新的投资计划亦更为积极。

接着，我们将开始讨论商业循环中的重要现象。落后指标下降，通常伴随而来的是领先指标好转，就像是成本因素下降将带来获利的改善。这种关系的典型案例，起始于1995年的金融循环。当时经济景气趋缓，利率自6%左右的水准开始下降。利率的下降使贷款增加，而联邦储备局为调节此一资金需求，便放手让货币供给迅速成长。1995年起货币供给额的大幅成长，带动经济景气于1997—1998年间强劲回升。在1998年中时，通货膨胀压力开始升高，通货膨胀率由1998年1.5%的低档，上升至1999年的2.7%。当通货膨胀上扬，长、短期利率亦开始攀升。1998至1999年间利率的走高，压抑了贷款的需求，结果又导致货币供给成长率在1999年初达到高峰后下滑。在这个例子里，通货膨胀、利率、货币供给额及经济的运动表现，与投资人所预期的完全一致。

商业循环的第四阶段中，由于该期间企业活动弛缓，贷款需求因而下降，而资金需求成长率的下降导致利率走低。然而，一旦企业获利改善，资金需求便会回升。届时，联邦储备局为满足企业的资金需求，将以鼓励的态度，挹注资金至市场中（创造资金的过程在第七章再详细讨论，届时将详述Fed的功能）。

在第一阶段，投资人不仅见到资金面的改善，也因Fed为满足企业及消费者需求而挹注资金，货币供给成长率因而上升。在经济成长缓慢期间，通货膨胀下降，而长期利率亦因反映低通货膨胀的预期心理，呈现下降走势。

此外，由于股市荣景端系于资金水位，所以此时股价开始走出谷底并回升。毫无疑问，以金融市场的观点来看，商业循环的第一阶段是非常重要的。在第一阶段中，经济走疲、利率下降，且联邦储备局为达经济扩张目的，不断挹注资金至经济体系中。其中,一部分资金流入实质经济活动,另外,亦有部分资金流入金融市场,这也是在这一阶段中,金融市场表现特别好的原因。

当企业获利持续改善且成本仍控制得宜,企业便会开始扩张产能及生产量,并雇用更多员工,以掌握机会获益。较多的工作机会代表较多的所得,而更多的销售量则进一步带动生产增加及更多的工作机会。此时,经济景气持续攀升,整个经济不断地进行良性循环,其中,企业获利增加、货币供给额高度成长,利率、债券收益率下降,股市则上涨。此时,由于投资人对国际金融市场情势及国内未来经济前景感到乐观,货币因而走强。在这个阶段中,经济表现极为强势,就像是慢跑选手终于获得充分休息而再度冲刺一样。

商业循环的第一阶段中,主要的经济现象总结如下:

- 货币供给成长率快速升高。
- 货币逐渐恢复强势。
- 股市上涨。
- 以生产、销售、所得、就业等指标所衡量的经济增长率走稳,并从低于成长潜能的疲态中慢慢复原,不过仍低于成长潜能区。
- 获利状况走出谷底并上扬。
- 原材料商品价格继续走低,最终到达谷底。
- 短期利率继续走低,最终达到谷底。
- 长期利率继续走低,最终达到谷底。
- 通货膨胀继续走低,最终达到谷底。

投资人必须牢记,虽然短期利率及长期利率的循环反转点相同,但短期利率的波动性却较长期利率大。也因此,短期利率的变化,可以用来预测货币市场现况及趋势,对投资人而言,是较为有用的指标。

商业循环的第二阶段中所发生的现象

在这一阶段中,经济动能非常强劲,成长率超过长期潜能,就业、生产、所得及销售亦持续快速增加。当失业率持续下降,具技术水准的劳工越来越难找,导致薪资成长率加速上扬。此外,生产量的增加,亦引发原材料价格的上升压力。各项有利的经济条件,加上所得的提升,带动消费者积极购物,进而带动贷款成长率升高。最终,由于消费者及企业贷款成长率攀升,导致利率上扬。

事实上,此时产能利用率也是处于高档,企业对于进一步增加贷款以扩张产能开始感到压迫感。但是,如同先前所谈到的,产能利用率越高,生产力的改善程度将越趋缓慢。

此时,企业开始觉得再也无力自行吸收原材料商品、劳工及利率等新增成本。而落后指标也终于抬起头,警告投资人经济已经过热,且风险正逐渐升高。反映出来的现象就是,企业获利情况处于危险边缘,获利率因成本的升高而面临重大压力。

成本的扬升显示强势的经济景气已面临风险,因为成本的走高将迫使领先指标下降。这样的情况是如何演变的呢?成本的增加,代表企业获利面临下降的风险,而企业为维持一定水准的获利能力,就必须设法削减成本。在这个阶段中,虽然经济表现强势,但投资人却必须非常留意那些可能影响决策(领先指标)的变数(大部分是落后指标),因为这些变数可能会导致经济走向疲弱。例如,当薪资及整体劳工成本开始升高,利率亦逐步上扬(这些都是落后指标),投资人就必须密切追踪这些指标对经济层面的冲击。

一般来说,企业获利能力最先受到这些落后指标的冲击,因为它是重要的领先指标。而另一个被影响的是房屋开工率,它也是重要的领先指标。利率走高将导致建筑活动趋缓,并使重型机械的订单降低,因为企业发现贷款成本的走高,使建筑活动及重型机械等投资不再具有那么高的潜在获利。

当利率及通货膨胀升高,将对其他重要领先指标造成负面冲击,如消费者信心及消费者预期心理等。因为利率及通货膨胀的走高,将导致消费者所得间接降低,于是对消费者的态度造成负面影响。主要原因是,通货膨胀走高使消费者购买力降低,进而迫使他们对未来经济前景的看法转趋保守;而利率攀升则使消费者贷款成本升高,进一步对其消费态度造成负面冲击。当经济呈现高度成长,但又伴随落后指标的扬升时,将引发一系列的企业或消费者决策,如削减成本或减少支出等,而这些决策最终将使经济步向缓慢成长的格局。

倘若经济景气在商业循环的第二阶段,尝试要超越自己的极限,就像一个过度自信的慢跑选手。一旦出现这样的情况,联邦储备局最终将被迫承认经济可能已经过热,而过度成长可能引发通货膨胀率的走高。于是,它开始放任利率走高,使得企业及消费者更不愿意增加贷款,结果促使货币供给成长率下降,整体资金情况趋紧。而资金趋紧、利率扬升,将对股市造成负面冲击,股价在此阶段达到高峰后回跌,可以续涨的股票变得非常有限。第二阶段中的高度成长最终将演变成经济成长趋缓,并开始预见到第三阶段可能发生的现象。此外,当经济趋缓,美元极有可能因经济展望不佳而趋于走贬。

第二阶段的主要发展可以归纳如下:
- 货币供给持续迅速成长,并达到高峰。
- 美元持续强势,亦达到高峰。
- 股市持续强势,亦达到高峰。
- 以生产、销售、所得、就业等指标所衡量的经济增长率非常强劲,并远高于成长潜能。
- 企业获利成长快速。
- 原材料商品价格强劲上扬。
- 短期利率走高。

- 长期利率走高。
- 通货膨胀走高。

商业循环的第三阶段中所发生的现象

第三阶段是商业循环中最具教育意义的阶段。此时,销售成长率达到近年来的新高,企业获利却开始走缓,投资者对利率及通货膨胀已然走高的警觉性,似乎还略显不足。当成本上升,企业削减成本及 Fed 减少资金成长率的努力,将导致销售量减少,这对所得、销售量、就业情况及生产都形成下降压力。原因是,当货币供给成长率降低,代表可供企业及消费者使用的资金量减少。可用资金的减少,加上通货膨胀及利率的上扬,将迫使企业及消费者削减支出,最终效应便是经济景气的走缓。

当然,当成本持续上升,企业必须被迫削减成本。此时,落后指标及领先指标之间的负面回馈效应,清楚地浮现出来。在导致获利降低的因素获得全盘掌控之前,企业不会停止削减成本的行动。换句话说,只有在落后指标开始下降之后,企业才有可能停止削减成本的计划。落后指标的下降(例如通货膨胀、利率及劳工成本成长率),是成本终于获得控制的信号——显示劳工成本、原材料商品及利率正逐步下降。这一点对企业非常重要,因为在可预见的未来,他们的获利即将得以改善,这个信息的出现,将鼓励企业再度开始增加支出。第三阶段所代表的,就是这样的调整过程,经济的疲弱走势,将持续到落后指标开始下降之际。这是投资人在观察商业循环第三阶段时,最应注意的态势。

第三阶段中所发生的重要现象如下:

- 货币供给成长率持续走低。
- 美元相对疲弱。
- 股市低迷。

- 以生产、销售、所得、就业等指标所衡量的经济增长率持续趋缓,并跌破长期成长潜能。
- 企业获利成长达高峰后开始下降。
- 原材料商品价格达高峰后开始下降。
- 短期利率终于达高峰,并开始下降。
- 长期利率终于达高峰,并开始下降。
- 通货膨胀持续走高,最后开始下降。

商业循环的第四阶段所发生的现象

如同慢跑选手终于认识到自己无法达到原先的期望,于是开始放慢速度一样——这也是经济必将走缓的时机,至少必须低于其长期平均成长率。这就是第四阶段,经济成长在该阶段跌破其2.5%～3%的长期平均成长率。紧缩货币政策将导致货币供给持续下降,而由于企业持续削减成本,经济则维持疲弱走势。然而最终,第四阶段将出现经济复苏的第一道曙光——当经济成长极为缓慢,通货膨胀达到高峰后终于逐渐走低。在此阶段中,企业削减成本的计划促使失业率升高,并导致消费者支出减少;而由于通货膨胀终于走低,加上信用需求成长率趋缓,带动利率下降。此外,经济景气及生产量的下降,导致需求下降,原材料商品市场亦疲弱不堪。而货币则反映这所有的不确定性,维持弱势。

有趣的是,导致经济走缓的要素——即较高的成本、通货膨胀及利率,目前正逐渐反转,换句话说,落后指标开始下降。而当成本因素下降,企业获利率便逐渐回升。同时,由于Fed已经达到控制通货膨胀之目的,遂逐渐改为较为宽松的政策,导致货币供给成长率的再度扩增。

由于已经达到目的,Fed决定挹注较多资金至经济体系中。较多的资金、较低的成本、较低的通货膨胀,以及获利的增加,种种现象看起来,经济情势似乎已经又具备成长的条件了。慢跑选手现在已经获得充分休息,并可以用更快的速度再度起跑;而经济则又恢复活力,再度回到第一阶段,重新开始新的循环。货币亦在投资信心改善的带动下,恢复强势。

第四阶段所发生的现象可以归纳为以下数点:

- 货币供给成长率持续走低,不过当短期利率达到高峰后,亦逐渐回升。
- 美元贬值后,最终又恢复强势。
- 股市维持弱势,但最后又开始回升。
- 以生产、销售、所得、就业等指标所衡量的经济增长率持续趋缓。
- 企业获利依旧不佳。
- 原材料商品价格偏弱。
- 短期利率下降。
- 长期利率下降。
- 通货膨胀下降。

投资实战

在前几段中,我们回顾了领先、同时及落后指标的概念,包括它们的计算方式、代表的意义,以及如何使用它们。我们还谈到商业循环的四个不同阶段中,经济如何从缓步成长转化为强劲成长,又从强劲成长再回到缓步成长。当商业循环历经这几个阶段时,各经济指标则继续维持着非常精确的关联性,如同先前所讨论的一样。特别值得一提的是,我们也谈到落后指标的上升,如劳工成本、通货膨胀及利率的变化,提供投资人非常重要的判断标准。这些落后指标警告投资人,必须开始留意领先指标是否已达到高峰,如股价及货币供给额成长率的变化等。

本段的目的是要讨论经济情势的演变将造成什么不同的情境,而在这些情境下,投资人又该如何调整投资组合。我们将从投资人的观点来检讨,在面临这些经济成长的变动情境时,应采取什么策略来应对。

在商业循环的第一阶段初期,经济成长非常缓慢,如同先前看到的,Fed此时的态度是要让货币供给额成长加速,以支应信用需求。可用信用额度的增加,代表经济体系中的资金增加;而货币供给额及资金的增加,对股票市场则有非常立即性的正面刺激效果。资金成本、劳工成本及原材料成本的下降,则使企业获利率开始改善。

由于经济情势逐渐好转,美元开始走强,这现象对经济健康程度而言,是非常重要的量表。货币强势代表经济体系中一切正面的趋势都将得以维持。然而此时生产面依旧弱势,原材料商品亦然,由于经济资源的过剩,导致失业率维持高档、产能利用率偏低、原材料商品价格疲弱、通货膨胀下降、短期利率持续下降或维持低档、债券殖利率亦因低通货膨胀的关系而下降。

该阶段是商业循环中对股票投资最有利的阶段。此时通货膨胀压力不高,因此投资在原材料商品或其他硬式资产的获益性并不特别好。不过,由于通货膨胀维持低档,使债券殖利率下降,因此,这一时期对债券投资而言,亦是不错的时机。

当经济景气在第一阶段开始转强,就产生新的发展。最初,由于这些演变过程非常缓慢,因此投资人并不易察觉有何变化,但时间一长,这些发展便会越来越清晰。此时,原材料商品价格不再像先前那样急跌,将连续数个月持稳,之后开始回升。原材料商品价格的回升,则将伴随着短期利率的上扬,此时,债券殖利率的跌势亦趋缓,最终达到谷底。举例来说,1994年经济回升的情况较为明显,原材料商品价格快速上扬,带动短期利率从3%急升至6%,债券殖利率亦大幅反弹。

随着该趋势逐步演变,一旦经济景气变得极为强势时,即显示经济已经缓慢地从第一阶段迈向第二阶段。当经济增长率超过其成长潜能时,代表商业循环已经步入第二阶段。此时,部分资产的投资风险开始升高,不过,部分却仍停留在可接受的范围内。当经济增长率超过成长潜能,原材料商品价格将快速且大幅上涨,此时,原材料商品、房地产或由原材料商品带动的工业类资产等的投资吸引力较高。

在第二阶段的初期,通货膨胀达到谷底,此时,由于各项资源的使用率逐渐达到满载,导致通货膨胀升高的几率大增。由于通货膨胀走高,债券殖利率走出谷底且可能开始回升,于是,债券投资变成较差的选择。

此时,投资风险亦逐渐转变,由于商业循环正处于强劲成长的阶段,高殖利率水准使得目前的高本益比显得不合理,因此投资股票的风险逐渐升高。不过,原材料商品依旧是较佳的投资标的。而随着通货膨胀的升高,房地产价格为反应通货膨胀,亦会走高,其上涨幅度甚或超越通货膨胀成长率,因此,此时房地产投资似乎提供了不错的机会。不过,通货膨胀的升高却导致债券殖利率上升,而使债券成为高风险的投资标的。

在第二阶段,经济景气的热络,使联邦储备局认知到信用的高度成长已经导致经济过热,并酝酿高通货膨胀压力。因此,为使经济景气可以维持较低且稳定持久的成长,Fed会开始压抑信用的成长率。此时,通常会有两个发展,一是货币供给成长率下降,显示经济体系中的资金水位逐渐降低;第二是长、短期利率继续上升,导致货币供给成长率下降,股价因而达到高峰,仅剩少数的股票还能维持涨势。

此时,如同我们先前所得,美元亦走弱,因此使海外投资变得更具吸引力。当成本走高、生产力趋缓,企业获利因而下降,此时,商业循环步入第三阶段,金融市场风险大幅升高,但硬式资产(能源股票、黄金股票、原材料商品、房地产及艺术品等)投资提供较佳的报酬。

在第三阶段,领先指标,如货币供给成长率、股票及企业获利走低,美元亦因经济的走缓与调整而趋弱。债券殖利率持续走高,生产趋缓,使原材料商品价格终于不再大幅上扬,最终并开始下跌。此时,通货膨胀仍旧持续走高,Fed对控制信用成长率仍旧非常坚持,这样的坚持非要等到通货膨胀有下降迹象,才有可能改变。而一旦通货膨胀降低,债券殖利率亦将随之下降。

第三阶段对金融性资产投资较为不利,对硬式资产却较有利。最后经济慢慢步入第四阶段。此时,经济增长率非常疲弱,联邦储备局终于达到它的目标——即促使经济成长低于长期成长潜能的目标,投资人因而亦可以见到通货膨胀的下降。

第四阶段是一个非常重要的阶段,因为先前走缓的经济指标,在此阶段开始出现反转走势,并营造出许多新的投资机会。此时,通货膨胀创下高峰之后开始降低、债券殖利率亦自高档下滑、薪资成长缓慢且成本下降。此时,债券是非常好的投资标的。而联邦储备局也开始认识到,通货膨胀已经获得控制,且经济情势将逐渐趋稳。

低通货膨胀及低债券殖利率,使股票再度成为最具吸引力的标的。而由于 Fed 又开始缓步提升信用成长率,因此短期利率逐渐降低,这对金融性资产的投资较为有利。此外,原材料商品价格依旧疲弱,通货膨胀率持续下降,短期利率及债券殖利率则持续走低。由于第二及第三阶段中所制造的剩余资源在此阶段已经逐渐获得控制,美元于是开始回升。

这时,由于 Fed 认为商业情况已经恢复正常,于是再度释放出资金至经济体系中。商业循环至此已经又开始第一阶段,金融市场一片欣欣向荣。

第一阶段中所发生的主要现象可以归纳如下:

- 货币供给成长率快速攀升。

- 美元回升。

- 股票市场上涨。

- 以生产、销售、所得及就业情况所衡量的经济成长虽然趋稳,但依旧低于成长潜能。

- 企业获利走出谷底并开始获得改善。

- 原材料商品价格持续疲弱,不过最终亦达到谷底。

- 短期利率持续走低,不过最终亦达到谷底。

- 长期利率持续走低,不过最终亦达到谷底。

- 通货膨胀持续走低,不过最终亦达到谷底。

第二阶段中所发生的主要现象可以归纳如下：

- 货币供给持续快速成长，最终达到高峰。
- 美元持续强势，最终达到高峰。
- 股票市场持续上涨，最终达到高峰。
- 以生产、销售、所得及就业情况衡量的经济快速成长，并超越成长潜能。
- 企业获利快速上升。
- 原材料商品行情非常强劲，价格上扬。
- 短期利率攀升。
- 长期利攀升。
- 通货膨胀攀升。

第三阶段中所发生的主要现象可以归纳如下：

- 货币供给成长率下降。
- 美元走弱。
- 股票市场疲弱。
- 以生产、销售、所得及就业情况衡量的经济成长持续走低，最终并跌破其长期成长潜能。
- 企业获得维持强势，但最终亦开始下滑。
- 原材料商品价格达高峰后开始下滑。
- 短期利率达到高峰后，最终亦开始下滑。
- 长期利率持续走高，但最终亦下滑。
- 通货膨胀持续走高，但最终亦下滑。

第四阶段中所发生的主要现象可以归纳如下：

- 货币供给成长率持续下降，而当短期利率开始下滑，它却逐渐回升。
- 美元维持弱势，但最终却转强。
- 股市维持弱势，但最终却转强。
- 以生产、销售、所得及就业情况衡量的经济成长持续走低。

5 商业循环：经济指标的实务运用

- 企业获利持续弱势。
- 原材料商品价格低迷。
- 短期利率下滑。
- 长期利率下滑。
- 通货膨胀下滑。

本书其他部分将再详细介绍金融市场的不同面貌，我们还将讨论，在预测不同的资产价格走势及其相关风险时，应该采用什么样的指标最适合。

不过，首先我们必须处理一个极为重要的议题，那就是探讨自1955年起，经济的重大变化对金融市场所造成的影响。为何这些变化会产生？我们将从这些历史中学到什么？如何自这些历史的经验中，学到如何保护自己的投资组合？1955年之后所发生的事，对建立长期投资策略，具有无法衡量且深远的影响。下一章所要讨论的就是这个主题。

6
经济与投资的长期趋势

控管投资风险有两大基本议题,一是挑选出投资人认为是具获利机会的资产——历史经验告诉我们,当通货膨胀下跌或维持低档的期间,股票是最佳的选择;而硬式资产如房地产、原材料商品等,在通货膨胀走高或维持高档时,则提供较佳的报酬。第二项议题是决定将多少资金投入在特定资产中。最初及未来投入的资金额度,则视投资人对短期及长期经济趋势的判断。

在先前各章的内容中,我们介绍了许多指标,供投资人辨识主要的经济趋势,以及潜藏其中的机会与风险。我们在分析经济指标时,将它们分为三个主要类别:领先、同时及落后指标。此外,我们亦讨论到经济成长相对其长期平均成长率的强度,对金融市场及整体投资气氛而言,具有极重大的影响力。而领先、同时及落后指标之相关变化,以及经济景气相对于其成长潜能,将影响到短期投资决策。这些决策便是以下这些问题的答案:"我现在应该怎么做?"、"未来几个月我应该采取什么策略?"、"在商业循环各个阶段中,什么样的资产提供最大的获利机会,但却隐含最小风险?"

接下来的几章中,我们将更详尽地介绍各种类的资产,以及这些特定资产的价格如何受到商业循环的影响。不过,在讨论开始前,投资人必须先深入了解整体的长期经济趋势。投资人要学的第一件事,就是要先充分认识到自己是处在什么样的经济时期中。

自历史事件中累积经验

我们可以从过去的历史中学到非常多的经验。虽然本书无法针对过去一世纪中所发生的历史事件一一加以分析,但在本段中,我们将探讨1950年以后部分经济及金融历史事件,并将撷取出对投资人评估金融市场最有帮助的资讯加以评究。我们将从其中学到一些基本的趋势,这对投资人筛选各种资产具有非常高的决策参考价值,此外,我们也将看看在特定的经济发展情境中,可能衍生的长期风险。

首先,我们将过去几十年的历史分成三个时期:20世纪50年代至1968年、1968年至1982年、1982年以后迄20世纪末。这三个时期所发生的历史事件,帮投资人上了宝贵的一课,投资人可以从中学到评估经济及金融趋势的指导原则,以及这些趋势对其投资绩效的影响。这些研究结果,将有助于了解在过去那些经济时期中,哪些资产最具投资价值,哪些最不具吸引力,以及原因为何。

这三个时期最大的不同点是通货膨胀率。20世纪50年代至1968年间,通货膨胀获得有效的控制。但1968年至1982年间,不管是美国本土或海外其他国家,通货膨胀都急速升高,并且达到空前的高水准。到1982年以后,通货膨胀再度下降。我们将探究造成这些变迁的原因,并从中引申有助于投资的指导原则。

自20世纪50年代至70年代乃至80年代间所发生的重大演变,其操控者其实是政策制定者,这些都是他们进行杠杆操作导致的结果。这些杠杆的力量非常强大且有效率。笔者认为,事实上是人们影响政策制定者,使他们作出这些操控市场的行动。

6 经济与投资的长期趋势

第二次世界大战及朝鲜战争之后,也就是50年代,美国成为世界经济的领导者及世界第一强国。美国人当时非常清楚自己国家的力量以及它对世界事务的影响力;而50年代起的和平与繁荣环境,使美国人开始对未来感到乐观,并开始有累积财富的欲望,这样的气氛很快也感染到欧洲地区。当世界各个主要工业国家及其国民感受到累积大量财富的乐趣后,他们更加积极寻求财富的来源。到60年代末期至70年代,欧美两地的民众更加坚信,通过对政府的建议与督促,人们可以获取更多的财富。

当人民要求他们的政府提供并分享更多财富的同时,这些工业国家的政府组织变得越来越庞大。以常理来看,当一个机构变得非常庞大后,就会丧失效率,特别是巨大的文官体系。政府效率的降低及巨额的支出,使通货膨胀失去控制。最终,到80年代末期,人们才终于了解,庞大的政府无法达成他们创造财富的目标,而由于通货膨胀的大幅升高,人们的财富不但没有增加,反而急速缩水。

于是,人们开始反求政府,必须开始控制通货膨胀。70年代时,政府施行以社会福利与其相关法规为基础的计划,最终反而导致政府无力负担相关支出,造成了非常严重的问题。这些问题是:政府文官大量增加、通货膨胀持续走高。直到这时,政府才开始感受到社会福利措施及其他大众相关法案的代价,就是通货膨胀的失控。当然,通货膨胀的走高是最惨痛的代价,因为它对个人所得具有非常立即的负面效应。一直到70年代末期,人民新选出来的政治领袖才终于承诺以控制通货膨胀为职责,并允诺将带领经济走回稳健的轨道。而经济的回稳,是发生在1982年以后。

20世纪70年代美国所经历的一切,亦在欧洲上演。美国所经历的通货膨胀问题,在欧洲亦成为主要议题。不过,欧洲的通货膨胀却较偏向结构性因素,因为欧洲许多国家都通过保护劳动者的法律,这使该地区的经济体系较美国死板,不具弹性。所以,当通货膨胀自80年代初期开始下降之后,欧洲经济无法呈现像美国一样的活力,因为当地的劳工法倾向于保护在职员工,而非那些尚在求职者。

自1980年起,通货膨胀的走低虽然造成一些限制,却也创造了许多财富。那些曾因政府组织过于庞大,而发生管理问题的国家,开始致力于情况的改善。前苏联的瓦解更进一步证明,庞大的文官体系是无法生存的,因为他们终将种下经济崩溃及高通货膨胀的种子。当美国人民要求政府压抑通货膨胀,政府随即进行组织缩减,新的机会亦在通货膨胀下降的环境下产生。这些经过选举考验的新领袖们,成功地将通货膨胀压低,人们就被迫必须更有效率。没有效率是不能容忍的,政府为反映民意而被迫开始学习并非巧合,因为当时全国上下都尽力为降低通货膨胀而努力。

上一世纪中,当环境由低通货膨胀转为高通货膨胀,再由高通货膨胀回到低通货膨胀,这整个过程发生的初期,人们受到很大的冲击。50年代至60年代所累积的巨额财富,在70年代遭到破坏,又在80年代以后重新累积。机智的投资人也看出这些趋势的变化,并从中取利。

投资人如何将这些剧变转化为有用的资讯?政策制定者所推动的计划,影响层面可能长达未来数十年,而我们将教导投资人辨识这些计划的内涵及其指标。

实质短期利率

为了探讨20世纪50年代投资环境中所发生的巨变,观察短期利率对经济及通货膨胀的影响,应该非常有帮助。不管对美国或其他经济体系而言,短期利率都扮演着非常关键的角色。短期利率水准与金融市场表现及硬式资产的价格都有密切的关联。它们也可以用来衡量国外经济体的强/弱势,以运用在国外投资决策的评估中。这些细节将在本章后面的篇幅中加以介绍。

短期利率代表一年期以内的贷款之资金价格,在我们的讨论中,是采用美国13周国库券的利率,它代表美国政府以13周为期,向外借款的借款利率。采用此一利率的原因,是因为当市场情况改变时,它的反应非常快,同时,它也常被当做联邦储备局货币政策的先行指标。我们之后会再讨论 Fed 与利率之间的关系。目前我们必须知道的是,Fed 对短期利率水准及趋势具有重大的影响力,特别是 13 周国库券利率。

通常,我们称短期利率与通货膨胀率间的差距为实质短期利率。通货膨胀率是消费者物价指数或核心消费者物价指数(长期而言,两个指标会趋于一致)的 12 个月变动率,这些都是劳工统计局提供的现成指标。由于 Fed 有能力管理短期利率水准,因此它当然也可以影响实质短期利率水准;而短期实质利率水准会影响长期实质利率水准(也就是投资人或企业长期贷款的资金价格)。我们可以在 20 世纪 70 年代找到相关证据,在那段时间,实质短期利率非常低,实质长期利率亦然,全都低于整个世纪的平均值。然而,50 年代及 1982 年以后,实质短期利率及实质长期利率却是高于长期平均水准的。

在 20 世纪中,实质短期利率都在 1.4 上下游走,历史经验证明,在制定投资策略时,这个数值是非常重要的。自 1955 年起的历史资料显示,当实质短期利率接近或高于 1.4,通货膨胀必定是获得良好控制的。

实质短期利率在 50 年代初期至 1967 年间,都维持在 1.4 左右,期间,通货膨胀率多数时间则在 0~3% 之间游走。然而,实质短期利率在 1968 年以后,自 1.4 大幅降至 −7,这显示,在 70 年代的多数时间中,利率是低于通货膨胀率的。也因此,在那 10 年中,人们总是说:"这年头,通货膨胀付利息——你随便借钱",因为当时资金成本较通货膨胀为低。

在 1980—1981 年间,实质短期利率大幅上升,并超过 1.4 甚多,整个 80 年代中,它都在 5 上下游走。也就是说,短期利率高于通货膨胀率约 5%。结果是,资金成本变得非常贵,而这就是通货膨胀率由原来的 15% 左右降至 2%~2.5% 的主要原因。自 80 年代初期起,实质短期利率一直高于 1.4 的水准,只有在 1992—1993 年间例外,当时为解决银行体系及房地产危机,资金价格被人为控制在非常低的水平。

不过,在1994年之后,实质短期利率再度回升到1.4以上,通货膨胀率则上扬至2%～3%。上一世纪的经济事件中,让投资人收获最多的,是70年代由于Fed将实质短期利率维持在1.4以下的水平,导致通货膨胀自3%左右大幅扬升至15%;而在1968年以前及1982年以后,实质短期利率维持在1.4左右甚至更高,则使通货膨胀得以控制在2%～3%间。

在20世纪中,实质长期利率的变化模式,与实质短期利率非常类似。在该世纪的多数时间中,实质长期利率,一般选采10年期公债殖利率减去通货膨胀率,维持在2.75左右的水准。不过,自1955年起,就像实质短期利率所发生的情况一样,人们可以很容易区分出三个不同的期间,因为当时实质长期利率与实质短期利率有着相近的走势。

自1955年到1996—1997年间,实质债券殖利率都维持在接近2.75左右,当时10年期公债殖利率维持在4%左右。自1965年至1982年,实质债券殖利率自2.75左右大幅下降,最低曾达-4。在此期间,长期债券殖利率低于通货膨胀率,因而导致通货膨胀大幅升高。造成的结果是,70年代中,债券殖利率自5%大幅蹿升至15%。我们将在稍后的章节再针对这些问题作详细讨论。

然而自1982年开始,就像当时实质长期利率的走势一样,实质长期利率大幅回升至2.75的水准,并持续升高,最多曾高过通货膨胀率大约7个百分点。1982年起,实质长期利率便稳定地维持在2.75以上,而债券殖利率亦自15%降至6%～7%的水准。

针对实质短期利率及实质长期利率与通货膨胀及生产力水平的关系,有许多不同的理论,不过,重要的却是,它们在前一个世纪中与通货膨胀趋势的相关性。如同先前所提到的,共可分为以下几个重要的时期:

- 1967年以前。
- 1967年至1982年。
- 1982年之后。

20世纪70年代的经验显示,大幅上升的通货膨胀及大幅走高的债券殖利率,都是发生在实质利率水准偏低的时代。另外两个时期有许多相似点,不过最主要特色,是它们同样具有下降或维持低档的通货膨胀,以及高实质长／短期利率。其他国家的经验亦可以验证此一趋势。拥有低实质利率的国家,其通货膨胀率通常高于拥有高实质利率的国家。实质长期利率亦与一个国家的经济与生产力成长率有关。本章稍后内容将再介绍长期利率的趋势以及它们在投资组合中所扮演的角色。

当我们谈到实质短期利率,假设 Fed 是决定实质短期利率水准的重要推手。我们的看法是,主要的问题并不在于实质短期利率是高或低,而是它的水准相对于经济及通货膨胀的高低。

为何实质利率对经济的影响如此大？答案非常简单,因为实质短期利率的高低,决定资金价格是低廉或是昂贵。当资金的价格相对高于通货膨胀,此时资金是昂贵的,这将使消费者、企业及投资人对资金的使用更加谨慎;但换个角度来看,低实质短期利率代表资金的价格低廉,因此借钱来支应费用就较为容易。

为何低实质利率容易导致通货膨胀？让我们来看一个例子:20世纪70年代时,实质利率非常低,资金价格几乎贴近甚至低于通货膨胀水平;由于当时房地产价格的升值幅度大约与通货膨胀成长幅度相同,于是许多消费者及投资人大量增加贷款,以购买房地产。因为这样可能产生的损失并不大,资产价格的升值部分,已足够偿还贷款金额,可说是没有风险的投资。于是,越来越多的人认为这是资本保值的好方法,造就了房地产欣欣向荣的行情,其价格大幅提升。以更普遍的说法来解释,在低实质利率的环境下,由于资金非常便宜,因此经济体系中对物品的过度需求,推升了通货膨胀。

实质利率也会影响企业的投资决策及投资形态的选择,例如,高实质长期利率将迫使企业投资在具有高报酬率的项目上。然而,要投资高报酬率的项目,却需要更大的获利保证及更高的科技内涵。假设一个业者需要更多生产产能,且它计划进行厂房扩建。要完成此一项目,项目本身必须是有价值的,也就是说,此一项目所能带来的报酬,必须较完成此一项目所需的资金成本要高。假设长期利率为8%,而通货膨胀率为7%。表面上来看,只有此一项目的预估报酬率高于8%时,才值得投资,因为它的借款成本就是8%。但由于通货膨胀是7%的资金成本。于是我们可以看出,在考虑通货膨胀因素后,只要这个项目可以提供至少1%的报酬率,便具投资意义。很显然,一个只要使获利改善1%的项目,并不难完成。一般来说,针对目前的机器进行小幅调整,就能多获取1%的报酬,因此这个项目便是具获利性的。

然而,让我们假设实质长期利率为8%,但通货膨胀率为2%,此一计划的报酬率需达到8%以上才具投资价值,因为资金成本是8%。虽然该公司每年可以提升售价2%,却只能抵消2%的资金成本,所以该项目计划的报酬率必须高达6%以上,扣除通货膨胀因素后才能获利。很显然的,企业对此类项目所投入的努力,势必高于前一个项目,因为这一个项目必须至少达到6%的预估报酬率。为了达到这个目标,该公司必须派任专家,研究至少提升6%生产力改善计划,而为了做好这项计划,就必须投入更多的规划工作以及其他技术革新等。

举这两个例子的目的,是要解释实质利率水准对企业所采行的项目计划类型具有重大影响力。实质资金成本越高,计划内涵就越复杂,因为该项目的预估报酬率要越高。所以,我们终于可以了解,采行高生产力的项目,便是在高实质利率时代,通货膨胀可以获得控制的主要原因。

我们刚刚以一个公司为例来进行讨论,但是事实上,高实质利率影响到的,却是全国所有公司行号。当所有的公司都想要达成相同目标,也就是在高资金成本环境下,完成高报酬率的项目,那么整个国家的生产力会提升。这就是为何当通货膨胀下降,全国的生产力则升高。因为低通货膨胀的环境使企业无法任意提升售价,而导致获利率下降。换句话说,高实质利率迫使企业必须完成高报酬率及高生产力的项目,所造成的结果是,全国的生产力

6　经济与投资的长期趋势

大幅度提升,如同美国1980年以后的情况。

在实质短期利率及实质长期利率都偏低的环境中,却会发生相反的情况。由于资金成本低廉,从财务的角度来看,企业并不需要投资在高报酬的项目,几乎任何项目都具投资价值。这样的环境必然带来低生产力及高通货膨胀。如上述所讨论的,低实质利率无法鼓励革新,因为只要效率有一点点改善,便会使项目的获利性提升。而由于低实质利率通常伴随着高通货膨胀,企业只需通过售价的提升,便可以改善获利率,而不需投入科技性的项目。再强调一次,20世纪70年代,美国及欧洲便是处于高度通货膨胀环境,但生产力、经济成长却不断下降,实质利率亦维持低档。

在美国(或是其他任何国家),高实质短期利率所透露出来的讯息,即是联邦储备局或其他中央银行矢志维持较高的资金成本。这样的环境,将使消费者及投资人的用钱态度趋于谨慎,通货膨胀因而控制在可接受的范围内,并促使生产力提升。

在通货膨胀下降时,由于企业不能随意提高售价,因此生产力便会提升。因为此时提升报酬率及获利的唯一方法,就是改善生产力。这也是科技类股票在低通货膨胀期间,得以有良好表现的主要原因。事实上,我们在80年代后所见到的高科技热潮,在70年代间并未发生,因为在70年代中,企业可以轻易地凭借提升售价来改善获利率,并不需要采用科技。因此也就不难理解为何当通货膨胀开始下降后,企业获利却不断缩水,因为在该情境下,企业的定价能力降低了。改善获利率的唯一方法,即通过生产力的提升,来吸收并降低成本。因此,当通货膨胀在80及90年代间走低,美国的全国及制造业的生产力成长率大幅提升,这样的发展并非巧合。投资人亦可以说,通货膨胀的降低不仅对全美企业界有利,对高科技产业更具意义,因为,为了要提升生产力及获利能力,经济体系对科技的依赖程度加深。

低实质短期利率显示资金成本低廉,也因此,消费者或企业对资金的运用较不自律,用钱时不谨慎。这样的结果,创造出高通货膨胀且低生产力的环境。这些概念可以帮助我们解释自 1955 年以后,经济及资产价格的剧变是如何形成。

评估长期投资趋势中的变数

美国经济及金融市场在 1950 年之后的剧烈变化,可以用实质利率水准的变化来解释。当然,其间也有其他影响因素,例如战争、政府决定将政府组织由小变大,以及社会福利的增加等。事实上,媒体头条中特定的意见及特定政治趋势是很容易产生误导性的。有时候,推动福利国家的政府看起来是较适任的,因为它担任人民的问题解决者,如保险、医疗补助、日常照料等问题。但施行这些政策是需要付出代价的,然而政治人物不见得知道这些,或为任何其他原因,没有人知道何时须停止这些政策。当人们开始认识到必须停止相关政策时,问题的严重性已经非常大,而且不得不解决。

典型的例子发生在美国 20 世纪 70 年代时。当时政府的政策方向便是不断增加政府对人民的协助,同时,美国亦陷于战争的问题中。当时,要一般人民了解实际情况,或评估特定政策的相关冲击,是非常困难的。也就是说,虽然当时政府加入战争,并承诺完成约翰逊总统(President Johnson)伟大社会(Great Society)的目标,但前提却是不加税。当时,帮助政府脱离此一窘境的唯一解决方案,就是通货膨胀。当然,通货膨胀对金融市场造成破坏效果,由于政策引导物价飙升,亦使投资人受到严重的惩罚。因为通货膨胀对投资报酬及投资策略都造成影响,一般投资人必须采用非常客观的基础工作来发展投资策略。投资人在制定决策时,必须依循特定的数字或方法,而唯一足以描述当前经济情况的指标,是实质短期利率水准,它主要受到联邦储备局所左右。很明显,当经济情势自 60 年代转变到 70 年代的过程中,一般投资人应都可以了解,当通货膨胀稳步走高,实质利率逐渐下降的时期,必定有一些新的演变产生,当时,通货膨胀维持 10 年左右的上升趋势,美元则稳定趋贬。

在70年代,当实质利率跌破1.4后大幅走低,便是暗示投资人,通货膨胀的种子已经播下。永远要记得的是,当实质利率维持在1.4左右或高于此一水准,通货膨胀将维持平稳。在战后期间(第二次世界大战),通货膨胀仅一度出现大幅走高的现象,而当时的实质短期利率是低于1.4的。

亨利·华利奇(Henry Wallich)博士是70年代时,联邦公开市场操作委员会的委员之一,他不止一次提到当时实质短期利率太低,即便短期利率已自60年代末期的3%大幅蹿升至1982年时的20%。他的观点是资金过度低廉,容易引发通货膨胀。不过,在政府承诺不加税的情况下,为支应伟大社会及越战的资金需求,Fed当时并无力提高实质短期利率。

但为了抵抗通货膨胀,Fed自1968年起放任利率上升,导致经济在1969~1970年步入衰退。极度缓慢的经济成长使通货膨胀下降,不过,由于实质利率依旧维持低档,因此资金成本还是非常低。

之后一个扩张期在70年代末期展开,通货膨胀自1972年的4%上升至1974年的6%。由于担忧走高的通货膨胀可能失控,Fed于1972年再度调高利率,而导致1973年经济又步入衰退。此时,由于经济成长趋缓,通货膨胀又自6%降至4%。然而,由于实质利率偏低,到下一个经济扩张期,通货膨胀率更高,在1982年时,它巨幅上升至15%。

70年代的经验告诉我们,低实质短期利率,将带来大幅升高的通货膨胀,而为了控制通货膨胀,Fed必须每两年促使经济步入衰退,因而引发高度动荡的经济走势(图6-1)。当时,原材料商品大幅上扬,黄金价格自一盎司35美元大幅上涨至一盎司800美元,原油价格则自一桶25美元大涨至一桶40美元。由于通货膨胀大幅走高且生产力下降,薪资水准又大幅蹿升,结果,导致单位劳工成本(薪资及生产力间的差额)大幅走高。

一点也不意外的是,企业获利表现非常低迷。而因反应通货膨胀大幅上升及经济的弱势表现,美元出现崩溃走势。当时美元兑马克的汇率约为3.2,到1990年贬值至1.5马克左右;当时日元兑美元亦非常强势,由一美元兑340日元,之后则达到大约85日元。

有些读者也许记得在70年代，由于通货膨胀大幅自3%扬升至15%，导致当时商业波动性非常大；而在60年代及1982年以后两个时期里，通货膨胀水准较低，商业循环则较为平稳。

通货膨胀及商业波动性

通货膨胀：CPI（12个月变动率）；工业生产指数（12个月变动率）

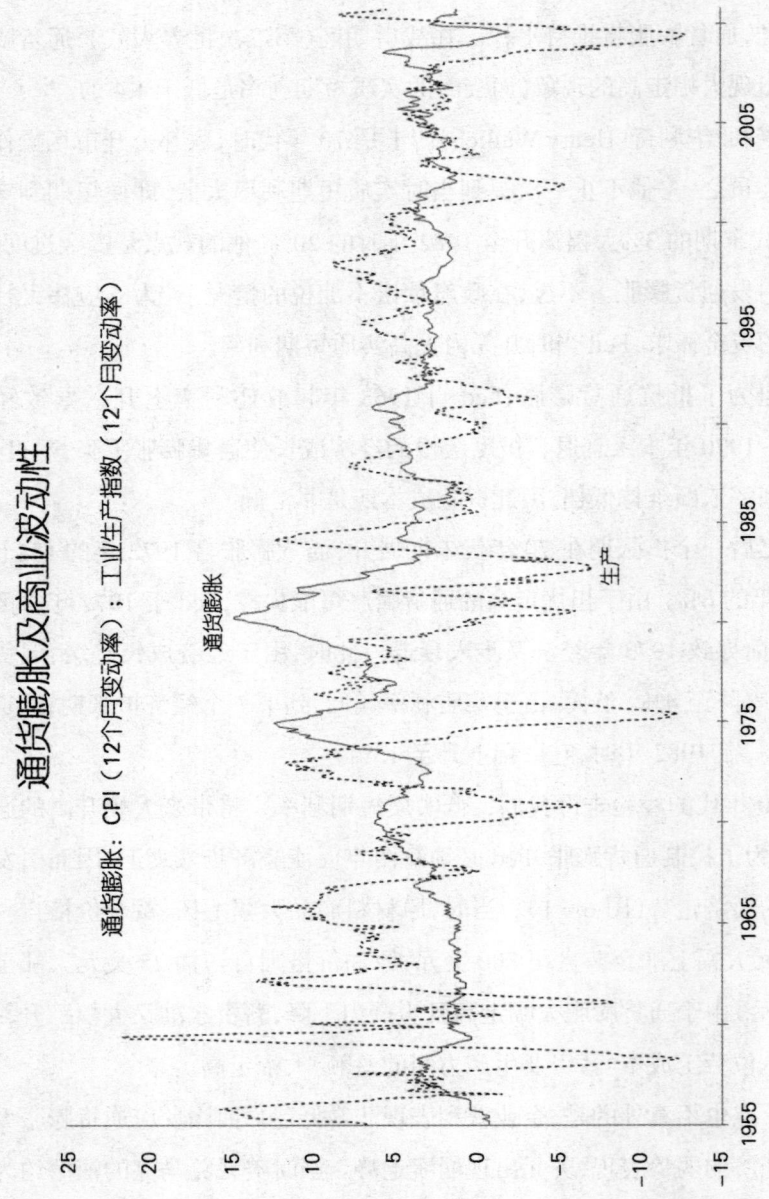

图6—1

6 经济与投资的长期趋势

1970年时,投资硬式资产如黄金、原油、工业用金属、房地产甚至所有东西的报酬非常优异,但投资在金融性资产的报酬则不佳。在1982年时,10年期公债殖利率自5%大幅上扬至15%,导致债券价格重挫;而由于企业获利非常低迷,当年底,股市价格与1968年时几乎相同,没有任何进展。

很显然,70年代是一个非常特别的时期,并提供非常重要的经验。70年代的特性可归纳如下:

- 实质短期利率降至1.4以下。
- 通货膨胀升高。
- 原材料商品价格上升。
- 经济循环波动性大。
- 生产力成长率低迷。
- 由于通货膨胀走高,企业较容易调升售价以提升获利情况。
- 科技投资低。
- 房地产及土地价格大涨。
- 长期利率飙升。
- 债券价格下跌。
- 股价连番下挫,自1968年至1982年,整整15年间毫无表现,可说是一段令人意外的低迷期。

20世纪70年代间,由于美国经济低迷,美元亦极为弱势。在这10年中,美元相对欧洲货币及日元贬值,使海外投资特别具有吸引力。如果投资人观察1955—1968年间,以及1982年以后的情势,最主要的特色便是实质短期利率都高于1.4甚多。在1982年之后,实质短期利率更远高于其长期平均值。为了迫使消费者及企业界在进行支出及投资之前,能够更为明智,Fed主导资金的实质成本上升,亦即推升实质利率(图6-2)。

较低的通货膨胀环境代表企业无法任意提高售价,因为售价的提升必须反映目前的通货膨胀水准,而此时通货膨胀却是下降的。由于无法随意调由于实质短期利率低于其历史平均水准,使得通货膨胀在70年代大幅升高。而由于60年代及1982年以后的时期,实质利率高于其历史水准,通货膨胀因而得以控制在低档区。

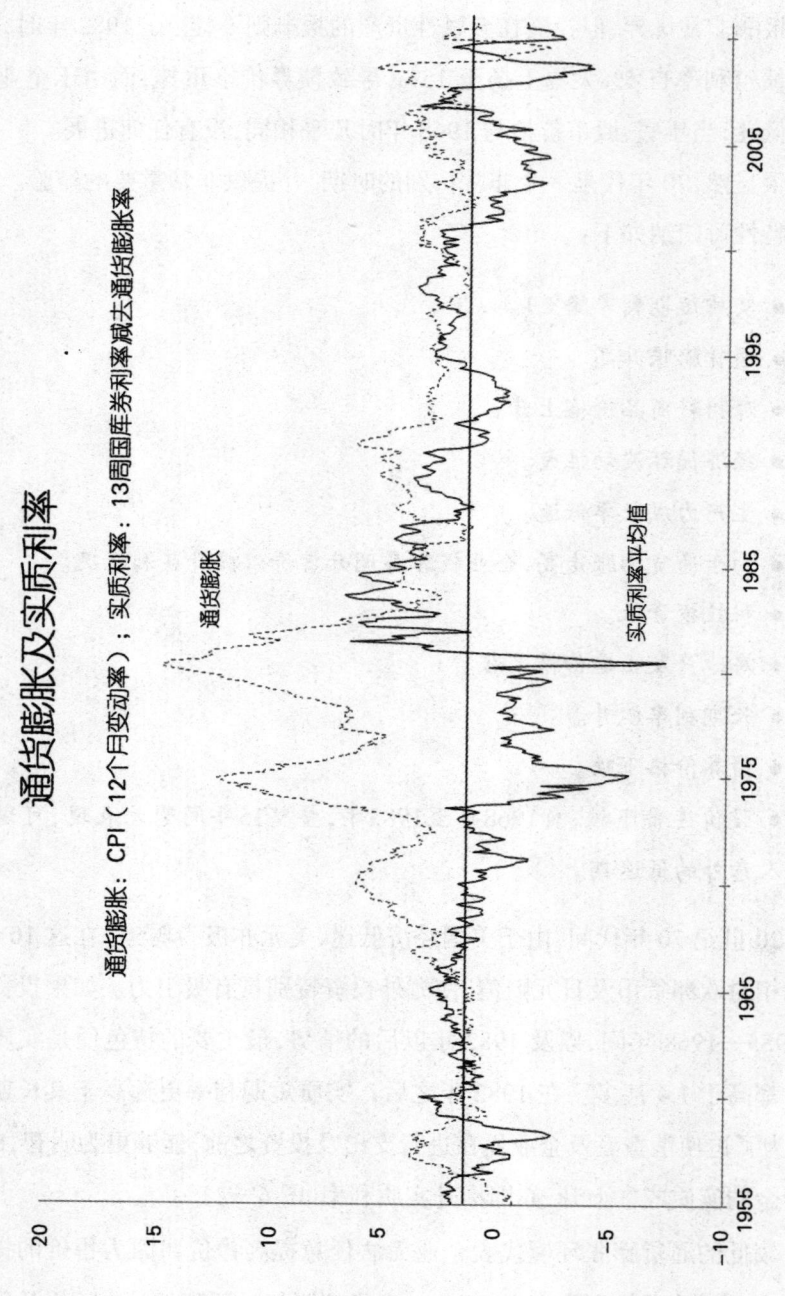

图6-2

升价格,企业少了一个改善获利率的杠杆,于是,他们必须发展其他策略来改善获利能力。有一个方法是导向组织重整,实际的做法是合理化经营、裁减人力,以及组织扁平化等。其他的方法则为通过科技的投资以及先进的生产制程的采用,来改善生产力(图6-3)。

70年代时,高通货膨胀使科技进展非常缓慢,但到1982年以后,科技业却蓬勃发展,这些情况都是事出有因的。1982年后,新科技陆续推出,使高科技类股股价表现极为亮丽。

1982年后,通货膨胀走低并维持低档,企业定价能力较低,无法借之改善获利率,因此改以加强生产力来吸收成本,并提升获利能力。结果是,自1982年起,美国有非常高的生产力成长。

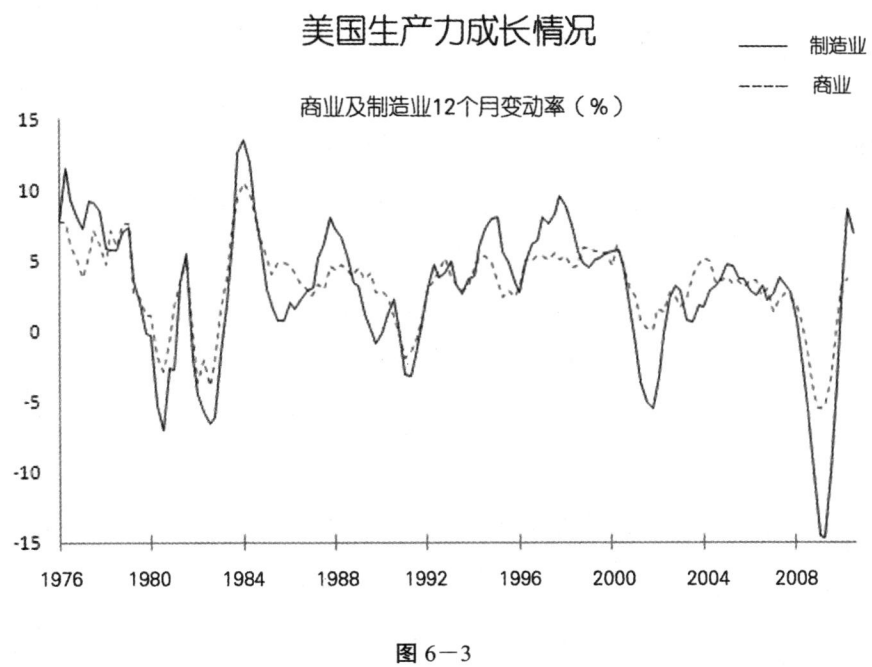

图6-3

由于生产力大幅上升,即便薪资成长率高达3%~4%,单位劳工成本却仍维持稳定,而我们也从中学到,只要实质利率维持高档且通货膨胀持稳于低档，科技股便会持续表现强势。

同一时间里，低通货膨胀及高生产力创造稳健的经济环境，除1990—1991年间，因波斯湾事件与伊拉克的战争导致消费者恐慌，而出现一次非常温和的衰退外，其余多数时间都是维持着平稳的经济环境。

由于通货膨胀自1982年的15%大幅降至2%，10年期公债殖利率便由10%降至5%，股价亦大涨。低通货膨胀代表低原材料商品价格，黄金价格由一盎司800美元降至300美元、原油自一桶40美元降至15美元。房地产价则因反映较低的通货膨胀，不再出现70年代的飙涨走势，取而代之的是，金融商品成为表现最佳的投资标的。硬式资产如贵金属，表现极差，刚好与70年代相反。

在这一整段时期内，经济环境只有一小段时间受到干扰。在1992至1993年间，由于房地产及银行存／放款危机，Fed被迫采行较为宽松的货币政策，以保护美国经济，并将殖利率曲线维持于不寻常的高陡度情况，以期使银行业获利获得改善。它的做法是将实质短期利率压抑在低档区。在这宽松货币政策的期间，又使美国经济随即在1994年之后，出现像70年代的状况，如通货膨胀、债券殖利率走高、股价下挫、商品价格飙升，以及美元趋贬等。

1982年以后的经济状况与50年代非常相似。在50年代，实质短期利率都有效维持在1.4的历史水准以上，因此通货膨胀得以维持在3%，债券殖利率非常稳定，股票市场亦非常热络，而美元在众多货币中，成为最佳标的。当时，黄金每盎司成交价约35美元，经济景气仅出现两次温和的衰退。当然，金融资产在此期间的表现亦非常亮丽。在1982年之后，由于通货膨胀降低，债券及股票报酬均非常出色；但硬式资产如贵金属及房地产等，表现却远不如股票及债券。虽然要找出可以判断经济时机的单一指标供投资人作参考并不容易，不过，实质短期利率却是既单纯又容易取得的资讯，它明确点出50年代至70年代，乃至1982年以后，经济体系中所发生的巨大转变。

6 经济与投资的长期趋势

利用利率走势评估国外投资之风险

货币市场是非常敏感的机制,经济增长率及整体金融环境的微小变化,通过货币市场的传导,便可以促使利率迅速作出调整。这样的敏感度,让投资人可以看清投资环境现况的主要面貌。就像席德尼·荷马(Sydney Homer)曾经说过的:"利率是所有经济体的温度表。"

经济强势将引导利率上升,并使股票投资的风险升高,通常在利率上升期间,股票市场表现都不好;在这种期间,投资人可以有两个选择:

● 将资金投入货币市场工具,可获取与短期利率相等的报酬。

● 投资在高利率期间中,却仍表现良好的产业,但这需要投入非常长期的研究,并使用特殊工具。

从另一方面来说,利率走低却是告诉投资人,目前经济已经趋缓,股票市场将再度成为获利较佳的投资标的。利率水准及股价的关系及反转点,可以厘清如下:股价是经济领先指标,而利率则是经济落后指标。

除了观察利率趋势所代表的意义外,追踪它们的相对水准亦非常重要。自1955年起,美国平均短期利率约5%~6%;当利率走势偏离此一水准而走高,经济及金融问题便不断发生,问题的严重性随利率的升高,越发严重。在70年代,短期利率飙升至20%,大幅超越先前5%~6%的区间,经济循环变得非常不稳定,通货膨胀则不断走高,失业率亦上升至前所未有的水准。整个国家被社会福利及战争等议题所混淆,而且完全不清楚所面临的困境。当时,政治及货币政策亦非常混乱,通货膨胀对投资、金融资产及企业获利表现造成负面冲击。毋庸置疑,利率升高至令人无法置信的水准,是导致金融资产表现不佳的主因。

之后,虽然利率水准降至5%~6%以下,但经济景气所面临的问题更加严重,经济成长停滞、失业率继续攀升、硬式资产价格下降,此时,通货紧缩反成为潜在的问题。为了降价以求生存，企业获利表现恶化。当利率降至5%～6%以下，显示在商业机会减少的情况下，资金需求因而降低。

当利率降至2%或1%时，整个国家面临的不再是通货膨胀，而是通货紧缩。在通货紧缩的情况下，企业必须更积极地降价求售。降价求售的策略将伤及企业获利能力及获利率。因此，企业被迫要尽力降低成本。降低成本代表人员的裁减、延缓产能扩张计划以减少利息支出及降低存货等。当然，对任何形态的资产而言，这都是一个恶性循环的负面环境。

在这样的期间及环境中，一个国家的货币将会走低。20世纪30年代的美元及90年代的日元便是面临如此景况。但是毫无疑问的，当一个国家的利率水准控制在5%～6%，经济表现必定会非常好，并拥有稳定的政治环境及表现良好的金融市场。因此，利率水准可以说是国会、联邦储备局，或各个国家的政策制定单位影响金融市场方向的主要工具。

利率的趋势是研判一个国家经济表现的重要线索，投资人可以在每天报纸金融版面或网络上取得利率的相关资讯。利率趋势对研判全球情势而言，是简单、快速且有效的方式。当一国的利率越接近5%～6%，由于反映稳定的经济与通货膨胀环境，该国的经济情势便越好。在这种情况下，由于反映政策的适切性，该国货币极可能亦属强势。

接下来，经过通货膨胀与实质利率（短期利率及通货膨胀的差异）的双边验证，投资人便可以轻易作出结论。例如，一个国家的实质短期利率为20%，通货膨胀为10%，此时，实质利率非常高，大约为通货膨胀的一倍，显示该国正致力于打击通货膨胀，货币政策因而亦非常健康。

不过，如果一个国家的短期利率为10%，通货膨胀率为15%，实质利率过低，且低于通货膨胀率，此时，显示该国并未致力于通货膨胀的改善。实际上，由于实质利率低于通货膨胀，他们采取的政策反而会引导通货膨胀走高。只有利率拉高至25%～30%以后，通货膨胀率才有可能自目前的15%往下降。这些相关资讯可在每周出版的《经济学人杂志》（*The Economist*）上取得。

风险评估

让我们看看如何使用这些可用的资讯来评估一个国家的投资风险。假设A国利率为30%,而B国为15%——市场会判断B国较A国佳,即便它们的利率水准都远超过4%～5%的标准区间。其实,由于两个国家都未采行合宜的经济及金融政策,因此导致两个国家的风险都非常高。让我们再假设A国通货膨胀为29%,B国则为10%,此时,B国的实质利率水准则远高于A国。这透露的讯息是,B国的政策制定者在打击通货膨胀方面,较A国更加有决心,因此他们将资金价格订得较A国为高。此时,我们便可以判断B国的管理较A国为佳,是可以选择的标的。

不过,还有另一个要素要考虑,那就是A国与B国的汇率。事实上,由于B国采行较好的政策,因此,B国货币强于A国的几率较高。此时在B国投资,就币值层面来说,提供投资人一个避险效果,因其币值强过A国。所以,尽管其他报酬相同,但因B国货币升值,投资人的资产亦会因而增值。

用一个更有趣的方法来看,假设一个C国的投资人,当地利率水准约4%～5%,而通货膨胀接近2%。显然的,C国的状况较A国及B国都要好,因为它的实质利率较高,且名目利率是维持在较佳的水准,就像是美国在90年代时的情况。此时,C国货币币值强过A国或B国的几率较高。如果投资人是C国国民,他们应该投资在哪一国?如果单纯以货币而言,他们将资金投资在A国或B国,那相对于C国货币,其投资反而会贬值。即便他们在A国或B国的投资有获利,但该二国货币贬值的部分,却极有可能使投资人产生亏损。

从这些例子中,我们学到:投资人必须将其资金优先投资在货币汇率较强的国家,这是首要的指导原则。这对一般投资人而言,并不是容易的决策,因为预测汇率走势是非常微妙且困难的工程。但不管如何,这些例子提供投资人简单但却实用的指导原则。

要成功地进行海外投资并非容易的事,因为要考虑的因素实在太多,如对该国的评估、该国的风险、货币币值及该国币值相对于美元的趋势等。此外,购买外国的个股亦是一大问题,如何成功选股,是最困难的。对急于想自海外投资获取更多利润的投资人而言,这是一个忠告,因为坦白地说,海外投资不是那么容易的。

投资实务

为了建立长期投资策略,投资人必须非常密切地观察实质短期利率的目前水平。我们从先前的介绍中也知道,当实质短期利率降至1.4以下,或名义短期利率明显低于通货膨胀率的一倍,不管是在任何国家,以下这些情况都可能会发生:

- 通货膨胀走高。
- 原材料商品价格上涨。
- 经济及金融循环波动率大。
- 低生产力成长率。
- 经济增长率非常疲弱。
- 企业倾向提升售价以改善获利情况,而非通过提升生产力之相关投资。
- 科技相关投资较少。
- 房地产价格大涨。
- 土地价格大涨。
- 艺术品及硬币价格大涨。
- 长期利率飙升,债券价格低迷。
- 短期利率飙升。
- 股份长期呈现低迷景象,跌幅约20%~40%。

然而,一旦实质短期利率回升或高于1.4,或名目短期利率达到通货膨胀率的一倍以上时,上述的景象将出现反转。

本章所要表达的讯息是,利率水准及其趋势,是制定投资决策的重要指导原则。它们对经济及金融市场的解读性高,因此,通过对利率的研究与追踪,较容易达成成功的投资计划。较平均水准为高的实质短期利率,正是在告诉投资人:政策制定者决心打击通货膨胀,因此经济情势得以维持平稳,而平稳的经济情势,将连带使货币币值维持强势。此时,亦是投资金融性资产的大好时机(例如债券、股票等),并避免投资在硬式资产(如房地产、艺术品、硬币、贵金属及原材料商品等)。此外,如果短期利率接近5%～6%,货币市场显示的讯息即是,当地政府所采行的政策非常稳健,经济环境中应该没有太大问题。

如果实质短期利率非常低,或更糟糕的是,短期利率低于通货膨胀率,显示该国正面临重大问题,而货币主管机关尝试以宽松的货币政策,来掩饰所有经济问题。他们将实质短期利率维持在非常低档,放任货币供给额快速增加。在这种情况下,通货膨胀上扬的可能性升高,此外,原材料商品上涨、经济情势动荡及弱势货币等负面效应都相继出现。在这种环境下,投资于硬式资产是最可能成功的策略。这些情况也显而易见地告诉我们,不要投资在弱势货币的国家,而要以货币强势的国家为优先的投资对象。

很显然,我们看到经济体系中有许多因素会影响到投资决策的制定,其中,经济趋势、经济增长率及其成长动能,都是影响投资计划的决定性因素。利率及实质长/短期利率的水准及趋势,则对投资股票及其他资产的风险与机会评估起关键性的作用。实质利率的高低,当然是决定于货币政策的导向,它对发展投资策略而言,是一个非常关键的量表。而股价及货币币值,则是反映以上所有因素的变化。

以上所讨论的要素,多半由 Fed 所掌控。它的政策方向,对原材料商品及通货膨胀的趋势,乃至经济成长、资金情况及利率水准的高低,都具有关键的影响性,这也是下一章要探讨的主题。

7
中央银行与投资

毋庸置疑,利率水准及其趋势是主导投资策略最重要的变数(图7—1)。它们所营造的环境,足以影响股票市场、美国经济、通货膨胀及美元相对其他国家货币的价值等趋势。也就是如此,了解长期利率是由谁主导、其趋势演变的成因又是如何,是非常重要的。

任何国家中央银行——就像美国的联邦储备局,是一个国家中被赋予法定权力,足以影响短期利率水准与趋势的机构。因此,中央银行对金融市场的影响力非常大,任何敏锐的美国投资人也都明了,联邦储备局在塑造经济环境的过程中扮演着极为重要的角色。

为了了解联邦储备局的职责,我们先要了解它的结构、它如何制定货币政策、货币政策是什么、这些货币政策对货币供给成长率的影响如何,以及货币政策的工具有哪些等。

另一个由联邦储备局所掌控的变数是实质利率水准,我们在上一章也见到,这个变数对金融市场所造成的关键性影响。

利率可以说是经济的体温表，它们的水准高于5%～6%越多，该国经济体系中不均衡的现象及通货膨胀问题就越严重。换言之，它们低于5%～6%越多，通货紧缩的问题便会越严重。

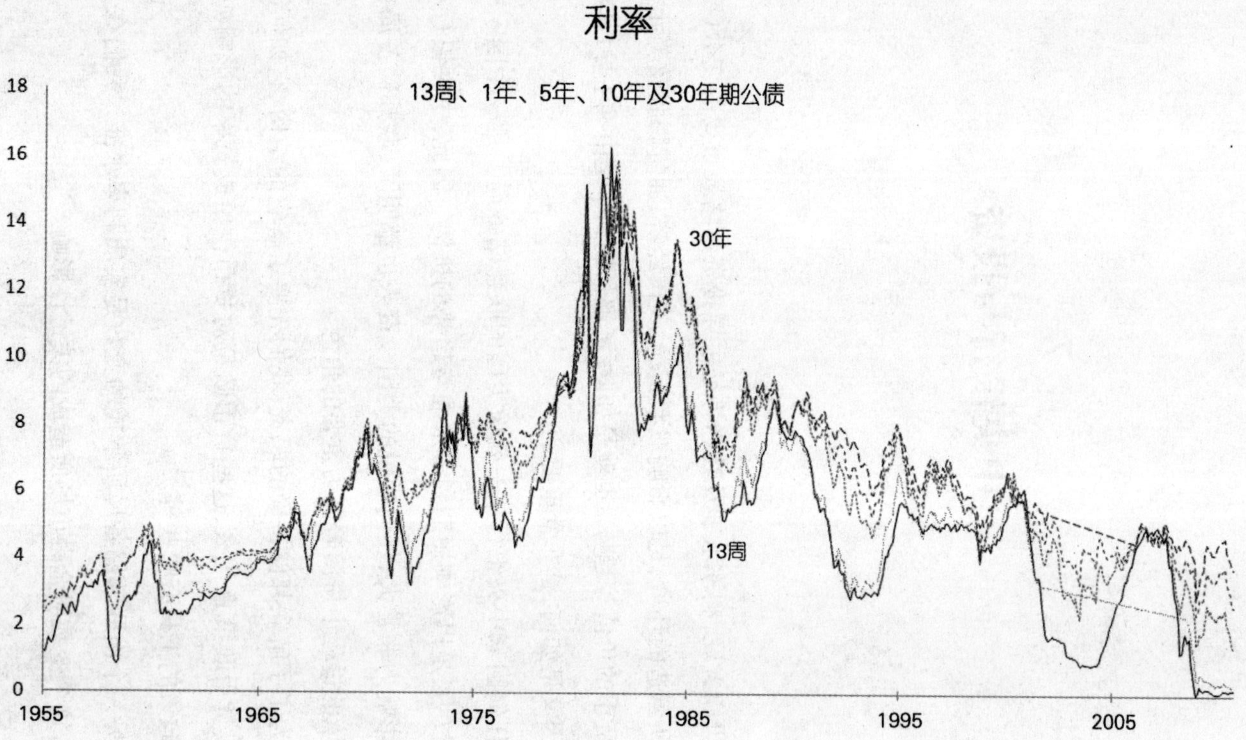
利率
13周、1年、5年、10年及30年期公债
30年
13周
18
16
14
12
10
8
6
4
2
0
1955
1965
1975
1985
1995
2005

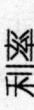

图 7—1

7 中央银行与投资

非常重要的是,在70年代,当许多银行破产,经济体系面临危机时,许多国家的中央银行都尝试介入,以缓和情势的恶化。造成银行破产的原因有二:第一个原因是,利率飙升,代表银行的成本升高,因为银行借款给客户的资金,其实也是向外借来的;而由于经济强势、通货膨胀压力升高,以及Fed采取紧缩货币政策,银行的获利率因而受到压缩。

第二个原因是,部分银行将资金借给偿还能力较弱的贷款客户,其放款结构并不佳。在利率大幅扬升的期间,这些客户发现他们自己无力还款。于是,当银行的生产原材料——也就是短期利率扬升时,加上放款结构的问题,使银行破产的几率大增。这样的情况发生在1992～1993年间,美国因房地产问题导致银行体系的存放款结构濒临崩溃。同样的情况亦在1997年全球金融风暴期间重演,问题起始于亚洲,并扩及全球,特别是1998年时的巴西及前苏联,情况更加严重。

在金融风暴期间,中央银行扮演决定性的角色。它必须提供大量资金给银行体系,以确保该体系可以继续运作,并防堵危机进一步扩散到经济体系的其他层面,甚至影响到世界上其他的经济体。通常,中央银行可以深刻认识到,金融体系所面临的困难,事实上是来自于长期利率的上升,以及银行业的放款结构上,因为,中央银行向来对这些问题都密切观察。主要银行的破产,或是像亚洲等世界主要地区在1997年时的金融危机,将迫使中央银行大量挹注剩余资金至银行体系,以确保银行体系的问题不会扩散到经济体系的其他部门。

由以上讨论中,可见联邦储备局的重大影响性。它对美国经济、通货膨胀及货币供给额都具有极大的影响力。它也帮助许多面临困难的机构或国家,让它们可以在规律的运作模式中持续扩张。Fed在处理危机时,通常采用几项工具,这些工具及货币政策对投资人而言,具有非常重要的含意。我们来看看Fed的组织如何运作,以及它的所作所为对投资人而言意义何在。

联邦储备系统

在 1913 年联邦储备局成立之前，美国正面临非常严重的金融危机，这些危机导致人民恐慌，并造成严重的银行挤兑。特别严重的一次是在 1907 年，这空前的浩劫导致银行体系变得非常脆弱，最终促使国会制定了《联邦储备法》。最初，联邦储备系统的功能是要解决银行体系中的恐慌，但现在，它负责的层面非常广，包括扶植优良的银行体系，以及维持稳健的景气状况等。

建立国家的第一个中央银行并非易事，虽然中央银行的必要性是毋庸置疑的，但是早期支持设立中央银行的人，却在中央及地方间利益的微妙平衡上，有过非常多的争议。就全国的角度来看，中央银行的建立，是要促进地方间的收支汇兑，以强化美国在全球经济中的地位。就地方的考量上，它必须负责处理各地间不同的资金需求。

另一个重要的平衡性法案，亦引发非常多的争议，那就是如何在民间银行利益相对于中央政府责任间取得平衡。联邦储备局所衍生的问题是，中央银行是由大众控制，它拥有无数的票据及盈余。然而，整个联邦储备系统却由国会监督，且须在国会所制定的任务范围内运作。而国会却又赋予联邦储备局自治权，使其权责可以自外于政治压力。

Fed 可分成三个部分：理事会、地区联邦储备银行及联邦公开市场操作委员会（Federal Open Market Committee, FOMC），其运作模式是相互合作的，但在执行其中心任务时，却独立于联邦政府之外。是什么因素让联邦储备局得以独立运作？其结构性特色有三：理事会的理事雇用流程、各地区联邦储备银行总裁的任用流程，以及联邦储备局的集资运作。

联邦储备理事会有 7 位理事，他们是由美国总统任命，并经过参议院的通过。有几个因素可以确保他们的独立运作，第一，每个理事的任用期间是相互交错的，以避免任何一位总统可以一次任命全部的理事；第二，其任期

7 中央银行与投资

为14年,长过所有经选举产生的官员之任期。

各联邦储备银行总裁的任用流程,亦是联邦储备局拥有独立权的主要原因。每一个联邦储备银行的总裁任期为5年,他们是由该银行的董事会选举产生,再由理事会通过而任命。该过程可以确保独立超然的原因是,每一个联邦储备银行的总裁,都不是由政治人物所选出,而是以当地各层面的利益为前提所选出,这些层面包括存款机构、知名的金融企业、劳工及大众等。

最后,但不是最低层级的,构成中央银行独立性的因素还有一项,就是集资。Fed的设计是以自给自足的形式,它所需的营运费用,多数是以其所持有的有价证券利息来支应。因此不需要依赖国会的拨款决策。不过,虽然Fed是独立于国会的拨款及行政控制,最终仍需对国会负责,它的动作是受政府稽核及检阅的。

理事会主席、其他理事及各储备银行总裁须定期向国会报告货币政策、法规政策及其他不同的议题,并定期与高阶行政官员会晤,以讨论联邦储备局及联邦政府的经济计划。

联邦储备系统的核心是理事会,或称联邦储备局。理事会位于华盛顿特区,属于联邦政府的一个单位。

理事会由7位成员组成,称为理事,主导联邦储备局的政策制定。这7位理事及许多经济学家及幕僚人员,协助制定有关改善银行业财务,及使本国经济维持强势的政策。

有关理事会及其经济政策动向的大量资讯,以及联邦储备系统所采用的特殊调查等,都可以从联邦储备系统的网站中取得,投资人应该要小心研读这些由Fed通过网络免费提供的报告及研究。例如,各理事领导整个委员会,研究一般的经济议题,从房屋购买能力、消费者银行法,再到跨州银行及电子商务等。理事会亦对会员银行进行督导控制,以确保各商业银行的经营是负责任,且遵守联邦法规的。

而理事们最重要的责任,应该是参与联邦公开市场操作委员会(FOMC),

也是直接主导美国货币政策的委员会。领导理事会的是正、副主席,也是由美国总统所任命,每届任期为四年。

理事会主席每年必须向国会进行两次报告,内容是有关 Fed 的货币政策目标,并在国会的听证会上,就许多其他议题接受议员质询;此外,理事会主席亦定期与国务卿开会。

FOMC 是 Fed 制定货币政策的主体,主要任务是管理国内的货币供给,一般而言,FOMC 每年在华盛顿特区举行 8 次会议。

FOMC 在每次会议中,讨论美国经济前景及促进维持稳定经济成长的最佳方法。之后再讨论 Fed 应该采行什么政策工具,以使政策得以推行。最后,此一政策将被视为基本方针,并推演成三个可能的货币政策方向:宽松、紧缩或维持目前本国货币供给额——其中,对培养稳健的经济健康程度最有益的,就会被采纳。

FOMC 有 19 位成员,其中 12 位是具有投票权的投票会员,他们是 7 位理事会成员、纽约联邦储备银行总裁及其他 4 位联邦储备银行的总裁,这 4 位总裁由其他各地联邦储备银行的总裁轮流担任。在每次的会议中,12 个联邦储备银行的总裁,不管在该次会议中是不是具有投票权,都要参与政策讨论。

FOMC 的会议记录,亦可通过网络取得,这些会议记录对想学习分析经济、金融资讯的投资人而言,是非常有价值的。因为投资人可以从中了解 Fed 解读这些资讯的方法,及它如何利用这些资讯来影响利率及经济环境。在此推荐投资人一定要阅读这些会议记录,以建立良好且即时的投资策略。即便这些会议记录呈现在投资人面前时,已略为延误,它还是提供投资人关于货币政策的线索,并帮助投资人认清联邦储备局所判断的景气方向。投资人最好是自己分析这些数据,这样有助于洞察目前的情况,光靠媒体上的研究分析,并不易获取最真实的资讯。

联邦储备系统的第三部分,是 12 个联邦储备银行。联邦储备系统是建立在这12家遍布在全国各地的分行网络上。每一联邦储备银行的分行都拥有一个董事会，大约由5或7位成员组成。其中的多数，也就是3至4位（视各分行情况而定），由总行的董事所任命，其他的则是由联邦储备理事会所任命。

联邦储备银行的董事负责监督该银行是否彻底执行联邦储备理事会的监督事项。他们在理事会的许可下，制定短期担保放款利率，并以此利率为基准，放款给会员银行及其他非会员的机构。依照法律规定，全国性银行都必须加入此一系统，成为会员。此外，五十州所管辖的商业银行中，若能达到理事会所规定的标准，亦可以经过选举过程，成为会员银行的一员。这些会员银行拥有联邦储备银行的所在股权。非会员机构，即未获选为联邦储备系统会员的机构，包括储蓄银行、储蓄及放款社团或信用合作社等。各联邦储备银行的董事负责推荐各分行的总裁及第一副总裁，并负责建议他们的薪资，不过这些都需经理事会的同意。

联邦储备银行的获利，主要来自于它们自公开市场操作中，取得的有价证券之相关孳息，以及它们放款给会员银行的利息收入。自联邦储备系统成立以来，80%以上的联邦储备银行获利，均缴入国库。如果储备银行清算，在清偿所有负债之后，它的公积盈余将成为美国政府的资产。

货币政策的指导原则

联邦储备局最主要的功能，是控制货币及信用成长。货币政策的相关行动，是用来调节货币及信用的扩张率，使之在带动经济维持平稳成长的同时，亦能将物价控制在合理且平稳的局面。

这代表的意义是，Fed的最终职责，便是维持适当的货币供给成长率，以达到低通货膨胀的环境，并使商业循环的波动性降低。所谓低通货膨胀，大约是在2%以下。我们已经通过历史实证，了解到当通货膨胀率维持在2%以下，代表物价稳定，且通常可以维持稳定的经济成长，而不会像70年代一样，出现剧烈的不稳定及波动。不过，采行低通货膨胀政策的风险是，在某些情况下可能会演变成为通货紧缩。由于通货紧缩代表消费者物价彻底的下跌，有时也可能造成对国家利益有害的经济情势。不论如何，将通货膨胀目标订在2%，将可以缓冲许多预期之外的不利事件发生。

联邦储备局的立场，是判读相关的必要资讯，以引导货币政策走向其最终目标。关于这一点，多年来，在联邦储备局内外部均引发非常多的争议。有些人认为利率本身是货币政策的基本方针，在制定利率政策时，应多参考经济体系各部门目前及未来的支出计划，并以零失业、合理的物价稳定度及国际竞争力等作为最终经济目标。

不过，部分人却认为货币供给成长率的数字才应是联邦储备局应关注的焦点所在。因为他们相信控制货币存量，将可以更精确地带领经济走向预期中的目标。因此，Fed必须集中焦点在货币供给额上。还有一些人采取折中的看法，他们认为由于经济体系的复杂性太高，因此不能选采单一的金融变数，作为货币政策的制定基准，各种对支出面具有金融性影响力的因素、商业界人士、投资人及消费者对支出及资金的态度等，都应在考虑范围之内。

很显然，这些议题是非常严肃、广泛且不易处理的。重要的是分辨这些议题将引发联邦储备局的什么疑虑，以及他们对这些问题的反应等。我们将看看投资人应如何评估Fed的行动，并参考自己所考虑及面临的问题，以推演适当的投资策略。

Fed必须考虑的另一个重要议题，是全球所衍生的货币相关问题，以及这些问题对美国经济的影响。Fed必须不断地判断应该采取什么方案，以及该采行什么样的货币政策。不管Fed达成共识的过程如何，以及FOMC最后采取什么行动，都会形成两个与货币政策有关的结果。一个是货币成长率，另一个是实质短期利率的水准及趋势。

让我们看看货币供给额以及它的定义。衡量货币供给额的数字有好几个,分辨它们之间的不同,是非常重要的。从投资人的观点来说,它们提供的是一样的讯息;不过有时候,有些数字较其他的更适用——因此,了解它们个别的定义是非常重要的。有时候,由于科技的革新或银行体系的结构性变化,会使部分的货币供给数字遭到扭曲。因此,最好是同时追踪几个数字,以便确认哪些是因暂时性因素而产生扭曲。投资人可通过网络取得每周由 Fed 公布的货币供给额相关资讯,其历史资料则亦可在 Fed 或圣路易联邦储备银行的网站中取得。

货币供给额的主要衡量方式有三种,第一个称为 M1,它包含流通货币、非银行单位所发行的旅行支票以及各商业银行的活期存款金额。第二个衡量货币供给额的指标为 M2,它是 M1 加上储蓄存款(含货币市场的储蓄存款)、小额定存及零售型货币市场基金余额等。第三种为 M3,它包括 M2 加上 10 万美元以上的大额定存、机构型货币基金,以及美国公民存在外国银行的欧洲美元等。

货币供给额是用来衡量经济体系中的资金数量,M1 是狭义的货币供给额,M2 是广义货币供给额,而 M3 是更广义的货币供给额数字。此外,还有第四个定义,一般称为 MZM(money with zero maturity,图 7-2),也就是无到期日的货币,它是 M2 加上机构性货币基金减去所有的小额定存。

涵盖在货币供给中的许多资产与现金的关系非常密切,而人们亦可以轻易将现金与这些高流动性的资产作互相转换。这样的转换,大部分发生在不同资产间的利率差异产生变化时,不过,这些资产的转换,有时候亦反映人们寻求较高收入的企图,或单纯的只是反映大众的态度。这些因素对不同的货币供给数字都会造成不同程度的影响。

从投资人的观点来看,追踪货币供给数字是极为重要的,因为货币供给成长率是经济景气的领先指标,它领先经济循环的谷底或高峰约一年的时间。典型的用法,是选采货币供给额的 12 个月变动率,也就是年增率。例如,货币供给成长率在 1984 年走出谷底,并于 1985—1986 年间快速升高。1984 年的货币供给走出谷底后,带动 1986 年工业生产成长率的大幅蹿升。在

1992年至1995年期间,货币供给成长率自高峰滑落,并快速下滑,而工业生产成长率的高峰则出现在两年后,也就是1994年底至1995年间,并连续走低一整年的时间。

强劲的货币供给成长率显示,流入经济体系中的资金非常多,且企业、投资人及消费者可取得的信用额度亦大增。随着这些资金在经济体系中不停地流动,越来越多的人享受其利,最后带动支出增加、经济景气走强及经济增长率升高。然而,一旦货币供给成长率趋缓,企业、投资人及消费者可用的信用额度减少,导致经济走缓,而可用资金的减少,亦使支出相对降低。历史资料显示,金融循环,即货币供给成长率的波动循环,从一个谷底到下一个谷底的时间是5至7年。

当然,一般的推论是,当资金增加,股市表现亦会较好;而当资金减少,也就是说货币供给成长率下降,股市当然就没有理由会有好的表现了。

货币供给成长率是主导商业及金融循环的推手。自1960年起,M成长率共出现7次循环。1995年时,第8次金融循环展开,所呈现的景象与前7次循环相同。

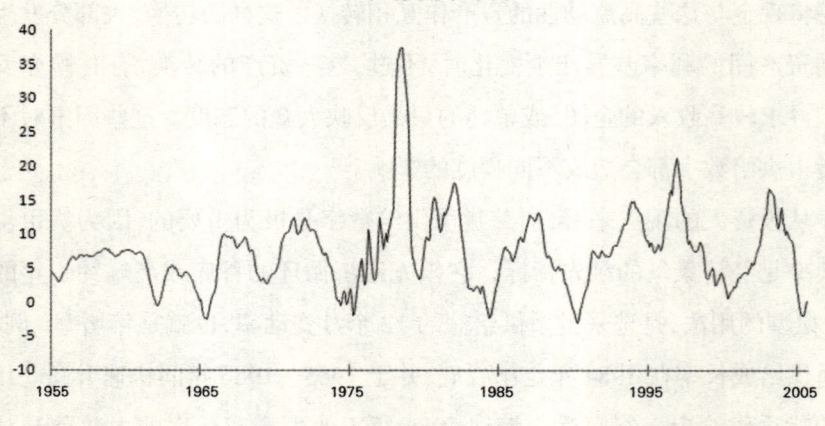

图7—2

7 中央银行与投资

货币政策工具

显然，Fed并无法直接控制通货膨胀率、经济成长、就业情况或股市等走势。它可以做的，只是通过影响货币供给成长率，或改变实质短期利率的水准，来间接控制上述的几个经济现象。Fed可以通过公开市场买卖政府债券，或通过贴现率的调整以达到目的。这两种通过银行准备的市场运作方式，就是一般所称的联邦资金市场。

货币政策的第三个工具，是Fed有权改变银行业的存款准备率。银行及其他存款机构依法须保留一定额度的资金，以支应部分不在预期中的资金流出，一般通称为存款准备。这些资金不是放在银行本身的金库，便是存放在Fed里。银行用于放款的资金与存款准备金间是有固定比例的，Fed可通过要求银行调整存款准备的比例，来影响货币供给及利率水准。Fed可通过提高存款准备率，来要求银行减少放款，因而导致货币供给额成长率趋缓，利率亦可能在长期之内扬升。如果相反的，联邦储备局放任银行降低存款准备金，这样银行便可增加放款，挹注至经济体系中的资金也会增加；而人们借款活动的增加，亦带动货币供给额升高。此外，由于资金增加，利率亦倾向于走低。

在报告期间，银行必须向联邦储备局报告他们的存款准备是否维持在适当的水准。为了满足这样的需要，银行业通常必须要向那些拥有较多存款准备金的银行同业借入极短期的资金，有时候可能只是数个小时。这种利率非常重要，因为有时企业也会因业务需求，必须借入极短期的贷款，以维持他们银行账户中的余额，此类贷款的利率，与联邦资金利率相关性非常高。

通过公开市场的操作，可以控制货币供给额及利率。Fed就是用这个工具来影响银行体系的存款准备金来源。通过公开市场买卖政府公债，Fed便可达到它的目标，而相关的运作，由纽约联邦储备银行负责执行。

假设 Fed 希望资金利率在短期内下降,他们便向银行购买政府债券(政府债务,如果到期日为一年以内,称为国库券;10 年以内,1 年以上称为中期国库券,而 10 年以上则称为公债),Fed 支付购买政府有价证券的款项给各银行,银行的存款准备金因而增加。结果,由于银行拥有较法定准备为高的存款准备金,于是增加对消费者、投资人及企业的放款。同时,资金的增加使联邦资金利率及其他短期利率在短时间内降低,货币供给额亦增加。联邦资金利率是商业银行间拆借存款准备金的隔夜利率,适用于 100 万美金以上的拆借。

当 Fed 想要让联邦资金利率上升,便会将整个流程反转,改为出售政府债券。此时,Fed 以向银行收取价金的名义,收回准备金,使得银行体系中的存款准备金水位降低。由于银行可供放款的资金额度减少,利率于是升高,且货币供给额亦开始降低。

另一个控制利率及货币供给额的方法,是通过贴现率的调整。银行可通过同业间的拆借取得足额准备金,亦可经由联邦储备银行的贴现窗口来取得,这个方式的贷款利率称为贴现率。通常贴现窗口的借款金额较小,因为 Fed 不鼓励这种借款方式,除非是为了应付临时的短期准备金短缺。贴现率在货币政策中扮演重要角色,因为就传统眼光来看,这个利率的变化具有宣示效果。也就是说,它们有时候是表示货币政策可能明显转变。贴现率的走低可能显示 Fed 对银行的政策较为宽松,但该利率的走高则显示政策转趋紧缩。走高的贴现率对银行的意义是,联邦储备局不鼓励银行自贴现窗口借款或贷款,因此,银行业在管理其准备金时,必须更加小心谨慎。

在实质短期利率与贴现率走高时,对银行体系及股市都具有严重影响,其中对股市造成负面影响的是国库券利率及贴现率的走高。在这一时期,我们经常可以见到,国库券利率高于贴现率,这就是联邦储备局为缓和经济景气及控制通货膨胀而积极采行紧缩货币政策的征兆。类似的例子发生在从 1987 年至 1988 年底直至 1994 年,以及 1999 年初等。这几个时期的情况显示,投资股市的风险太高,对投资人而言,面对当时的情势应该特别谨慎。产业及个股的选择,在这种阶段中特别重要,且在这一时期,债券市场表现通常很差,因此很难成为股票的避风港。

由于贴现率代表会员银行向联邦储备银行借用准备金的成本,所以银行必须参考贴现率的高低,来决定是否通过联邦储备的贴现窗口来借款,因此贴现率扮演着非常重要的角色。举例来说,如果短期国库券利率高于贴现率,银行业可能宁愿向联邦储备局贴现借款,而不卖出其投资组合中的国库券。同样的,如果通过联邦储备资金市场取得准备金的利率较高,银行亦会选择到贴现窗口借款。

如果货币政策趋紧,显示联邦储备局正采用公开市场操作、存款准备或贴现率等工具,来引导短期利率走高,以压抑货币供给成长率。相反的,如果联邦储备局趋向采用宽松货币政策,它会利用公开市场操作、存款准备率或贴现率等工具,来引导短期利率走低,以增加货币供给额。

金融循环

Fed 所创造的可用资金量,是主导经济及股市的重要动力,货币成长率的变动将使经济情势形成非常大的波动,其效应可以持续 5 至 7 年,对我们的生活及其他资产都具有重大影响。

自 1960 至 1995 年间,共出现 7 次主要的金融循环,且每次的循环都起始于经济疲弱的环境中,货币供给额自 0~3%的低档开始快速增加。在这几个典型的金融循环中,货币供给额成长率都曾升高至 10%~15%的高档,再自这高档回降至 0~3%。一个完整的循环包括两个连续的谷底,且存续期间都跨越 5 至 7 年(参见图 7—2)。

在金融循环的前半段,由于资金成长率升高,使得股票市场表现非常好;不过到了后半段,由于资金成长率降低,股市的表现就变差了。

股市的表现之所以紧紧地跟随资金变化，是因为经济体系中的资金水位，攸关股市表现的强势或弱势。若货币快速成长，企业及消费者会将部分资金用于投资用途，部分则用于股票投资，使股价上涨。不过，当资金成长率降低，由于投资人必须卖出股票，以筹集用于其他用途的资金，股价于是下跌。

自 1960 年起算的第 8 次循环是自 1995 年初展开，当时 MZM 的成长率几近于 0。循环的第一阶段在 1999 年 3 月结束，当时多数的货币供给数字都达到高峰，MZM 成长率亦高达 15%。多数的货币供给成长率数字在 1999 年起开始走缓，毫无意外的，整个股市开始变得较不稳定，多数的个股也在当时形成主要头部区。以大盘平均情况来看，例如 S&P 500 指数，在 1999 年 3 月至 2000 年 3 月间，价位几乎没有变动。

货币供给成长率，是用来衡量 Fed 提供市场的资金量，可以用来评估商业循环及金融市场目前及未来发生什么事情（图 7-3）。金融循环亦可区分为 4 个阶段。

● 在金融循环的第一阶段中，资金不断累积，伴随而来的，是表现强劲的股票市场。同时，经济成长缓慢、原材料商品价格低迷、长短期利率亦持续下降。在此阶段中，由于预期经济将转强及通货膨胀将维持低档，美元通常可以维持强势。

● 在第二阶段中，景气开始恢复活力，经济增长率加速提升，此时，原材料商品价格及长、短期利率走出谷底并开始回升，股价亦持续上扬，美元则仍维持强势。

● 在第三阶段中，虽然经济景气仍旧维持强势，但累积货币供给额已经开始下降，利率及原材料商品价格持续攀升，但美元却开始转弱，此时股市表现亦开始变差。此一阶段对股市投资而言，是较严峻的时期，因为选股变得非常困难，投资人必须认知到风险已升至最高水准，其投资策略必须更为保守。在第三阶段中，短期利率通常会升高至少两个百分点（200 个基本点）。

MZM成长率的升高,伴随而来的是经济的强势成长,接下来则是短期利率的走高。短期利率的走高使资金需求降低(负面回馈),并导致MZM及经济的走低,最终又促使短期利率下降。长期利率的走低使资金需求再度回升(下面回馈),进而又带劲MZM成长率的升高。

利率—经济景气的体温表

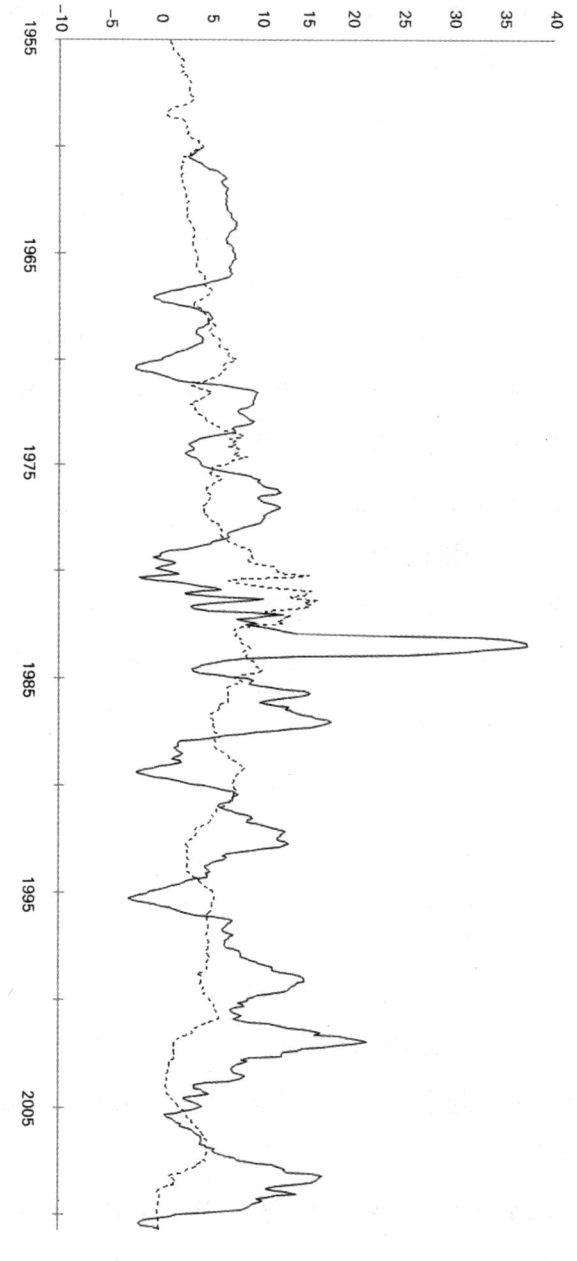

金融循环MZM12个月变动率(%)与国库券利率

图 7—3

● 由于第三阶段中，持续降低的资金水位以及大幅上升的利率，导致经济景气到第四阶段时，开始明显走缓。由于经济成长非常缓慢，利率及原材料商品价格在此期间陆续达到高峰，并逐渐下降。此时，货币供给成长率非常低，在0～3%。此时，股市及美元都开始回升，而利率的走低，亦开始刺激借款风潮，从此，新的金融循环又再度展开。

金融循环与先前提到的主要危机期的关系非常密切，而这些危机，却也提供投资人绝佳的投资机会。1992—1993年间美国的房地产危机、1997年的亚洲金融危机及1998年拉丁美洲与前苏联等危机之后，联邦储备局都采用积极宽松的政策，促使货币供给成长率大幅攀升。主要的理由就是，联邦储备局担忧这些大规模的金融问题可能对银行体系乃至于对美国全国，甚至对全世界造成严重威胁。于是，大量提供资金给美国国内及世界各地的银行，成为Fed当时的首要任务，也因此，经济体系得以维持顺畅的运作。由于货币供给成长率与股市涨跌幅度的相关性非常高，因此一般在金融危机之后，并不难见到股市大涨的景象。因为大量注入银行体系的资金，部分流窜至金融市场中，并带动股价上扬。在1992—1993年间及1997、1998年便发生了这样的情况。

评估货币政策

从联邦储备局的角度来说，其主要目标是通过对实质利率及货币供给成长率的控管，来解决国内甚至国外的经济问题。就像前一章所讨论的，Fed利用实质利率水准，来控制通货膨胀压力。然而投资人应该采用什么指标来评估Fed的政策走向呢？

薪资增加、原材料商品价格上涨或明显走低的实质短期利率等，代表经济成长与通货膨胀的趋势，是追踪与评估利率走向最具实用性的指标。另外，全国采购经理人协会所发布的制造业及非制造业指数，也是非常重要的指标。该协会亦统计一项重要指标,即采购经理回报延迟收到货品的比例。当采购经理人指数向上突破50,显示经济景气非常强劲,且短期利率上扬的可能性较高;当该指数降至50以下,显示经济景气趋于疲弱,因此,短期利率下降的可能性较高。

另一评估货币政策的指标是美元。强势美元代表当局采取的货币政策,是以控制低通货膨胀为目标,因而得以创造出稳健的经济环境;反之,若美元呈现弱势,显示有两种可能性,一是联邦储备局降息速度过快,导致资金过于浮滥,货币供给量激增。另一可能性是实质利率过低,显示货币政策将助长通货膨胀上扬。

弱势美元代表当时货币政策过于宽松,而终将导致通货膨胀上升。这一时期中,货币供给成长非常快速,且实质短期利率亦维持在1.4以下。不过有时弱势的货币,却显示该国可能采行过度紧缩的货币政策。例如20世纪90年代,日本中央银行采行紧缩货币政策,导致经济景气非常差,使日元相对美元呈现贬值走势。而就美国而言,70年代美元却因过度宽松的货币政策而大幅贬值。

黄金及原材料商品价格,亦是评估货币政策的重要指标。如果黄金及原材料商品价格低迷,显示当时联邦储备局采行紧缩货币政策的可能性较高。在这样的时期里,实质利率水准通常非常高,且货币供给维持非常缓慢的成长。此外,疲弱的原材料商品价格走势,也代表当时通货膨胀压力较低,显示货币政策是倾向紧缩的。关于这一点,我们稍后将再深入讨论。如果实质利率高于其长期平均水准,显示货币政策是以打击通货膨胀为目标;反之,若利率水准接近通货膨胀率,造成低实质利率的局面,就显示货币政策趋于宽松。可以预期,货币供给成长率将升高,原材料商品价格飙升,美元则转趋弱势。

股票市场走势本身,亦可作为衡量货币政策动向的指标。如果股市大幅且快速上涨,显示联邦储备局必定释放出大量资金,便使这些资金将股价往上推升。因此,股价走势显示联邦储备局偏好较具提振性的货币政策,以带领经济景气转强。然而,股价呈现区间振荡或是下跌走势时,几乎可以断言,Fed 的政策是趋向紧缩的,它企图通过减少经济体系中的资金水位,来引导经济走缓,并达到零通货膨胀的目标。

货币供给额本身,亦是衡量货币政策的重要指标。当货币供给年成长率低于 4%,显示当时货币政策必定非常紧缩,此时经济增长率通常非常疲弱,股市表现亦不理想。反过来说,当货币供给年增率超过 10%,显示货币政策相当宽松。当然,货币供给成长率的上升,代表资金增加,因此 Fed 的政策趋向宽松,以引导经济走强,并带动股市上涨。货币供给成长率降低,意味着 Fed 政策趋于紧缩,导致经济体系中可用资金减少,也代表 Fed 偏好经济增长率能够趋缓。

还有一个指标,为了达到讨论的完整性,我们在此仅先稍作介绍,后将另辟专章加以讨论,那就是殖利率曲线。殖利率曲线代表长期利率及短期利率间的差异。当短期利率相对低于长期利率,显示政策鼓励银行要积极放款,这种情况亦显示货币政策是较为宽松的。当殖利率曲线走平,也就是说,长期与短期利率间的差距缩小,代表 Fed 的政策正趋向于紧缩,在此情况下,由于诱因不足,使银行亦不愿充分供应贷款户所需资金,经济增长率因而有走下坡的可能。

BAA 级债券殖利率及 10 年期政府公债的利差,也是判断货币政策的重要线索,它们之间的利差与货币供给成长率有极紧密的关联性。此一利差的扩大,通常显示该时期货币政策是趋向宽松的;然而,该利差缩小,则代表货币政策将趋于紧缩。

市场对 Fed 相关行动的反应,可以用来评估货币政策走向,其中最重要的市场指标如下:

● 短期利率水准。

● 货币供给成长率。

● 原材料商品、黄金及原油价格走势。

- 美元强／弱情况。
- 全国采购经理人协会物价指数。
- 全国采购经理人协会经济活动指数及交货指标。
- 股票市场。
- 殖利率曲线。
- BAA级债券与10年期政府公债殖利率差。

投资实战

货币政策趋紧，意味着经济体系中的资金水位降低，在这样的期间内，金融资产的表现倾向弱势。因为在缺乏资金的情况下，企业及消费者通常倾向于卖出手中的金融资产，再将取回的资金投入到事业中，或是用来提高现金准备。

然而，当联邦储备局采行宽松货币政策，挹注资金至经济体系中，这些新增的资金无法立即为实质经济活动所利用，因此暂时流窜到金融市场中，等待实质经济对资金需求的增加。这就是当货币供给增加时，股票及债券价格通常会上涨的主要原因。

货币政策会影响到两个重要的经济要素：那就是货币供给成长率与实质利率水准。了解这两大要素对经济层面的影响是非常重要的，因为就像前一章所提到的，货币供给成长率的提升，通常将带动经济快速扩张，并衍生一个高风险的股票、债券投资环境。造成高风险的原因是，经济的高度成长将带动短期利率升高，而短期利率的升高，对股价通常具有负面的冲击。此外，强势的经济成长将创造商业机会，也因此，企业将倾向积极贷款，进而形成长期利率走高的压力，并对债券价格造成负面冲击。此时，通货膨胀通常会走高，而使通货膨胀溢价加诸在债券殖利率上。另一方面来说，经济趋缓则创造投资机会。当经济走缓，且低于其长期平均成长率时，利率上升的压力将获得纾解，短期利率因而下降，并形成一个较有利于股票市场的环境。此外，经济的弱势，将导致企业减少贷款，进而促使长期利率走低。当然，在这样的时期中，通货膨胀压力通常较轻，而使通货膨胀加诸于债券殖利率的冲击降低。概括来说，这些因素创造出对股票市场及债券市场有利的环境。

为了能够掌握金融循环的趋势及相关位置，投资人必须密切追踪货币供给情况，包括 M1、M2、M3 及 MZM 等，因为它们的成长率变化，传达未来经济景气的发展方向。若货币供给稳定增加，显示由于经济趋缓，联邦储备局偏好货币供给增加，投资人因此可以推测未来一至两年间，经济将会走强。若货币供给成长非常快速，假设其成长率高达 15%，显示当时经济表现非常亮丽，这对投资人而言亦是一大福音，因为资金大量增加的结果，将使股市表现趋于强势。

不过，投资人必须留意的是，高货币成长率的背后，其实隐含着短期利率走高的风险，同时也意味着股市在两年至两年半间可能走弱。所以说，货币供给对投资人而言，是非常重要的领先指标。强劲的货币供给成长率，将带动经济增长率走高，其中，工业生产、所得、销售及就业情况等同时指标亦会随着好转。一般而言，广义货币供给年增率应该要维持在 5%～7% 间，高于此一区间太多，将使经济活动变得过度热络；而如果货币供给成长率维持长时间的高度成长，将会带动通货膨胀、企业成本、原材料商品及利率水准等落后指标走高。

当资金价格上升，贷款的代价会变得越来越高。利率的上升将逐渐伤害企业投资及扩张产能的意愿，导致资金需求的降低。最后造成的结果，则是货币供给成长率的转弱。只有在经济情况极为疲弱，或利率水准极低时，企业才可能再度增加借款。而此时，成本（原材料、薪资及利率）通常是下降的，企业获利率因而升高。到此阶段，由于利率的下降，货币供给额又再度增加，新的金融循环也再度展开。

在此，我们要强调的是货币供给与利率之间的连动性。它们之间的关系就像其他领先及落后指标间的关系一样。通常在货币供给成长率的谷底形成约两年后,经济增长率的谷底才会出现,而经济增长率的谷底出现的两年后,短期利率及长期利率便会开始回升。一旦长、短期利率开始回升,伴随而来的就是货币供给成长率的下降。货币成长率开始下降后 2～3 年,利率又开始走低;而利率一旦走低,便会立即带动货币成长率快速回升。

由投资人的观点来看,若货币供给成长率未长期走低,利率水准便不会下降。理由是货币供给成长率连续走低约两年之后,经济增长率才会趋缓,而由于经济景气降温,资金需求因而减少,导致利率及原材料商品,如原油价格的下跌(图 7-4)。换个角度来说,货币供给成长率的持续攀升,最终将带动利率走高,因为强劲的货币供给成长率,将带来强势的经济情况,而在经济景气热络时,企业及消费者的贷款活动都会增加,因而导致利率面临上升的压力。

这样的流程推演,亦可以领先、同时及落后指标的形式来进行。我们已经知道,货币供给额是领先指标;而所谓的经济,由于它反映就业状况、生产、所得及销售等现况,被当做是同时指标;利率则是落后指标。这些指标间的互动关系可以推演如下:

- 伴随在货币供给成长率谷底之后的是经济增长率的谷底。
- 在经济增长率谷底出现后,随之而来的是利率的谷底。
- 利率的谷底出现后,货币供给成长率的高峰将会出现。
- 货币供给成长率的高峰出现后,伴随而来的是经济成长的高峰。
- 经济增长率的高峰出现后,伴随而来的是利率的高峰。
- 利率的高峰出现后,伴随而来的是货币供给成长率的回升。

整个循环便是如此不断地周而复始。

而 Fed 在这样的过程中如何发挥它的功能?由于利率水准是决定于当时货币供给成长率的高低、经济情势的强弱,以及贷款活动的强弱等,因此 Fed 对利率趋势的影响力并不如想象中大。不过,Fed 倒是可以通过利率水准与通货膨胀率的差异,也就是实质利率,来影响货币供给额成长率。是的,实质利率便是影响货币政策的另一个变数。实质利率受联邦储备局的影响非常大,因为联邦储备局通过对利率的控管,可以使它们上升或下降,对经济及金融市场的干扰降至最低。对投资人而言,最重要的,是切记决定商业循环情况及金融市场趋势的,是货币供给成长率及该循环本身的广度及深度。

就像我们在前一章中提到的,实质利率对通货膨胀预期心理及整体通货膨胀具有非常重要的影响力。实质利率的变化,会影响人们对物品及劳务需求,因为它对借款成本、银行可用放款余额及外汇汇率都会造成影响。也因此,实质利率是货币政策极重要的工具。实质利率是指短期利率与通货膨胀率的差距,未经调整通货膨胀的利率则称为名目利率。

短期利率(13周国库券利率)的循环反转点,与原材料商品价格(如原油)的反转点是同步发生的。它们的走势同样受经济景气强度及货币供给先前的扩张程度而定,这也显示政府对利率趋势并无法作太多控制。

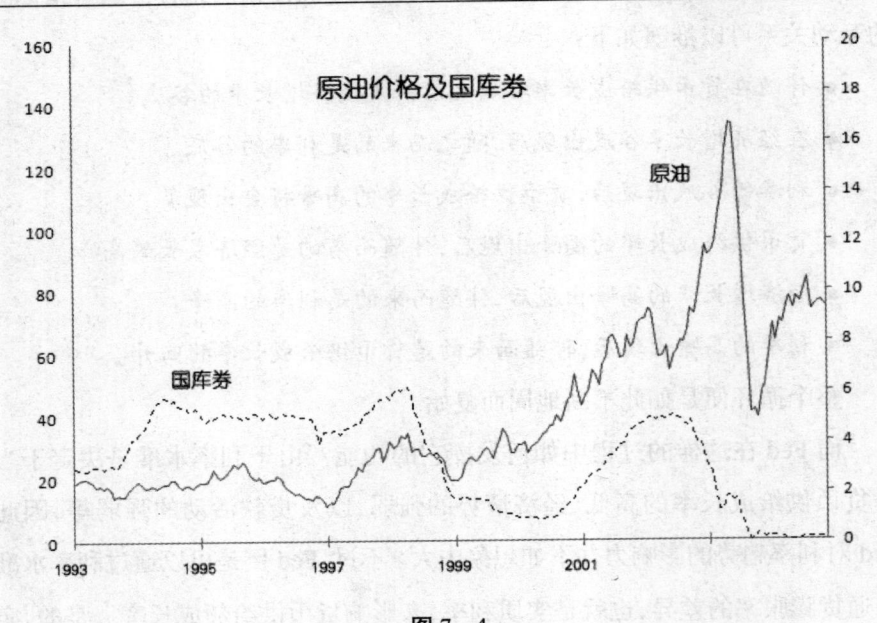

图 7—4

在1978年时,名目短期利率平均在8%左右,而通货膨胀率则为9%。当时虽然名目短期利率水准较高,但货币政策事实上倾向于刺激需求,因为实质短期利率维持在-1%,是非常低的水平。当时资金非常便宜,货币政策亦极为宽松,当然,这也是那几年间通货膨胀高涨的主要原因。

相反的,1998年名目短期利率接近5%,通货膨胀率为2%,实质利率高达3%,反映出当时货币政策的紧缩态势。在这里要强调的是,名目利率水准就本身而言,并不能反映货币政策走向;1978年时名目联邦资金利率为8%,相较于1998年时的5%,实际上却是较具提振效果的,原因是当时通货膨胀率为9%,实质利率非常低,因此其提振经济的效果当然较强,因为当时的资金实质成本可以说是负的。然而,在1998年时,利率为5%,通货膨胀率是2%,也就是说,当时名目利率约为通货膨胀的一倍高,实质利率较1978年时明显高出许多,这样的高实质利率,造就了1998年时的低通货膨胀。

低实质利率使借贷成本降低,刺激企业投资增加、消费者支出提升、家计单位增购耐久财物品如汽车及新房屋。以上种种,都是具通货膨胀效应的,因为低实质资金成本,将使物品及劳务需求大幅增加,而这些新增的需求,却会助长通货膨胀的抬头。

相反的,当实质利率升高,实质借贷成本亦升高。因此,除非企业投资案的预期报酬率非常高,否则他们并不会轻言投资。

实质利率对经济的影响如何?当实质利率下降,显示资金成本降低,因此企业及消费者倾向于积极增加借款,带动经济景气快速扩张,当然,亦会开始触动通货膨胀因子。

而实质利率及货币供给,对金融市场的影响又是如何?较高的实质利率有助压抑通货膨胀,而形成影响股票及债券市场的长期决定性因素。不过,从商业循环的观点来看,货币供给产生的影响是较为即时的。当利率因经济走缓而下降时,资金成本的下降,将促使企业及消费者的借贷态度转趋积极,此时信用便会扩张。而结果是,货币供给额更加快速成长,并进一步带动股市的上涨。1995年的相关案例可供参考。当时利率快速下降,造成货币供给额大量增加,并带动经济景气于1997—2000年呈现亮丽走势,同时,股市在1995—1999年间的涨幅亦非常可观。

当货币供给持续长时间的高成长之后,经济转强且资金需求升高,因而利率扬升的压力增大,此时,投资人对股市的展望应转趋保守。当利率开始上升,资金需求将逐渐降低,促使货币供给成长率趋缓。此时,因反映货币供给成长率降低及资金减少的趋势,股市表现通常并不好。它的规律是这样的:当预期货币供给成长率将趋缓时,股市表现将较差,而这样的情况通常发生在利率开始扬升的两个月之后。

投资人必须谨记,通常货币供给成长率趋缓一至两年之后,经济增长率及利率才会稍降,而这样的状况,才会酝酿下一个多头市场。从投资人的观点来看,相信货币供给成长率与股价间具有密切关联,是非常重要的。而由于利率的水准及趋势会影响到货币供给成长率,利率对股市的影响也非常大,但是间接的影响,这点与一般的认知相悖。媒体头条经常这样报道:"由于利率走高,股市的风险因而攀升",这并不完全对,实际上影响股价的,是货币供给成长率的降低,而货币供给的降低则是由于资金成本上升,导致借贷活动降温,因而使经济体系中的资金减少,这样的连环关系才是正确的。

短期利率的上升,通常立即导致货币供成长率的降低,而约两个月后,股价才会开始下跌。而在股价下跌、货币供给成长率降低约一年之后,经济的趋缓才会促使利率开始下降,利率的下降,将随即带动货币供给成长率及股价的回升。

这种种的关联性,对于衡量股市投资的动态风险是非常重要的。为了使这种关系可以更加具体化,投资人必须认知,货币供给成长率及股价是领先指标、经济成长是同时指标,而利率则是落后指标。从领先、同时及落后指标间的关系,我们可以引申出以下的运动情况:

- 货币供给成长率及股价的谷底之后是……

- 经济增长率的谷底,之后是……
- 利率的谷底,之后是……
- 货币供给成长率及股价的高峰,之后是……
- 经济增长率的高峰,之后是……
- 利率的高峰,之后是……
- 货币供给成长率及股价的谷底。

就金融循环的各阶段而言,金融市场与货币供给的关系,可以具体归纳如下,在第一阶段中:

- 资金或货币供给额增加。
- 股票市场上扬。
- 经济持续走缓。
- 原材料商品价格下跌。
- 利率下降。
- 通货膨胀下降。
- 美元趋于强势。

在第二阶段中,一般可以见到:

- 资金水位升高。
- 股票市场上涨。
- 经济增长率走出谷底,之后开始回升。
- 原材料商品价格走出谷底,之后开始回升。
- 利率走出谷底,之后开始回升。
- 通货膨胀走出谷底,之后开始回升。
- 美元持续走强。

在第三阶段中:

- 资金水位开始走低。
- 股票市场下跌。

- 经济维持强势成长。
- 原材料商品持续上升。
- 利率持续上升。
- 通货膨胀上升趋势不变。
- 美元走弱。

而第四阶段中,利率的下降,又促使第一阶段所发生的种种现象再度重演。

值得一提的是,第二阶段中,实质利率水准的高低,将对第三阶段的原材料商品价格及利率的变动率造成直接的影响。当第二阶段的实质利率水准像1992—1993年一样低,投资人便可以预期到第三阶段,商品原材料价格及利率将大幅升高;如果第二阶段的实质利率像1996—1998年间一样低,那么到第三阶段,投资人可以预期到,整体原材料商品价格及利率的涨幅,将较平均水准为低,如同1999—2000年间一样。

8
通货膨胀与投资

当我们越深入分析经济活动及金融指标，便越会清楚地发现，所有的变数都是息息相关的，它们对探讨商业及金融循环各个阶段的运作模式，非常有帮助。如果读者可以牢记这些指标分别属于三大类别的哪一类，亦非常有帮助。

如同我们从前几章内容中所学到的，绝大多数的经济及金融指标，不是属于商业循环中的领先指标或同时指标，便是属于落后指标，而牢记这三大族群指标间的关联性，更是重要。一旦投资人了解某单一指标属于哪一个类别，便较容易了解这一指标的含义，更能将它当成工具，用于预测及评估金融市场的风险程度。

在前一章，我们看到许多重要的金融变数，如货币供给成长率及短期利率等，分别属于不同的种类。货币供给成长率属于商业循环的领先指标，而短期利率则属于落后指标。我们也看到，由于股价反映银行体系中的资金水位，因此也是属于商业循环的领先指标，然而，通货膨胀则是落后指标。

我们已经介绍过将这些重要的变数结合在一起的有效模型，这个模型帮助我们将经济活动、货币供给额及短期利率等因素串联在一起。货币供给成长率连续上升一至两年之后,经济情势便会转强。而经济转强,即商业活动成长率较其长期平均值高,最终将带来短期利率的走高。原因就像我们先前所讨论的,此时,各项资源所面临的压力升高,如生产产能、就业情况及原材料商品等资源都开始吃紧,结果,信用需求的提升使短期利率面临极大的上升压力。

短期利率连续上升数个月后,信用成本的升高,导致货币供给成长率逐渐下降。这样的发展持续一至两年之后,将演变成经济趋缓,短期利率再度回跌;而短期利率连续走低数个月后,货币供给额成长率将回升,而新的循环又再一次展开。

这样的关联性,若用领先、同时及落后指标的谷底与高峰的观念来简述,将会更加清晰,且易于追踪。由于货币供给成长率是领先指标,工业生产成长率与经济趋势相近,属于同时指标,而短期利率属于落后指标,这样的领先／落后关系,将这些指标紧紧串联在一起。

- 货币供给成长率的谷底之后出现的是……
- 工业生产成长率的谷底,其后出现的是……
- 短期利率的谷底,其后出现的是……
- 货币供给成长率的高峰,之后出现的是……
- 工业生产指数成长率的高峰,之后是……
- 利率的高峰,之后是……
- 货币供给成长率的谷底。

而整个循环便是如此不断周而复始地运转。

继第二及第三章之后,在本章的内容中,我们将更详尽地探讨通货膨胀的过程,探讨的内容包括通货膨胀与商业循环的关系、它如何与何时开始变成令人头痛的问题?还有在什么情境下,它又会回归合理的控制范围内。

原材料商品价格在商业循环的发展中,是非常重要的指标,它们的变动模式,被当做是非常有效的资讯。我们将探究原材料商品价格何时会上涨、何时会下跌,以及其价位水准对商业循环及通货膨胀的相关影响。

此外,由于薪资亦会影响通货膨胀趋势,我们将探讨它的影响力,以及在什么样的情境下,薪资将变成带动通货膨胀的导因。这一点非常重要,因为劳力市场吃紧与薪资水准升高,并不都会引发通货膨胀。此外,通货膨胀的水准及其趋势,会影响美元兑换其他货币的汇价,这也是非常重要的议题,因为美元的变化,对国外投资报酬率具有决定性的影响力。

最后,我们将在最后一节里,回顾本章所讨论的主要观点,并研究如何将这些观点运用在投资决策的制定上。

通货膨胀与商业循环

通货膨胀主要是一种货币现象,也就是说,通货膨胀主要是由中央银行的行动及政策所衍生的。Fed 的相关行动对货币供给成长率、利率水准与其趋势相对通货膨胀的水准与趋势,也就是实质利率,有决定性影响(参见图 6-2)。

有时候,国际上及本国的经济危机,如 20 世纪 90 年代初期时的存放款结构及房地产危机,都会迫使 Fed 采行宽松的货币政策,并提供大量资金,以缓冲这些危机可能造成的伤害。一般而言,观察力较强的投资人,可以清楚地发现,货币供给成长率的剧增,将使实质利率下降。自 1960 年以来,这种情况共发生过 7 次,最近的 3 次分别在 1984、1989 与 1995 年。在这 3 个时期中,由于短期利率逐步降低,货币供给成长率均自大约 3% 的水准,大幅升高至 15% 左右。

通常在这类危机中,短期利率都会降到比通货膨胀还低的水准。当这种情况发生,显示 Fed 已决定采行宽松的货币政策来解决危机。同样的情况发生在 1997 年亚洲金融风暴中,Fed 当时积极采行宽松的货币政策,大量挹注资金至市场,并引导短期市场利率下降。危机发生之前,泰国、韩国、马来西亚及印尼等国家,以低价劳工吸引外来资金投入他们的国家,并采用固定汇率的外汇政策,降低外国投资人在当地投资的汇率风险。然而事实上,流入这些国家的资金并未被运用于改善整体经济情势,而浪费在不具生产力的项目上。最终,这些国家因无法偿还这些外来借款,导致金融危机的发生。当地货币大幅度贬值,使原始的外国投资人损失惨重,这些投资人多半是银行。联邦储备局为了稳定国际银行体系,不得不放任货币供给成长率大幅升高。

还有几次情况也是一样,由于经济循环走缓,Fed只好被迫挹注资金,以带动货币供给成长率回升至正常的水准。在不具通货膨胀威胁的环境中,最佳的货币供给成长率,应该是维持在5%~6%。当货币供给成长率长时间低于此一水准,将会使经济成长低迷,并导致失业上升;而当它长时间高于5%~6%的水准,将会导致经济过热,使各项生产资源趋于紧缩,而造成潜在的通货膨胀隐忧。货币供给成长率较强,是代表商业循环将出现反转的讯号,届时,经济情势将获得改善。当货币供给成长率升高至10%左右,将带动经济增长率突破其成长潜能区,实质短期利率亦非常低,甚至低于长期平均值的1.4,此时,通货膨胀压力开始浮现。

在90年代的后期,美国境内的货币供给成长率非常高,经济景气热络,且通货膨胀维持在稳定的低档,能够有这样好的表现,主要原因是,当时的实质短期利率较高。我们也知道,当实质短期利率高于1.4,代表资金成本较高,因此,投资及支出计划是较有纪律的。不过,到90年代末期,货币供给成长率的升高及经济的强势,使通货膨胀压力不断升高,进而导致金融市场的投资风险大增。由于通货膨胀的压力渐升,使利率逐渐走高,企业因而对新投资采取观望的态度,这样的状况导致1999—2000年资金需求成长率下降。而资金需求的下降,使货币供给成长率亦连带走低,这一点对股市造成负面的冲击。这一段所要简述的重点在于,通货膨胀压力的升高,将对货币供给成长率及股价造成负面的影响。

8 通货膨胀与投资

在第二章我们探讨过两个通货膨胀指标,即消费者物价成长率及生产者物价成长率。消费者物价是衡量以消费者为中心的物价水平,而生产者物价则是衡量以生产者为中心的物价水准。

以消费者及生产者物价指数的循环时机来看,它们同属于落后指标。二者的不同点在于,生产者物价的波动性较消费者物价为高,也就是它们上升得较快,也下降得较快。原因是,生产者物价主要是受到原材料商品价格的变动所左右,而相较于消费者物价中的药品或家计费用等物价,原材料商品的价格敏感度确实较高。然而,这两种通货膨胀指标的循环反转点大约是一致的,也就是说,当经济过热时,通货膨胀压力升高,消费者物价及生产者物价都会走高;此外,当消费者物价下跌,生产者物价亦会走低。

生产者物价只是提供投资人有关通货膨胀走高或走低的讯息,但却不能代表更进一步的含义。需要留意的是,所有属于消费者物价或生产者物价范畴的物品,从食物、衣物、医疗服务等,其价格变化通常是同步的。虽然变动率不见得一样,但是趋势却相同,就循环时机来看,也是同属落后指标。

接下来,让我们看看在典型的商业循环中,通货膨胀是如何逐渐形成的。当经济快速扩张,且实质利率维持低档,通货膨胀压力便会开始升高。强势经济的定义是,经济体系中资源的利用程度很高,资金需求亦很强劲。例如,在这样的期间内,失业率通常会急速降低;而由于失业率降低,使可用的技术劳工减少,进而使薪资上涨的压力大增。一般而言,在这种情况下,GDP成长率都在 2.5%～3%以上。

失业率下降或维持低档,显示劳力市场趋于紧缩,在这种情况下,薪资成长率亦非常高。在初期,企业通常可以利用提高生产力的方式,来吸收这些新增的薪资成本,因为在技术劳工来源充足的情况下,增加产能确实可以有效吸收薪资成本的上升。但是,一旦产能接近全能使用,且技术劳工开始短缺时,生产力便逐渐下降,这样的发展将促使单位劳工成本(经调整生产力的薪资)逐渐上升。

原材料商品价格的主要反转点反映景气现况,而影响经济情势的,则是货币供给成长率的变动。

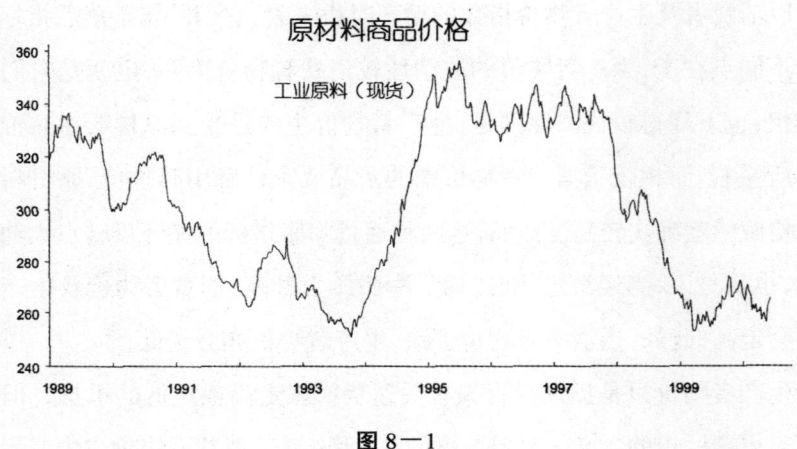

图8—1

经济强势成长所引发的另一个效应是原材料需求的增加。当经济开始起飞时,原材料价格通常会领先上涨(图8—1)。这些成本的上扬,初期亦可以通过制程效率的提升予以吸收。

第三个对通货膨胀造成重要影响的因素是,当经济持续热络时,资金需求将提升。短期利率对信用需求的敏感度,就像原材料价格对生产需求的敏感度一样,非常的高(图8—2)。要注意的一点是,当原材料成本升高,企业获利将会受到冲击。

将领先、同时及落后指标逻辑串联在一起,将使整个演变过程更加具体化。以货币供给成长率为领先指标,经济增长率为同时指标,原材料商品价格及生产者、消费者物价变动率为落后指标,可以归纳出以下的关联性:

- 货币供给成长率的高峰之后,紧接着是……
- 经济增长率的高峰,随之而来的是……
- 原材料商品价格、生产者及消费者物价成长率的高峰;随之而来的是……

8 通货膨胀与投资

- 货币供给成长率的谷底；其后是……
- 经济增长率的谷底；其后是……
- 原材料商品价格、生产者及消费者物价成长率的谷底；随之而来的是……
- 货币供给成长率的高峰。

而其循环便是如此不断运转。

由以上的推演可知，强势的经济，将推动各项资源如劳工、原材料及资金的成本上升。最初，企业将尝试自行吸收这些新增成本，但到某种程度获利率终将下滑，此时企业便需要开始将新增成本转嫁给消费者。劳工、原材料及资金等成本，是企业营运的主要成本，因此，这些成本的上升，将使企业获利能力蒙上阴影。而当通货膨胀对获利造成负面影响，企业便会开始削减成本，以应对获利下降的冲击。他们一般会(1)延缓推动已定案的计划，以减少借贷金额；(2)降低存货水准，以降低原材料成本；(3)裁减员工，以节省劳工成本。

原材料商品价格的循环反转点与短期利率的反转点是同步发生的。其振幅大小，则要看领先于它们之前的实质短期利率水准。

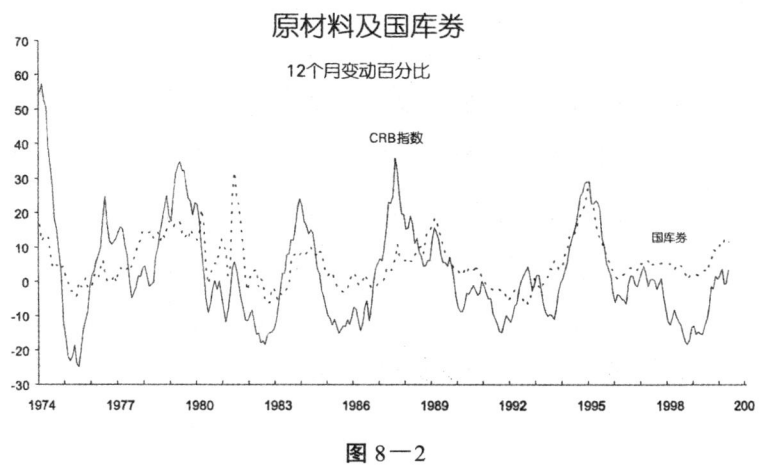

图8—2

从消费者的观点来看，通货膨胀的升高，使他们的实质所得与购买力降低。因此，消费者应对通货膨胀的方法，则是减少支出水平，这将导致经济成长趋缓。

企业及消费者采取的通货膨胀应对对策，都将导致经济趋缓。景气走缓的情况将等到其导因如原材料、劳工及资金成本下降，才会有所改善。此时，通货膨胀情况的改善，将使消费者的实质所得回升，其支出也才会增加。另一方面来说，较低的成本使企业获利改善，于是，对于先前因成本升高、获利降低而停摆的计划，企业的态度又转趋积极，并开始执行相关计划。

如果联邦储备局放任实质长期利率走低，使货币供给额在长时间内过度快速成长，就会造成通货膨胀的恶性循环。在典型的金融循环中，货币供给成长率自3%以下上升至10%以上，较平均成长率的5%~6%高出甚多。而商业循环的波动，便是起源于货币供给成长率的上下起伏，而Fed最大的挑战，便是将货币供给成长率控制在5%~6%之间，并设法让资金水位的变动性降低，以免加剧商业循环的波动。投资人应切实追踪这两个攸关货币政策的因素，以判断未来通货膨胀循环的形态。

原材料商品与商业循环

原材料商品的价格变化，如铜、天然橡胶、原油、铝及钢铁等，对投资人而言，是非常有用的资讯。原材料商品对需求的敏感度非常高，加上原材料商品的需求强度是以当时经济景气而定，因此，它们的价格变动，对于预测商业循环的方向，是非常及时的资讯。原材料商品之所以重要，是因为它们的价格对需求变动的敏感度非常高。当商业情况强劲，原材料商品需求增加，这样的反应不偏不倚地传达经济现况的讯息给投资人；若原材料商品下跌，便是在警告投资人，经济情势已经转弱。它们的价格变动，具体反映市场状况与经济情势间的关系。原材料商品的重要性，是因为它们可以及时将经济现况回报给投资人。原材料商品市场通过具体且不偏颇的方式，充分反映经济情势。

由政府机构所搜集统计的经济指标至少落后实况约一个月的时间，也就是说它们提供的讯息太慢。而原材料商品资讯却是天天可以取得，且不需再作修正。也因此，世界各地的金融性报纸都有许多篇幅刊登原材料商品报价。这些报价对熟练的商人及投资人而言，是非常重要的。因为，基于他们对商品价格变动的了解，这些资讯便足以供他们作出重要的决策。原材料商品如铜、铝、天然橡胶、原油、黄金、白银、钯金、铅及钢等的价格趋势，是投资人判断经济现况的重要线索。CRB原材料商品指数对评估商业现况亦非常有助益，因为这些指数包含一般最常使用的原材料商品。CRB指数的上扬，代表经济情势正明显好转；然而，若这些指数下跌，显示经济情势正明显趋缓。

原材料商品的另一特性是，它们通常是运动的。若有一原材料商品特别强势，而其他商品都弱势的情况，其实是很不常见的，因为这个单独飙升的商品终将下跌，呈现与其他商品相同的涨幅。在1999—2000年间，虽然原油价格每桶自10美元急涨至32美元，但黄金却维持在一盎司300美元左右，其他原材料商品价格变动亦不大，这样的现象就显示，当时原材料商品价格的上涨不会是全面性的。

原材料商品价格是落后指标，但它们落后于经济成长变动率的时间不长。因此，原材料商品价格上升显示经济情势转强；而当原材料商品价格下跌，亦代表经济将趋缓。

另一重要的因素是，仅有经济转强时，原材料商品价格才会开始上升，而经济的走强，则是要仰赖Fed采取积极宽松政策，引导实质短期利率降至低档。所以，通常在高实质利率时代，并不常见到原材料商品维持长时间的坚稳走势，一般来说，它们会下跌或维持低档。

在20世纪70年代，由于货币政策宽松，使货币供给成长率走高、实质短期利率维持低档，促使所有的原材料商品同步上涨。由于它们的价格波动较消费者物价或生产者物价为大,因此,对预测未来通货膨胀走势而言,是更重要的线索。如果原材料商品全面上涨,显示通货膨胀迟早会走高。原材料商品的大幅上涨,是货币供给成长率过速、低实质利率及强势经济成长的结果,这三项要素的完美组合,使通货膨胀遭到推升。如果经济情势趋缓,原材料商品价格下降或涨势趋缓,便代表推升通货膨胀的因素已经逐渐消除,尤其当货币供给成长率走低、实质短期利率升高时,经济情势及原材料商品价格走缓的情况会更加明显。

薪资水准与通货膨胀

薪资成长率与商业的循环模式相关性非常高。当经济转趋热络,失业率的降低,将使薪资成长率升高;因为当失业率降低,代表经济情势的强势,劳力市场趋紧将使薪资上涨压力升高。而当经济增长率趋缓至低于长期平均的2.5%～3%,失业率便将上升,可用劳工的增加,将使薪资水准趋于稳定甚至下降。

薪资成长率的循环反转点与通货膨胀率相同,因为它同属落后指标;也就是说,在商业循环中,薪资高峰或谷底的反转点落在同时指标之后。

这些过程可以具体归纳如下:

- 货币供给成长率的高峰之后,随之而来的是……
- 经济与就业成长率的高峰,其后是……
- 薪资成长率的高峰,其后是……
- 货币供给成长率的谷底,其后是……
- 经济与就业成长率的谷底,其后是……
- 薪资成长率的谷底,其后是……
- 货币供给成长率的高峰。

而循环就如此不断运行。

由于薪资与通货膨胀间的循环关系,致使一般认为紧缩的劳力市场、强势经济及薪资水准的升高,都会推升通货膨胀。其实,薪资与通货膨胀之间,并不必然是运动的,也就是说,薪资的成长并不尽然会推升通货膨胀。

在20世纪60与80年代,美国经济便呈现薪资上升,通货膨胀却维持低档的情况。事实上,在90年代,薪资成长率约3%~4%,但通货膨胀率仅约2%。尽管如此,政策制定者,包括部分联邦储备体系中的成员,却相信所谓的菲利普曲线(Phillipscurve)。菲利普曲线所主张的是,失业率升高时,通货膨胀便会走低;而失业率降低时,通货膨胀会走高。因此,政策制定者的说法,失业率不宜降得太低,否则薪资的上升将使通货膨胀压力升高。这其实是一个谬论,因为20世纪60及90年代的事实证明,当时薪资上涨幅度较通货膨胀为大,但通货膨胀情势并未失控。菲利普曲线唯一可证明的是:当就业率上升,薪资便会增加。20世纪60与90年代的经验证明,薪资上扬并不必然会推升通货膨胀。

但这两难情境要如何解决呢?就是靠实质短期利率来解决。高实质短期利率使借贷成本增加,企业因而被迫将资金投资在高获利率的项目;消费者则因借款成本的上升,减少不必要的支出。

先从企业的观点来看,借贷成本的升高,迫使企业家将资金投入在较高获利率的项目上,这样的项目通常是较具高科技内涵,且生产力较高——生产力的成长便是其中的关键。高实质短期利率迫使企业必须更有效率,因此,它们的生产力将因而提升。而生产力成长率的提升,则帮助企业吸收新增的薪资成本。例如,若薪资成长率为4%,且生产力成长率亦为4%,那么企业单位劳工成本的增幅便是零。

薪资并非造成通货膨胀的要素,引发通货膨胀的,其实是低生产力成长率。无论如何,在高实质短期利率时代,由于物价走低,且通货膨胀压力较低,迫使企业必须改善生产力。因为企业无法在低通货膨胀期间任意提高售价,所以他们必须提升生产力,以改善生产效率及获利率。除非生产力大幅度下降,否则在这种情况下,薪资并不会造成通货膨胀压力。不过,在货币政策极为宽松、实质短期利率维持低档,甚至低于通货膨胀率时,薪资成长率就会导致通货膨胀压力升高。举例来说,在1999年时,制造业的荣景使薪资成长率达5.2%,但由于当时制造业生产力成长率高达6.9%,因此经调整,生产力的单位劳工成本反而下降1.7%,所以当时的通货膨胀是非常稳定的。

投资人应密切注意劳工统计局每季公布的单位劳工成本趋势,因为它代表生产力相对劳工补贴的情况及单位劳工成本指数。单位劳工成本指数是落后指标,它总是在经济快速扩张之后上扬,而在经济趋缓之后下降。不过,非常重要的是,若实质短期利率维持高档,单位劳工成本就算上升,幅度也不会太大,因为高实质短期利率会压抑通货膨胀。在通货膨胀不高的情况下,企业并不能任意提高售价,此时,为提升获利能力,企业将朝着改善生产力的方向来努力,因而使单位劳工成本维持低档。我们稍后将看看原材料商品、单位劳工成本及通货膨胀压力等趋势对投资债券的决策制定有何影响。

货币、通货膨胀与国外投资

通货膨胀可以说是经济的恶性肿瘤。通货膨胀走高显示经济运作效率降低,它也导致企业倾向涨价,而不通过生产力的提升,来改善其获利能力。通货膨胀的升高,对改善生产力有负面影响,因为在此情况下,企业会选择直接提高售价来改善获利率,而不进行提升生产力的投资。通货膨胀上升,也代表依靠固定收益为生的人,其资产将受到外在因素的消耗,其生活的资源因而减少。

通货膨胀的上升,将导致人们对经济现况不满,因为他们会发现自己的资产价值正逐渐萎缩。而由于企业为改善生产力而削减成本,物品的品质变差。事实上,通货膨胀会让整个经济过程遭到严重扭曲。

当通货膨胀上扬,金融市场反映此一不确定的情境,表现通常很差,就

8 通货膨胀与投资

像 20 世纪 70 年代时一样。通货膨胀的升高，对经济及金融市场都形成干扰，这也是为何联邦储备局及世界各国的中央银行，都誓言（至少表面上是如此）要打击通货膨胀，以维持物价稳定。物价稳定代表由于物价成长幅度微小，企业为改善获利率，只好被迫提升生产力；而生产力的提升，将创造稳定的商业循环、优质的经济成长。而此时由于薪资成长率高于通货膨胀，因此实质所得水准亦较高。

在高通货膨胀时代中，通常政府对经济活动的干预程度都较高，美国在 70 年代时的情况，就非常贴切地说明了这一切。当时由于联邦政府积极扩大社会福利计划，加上越战正如火如荼地进行，因此政府坚决不增税，这样的政策导致通货膨胀从 3% 大幅攀升至 15%。当时所有的支出，是靠非常低的实质利率来支撑，因而大幅推升通货膨胀；而通货膨胀所造成的灌水效果，亦使政府的名目税收间接增加。这样的整体环境，导致经济体系的运作效率极低。例如欧洲国家，他们的政府非常强调社会福利，但经济增长率却较其他国家为低，90 年代时欧洲的经济情况便是如此。日本也是一样，在 90 年代，由于该国政府积极控制并介入经济运作，因此导致经济陷入长期的衰退。

就像我们在第六章所讨论的，通货膨胀的升高最终将使企业削减雇员，而导致失业率走高，之后，经济衰退终将成为必然的事实。美国的经验证明，留给市场机制一些自由空间，将可达致稳健的经济成长，以及低失业率的目标。

当然，通货膨胀一旦走高，利率亦会上扬，因为放款者会把通货膨胀风险的因素列入考虑，而要求较高的放款利率。当通货膨胀走高，一切都会变得不对劲。20 世纪 60 年代及 1980 年以后的经验便告诉我们，低通货膨胀将会带来非常稳定的经济环境。

一个国家的货币反映整体经济的情况，而衡量本国相对他国间的不平衡现象，亦可以通过货币这个灵敏的机制来完成。美元强势代表美国经济表现良好，通货膨胀亦维持稳定的低档；弱势的货币则代表该国面临经济、通货膨胀及生产力问题,经济情势不但不稳定,也反映相关单位并未积极解决相关问题。

长期而言,货币反映两国之间的通货膨胀差距。通货膨胀差距可用来衡量两国间的相对效率,通货膨胀较低的国家,通常较高通货膨胀的国家有效率,且经济亦较稳定。因此,当一个国家的货币呈现弱势,必代表它的经济表现必较通货膨胀较低的国家为差。这一点非常需要厘清,因为在投资国外股市或国外资产时,投资人必须非常留意货币汇率对投资报酬的影响。

例如,假设一个美国投资人投资在日本股市,而日本市场上涨20%,也就是该投资人的资本利得达到20%。然而,如果日元贬值20%,那这个美国投资人的总报酬率便成为零。虽然该投资人在股市的获利是20%,但若要将日元汇回美国,却要多花20%的日元来兑换成美元,因此其净报酬是零。

进行国外投资时,应该选择币值较强的国家,以回避汇率风险,因为汇率的损失将侵蚀该投资本身的获利。而由于货币汇率的长期趋势,是决定于该国的通货膨胀趋势,因此,投资人在将资金投入前,应先大略了解该国的实质利率水准。这个方法,使投资人得以用简单的方法,来辨认该投资案的汇率风险。而如同先前所一直讨论的,各国的通货膨胀率,主要是系于当地的实质利率水准。

举例来说,在2000年时,韩国的短期利率约6%,通货膨胀约1%。显然,韩国的货币主管机关当时采取非常稳健的货币政策。名义短期利率维持在5%~6%的正常低档,而因短期利率高于通货膨胀率,所以实质利率较高、通货膨胀率亦低于标准值。这种种现象都代表韩国的货币汇率是较强势的。

此外,假设美国的短期利率为5%,通货膨胀为2%,而假设委内瑞拉及墨西哥的短期利率大约为35%,通货膨胀率为30%。在这个例子中,委内瑞拉及墨西哥的货币都面临汇率风险。第一个原因是,高于5%标准的短期利率,显示这两个国家面临严重的结构性问题;第二个原因是,它们的实质利率相对而言,远较美国为低。在此例子中,美国的利率约为通货膨胀率的两倍,但委内瑞拉及墨西哥的利率仅约通货膨胀率的1.2倍,这显示这两国的货币政策所带动的通货膨胀效应较美国大,因而导致其货币汇率相较美元弱势。因此,这两个国家的汇率风险极高,不应列入投资标的。这些相关的全球金融资讯可通过网络、《金融时报》(*Financial Times*)及《经济学人杂志》等取得。

投资实战

通货膨胀的趋势,是研判金融市场长期趋势非常有用的资讯。稳定维持低档的通货膨胀反映稳健的经济状况。就像其他落后指标一样,稳定的通货膨胀环境,才能提供良好的经济环境及金融市场。低通货膨胀代表稳定的经济环境,实质长、短期利率非常稳定,债券及股票价格趋势亦非常偏多。

然而,通货膨胀走高、原材料商品价格快速上涨、劳工成本及利率走高,都显示债券及股票市场的投资风险正快速上升。当落后指标上扬,可以预期的,领先指标将会开始表现弱势。因此,当通货膨胀、劳工成本及利率上扬(它们都是落后指标),都将对代表领先指标的股市造成负面冲击。如果通货膨胀上升,即便是每股盈余连续数期走高,但利率的上升,终将使投资股市的风险升高(图8—3),此时,投资人应该开始避开股市投资。在通货膨胀走高的时期,应该专注贵金属、房地产及能源股票等类型的投资,也就是硬式资产投资,就像20世纪70年代时一样。

通货膨胀、投资硬式资产与商业及金融循环的关系,是通过以下的模式互相联结的。在这个模型中,货币供给是领先指标,经济是同时指标,而通货膨胀是落后指标。

S&P500 指数平均每股盈余成长率的循环反转点，与原材料商品价格的反转点同步发生，牵引它们的力量是经济增长率。强势的经济成长虽促使每股盈余上升，但亦带动原材料商品价格及利率上扬，因而创造出对股市不利的环境。然而就长期而言，每股盈余成长率与名目GDP、货币供给及股价成长率是息息相关的。

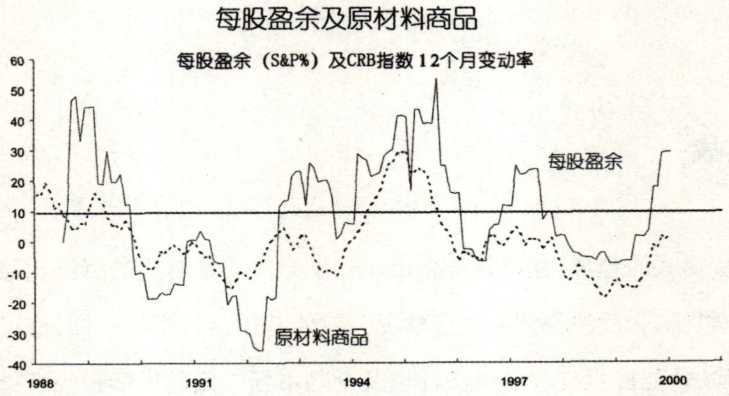

每股盈余及原材料商品

每股盈余（S&P%）及CRB指数12个月变动率

图 8—3

- 货币供给成长率的高峰，紧跟着是……
- 经济成长的高峰，其后是……
- 通货膨胀的高峰，如铜价、铝价、CRB原材料商品指数、房地产价格等，其后是……
- 货币供给成长率的谷底，紧跟着是……
- 经济成长的谷底，其后是……
- 通货膨胀的谷底，如铜价、铝价、CRB原材料商品指数、房地产价格等，其后是……
- 货币供给成长率的高峰。

而循环便如此不断运转。

当通货膨胀呈上升趋势时，短期利率亦可能随之走高。在这样的时期内，由于股市风险逐渐升高，短期货币市场工具的收益会上扬，因为它是股票以外较安全的替代选择。所以，当投资证券的风险升高时，货币市场工具便会成为资金的避风港。

当通货膨胀、原材料商品价格、利率及劳工成本下降,便显示经济情势即将好转。而经济环境的好转,股票及债券的表现就会明显优于硬式资产如房地产、贵金属及能源股等。

有利于股票及债券投资的迹象可以归纳为以下数点:

- 经济成长缓慢,低于其长期平均成长率。
- 货币供给成长率升高。
- 实质短期利率高于1.4的长期平均水准。
- 稳定或下降的通货膨胀。
- 稳定或下降的原材料商品价格。
- 稳定或下降的利率。

通货膨胀走高的风险可以由以下迹象看出:

- 货币供给成长率远高于6%。
- 经济非常强势,成长率超越其长期平均水准的2.5%～3%。
- 实质短期利率接近或低于其长期平均水准的1.4%／年。
- 原材料商品价格剧扬。
- 利率提升。

接下来几章将对上述的情境再详加研究。

9
债券与经济循环

债券投资是一个非常复杂的领域。截至目前,我们所讨论的每种因素,对于债券价格行为都可能产生影响。对于投资人来说,债券价格(以及因此而衍生的利率水准)是非常重要的经济指标,因为它们可以反映金融市场的风险程度。另外,在经济循环的特定阶段,债券也会是非常理想的投资工具。

目前市面上有很多专门讨论债券与债券投资的书籍,我们不可能在短短几页的篇幅内作周详的处理。虽然不能提供详细说明,但我们可以尝试为你勾勒出债券投资的基本概念。首先,我们将解释债券的意义,讨论债券的投资方法,探讨债券投资与债券共同基金投资之间的差别。

接着,我们还会解释债券殖利率与经济循环之间的行为模式,观察债券殖利率如何随着经济发展步调的快慢而变化。身为债券投资人,需要了解债券的各种性质——哪种风险较高?哪种较安全?在经济循环的各个不同阶段,哪种债券的获利潜能最大?哪种可能引起严重损失?

我们也会提到殖利率曲线,这项指标显示长、短期利率之间的关系。有一种很简单的观察方式,我们可以看长期公债与13周国库券之间的殖利率差异，借以判断当时的经济状况与股票市场投资风险。

信用循环乃反映不同信用等级债券之间的殖利率码差变化，Fed 货币政策经常受到这项指标的影响。若能密切留意公司债与政府公债之间的殖利率差距变化，投资人就可以感受经济趋势的微妙变化，借以评估股票市场风险，调整相关投资策略。

接下来，我们将陆续讨论前述所有资料，说明如何寻找债券投资机会，解释哪些指标可以用来预测债券殖利率的变动方向。而在最后一节，我们会把本章内容稍作整理，说明相关的投资建议。

债券特色

企业可以通过发行债券的方式，向投资人筹措资金来进行重大投资。这些债券发行者（借款者）的债务，必须在某个年限之内偿还给放款者。美国政府就是一个很重要的借款者。政府需要发行债券给投资人（放款者），借以筹措日常运作或大型投资计划所需的资金。

承诺放款者的清偿义务，其中涉及几项特色。首先是利率，这是借款者必须支付给放款者的金额，而该金额是放款者预先就知道的。这种利息称为债券票息。在债券合约期间内，票息水准不会变动，对于每单位债券，如果借款者同意每年支付 100 美元，这项承诺在债券合约期间内始终有效。

第二项特色是到期时间。借款者的借款期间有一定长度，债券发行当时必须清楚明定这个期间。到期时间可能长达 30 年。到期时间一旦决定之后，通常不能变更。可是，某些债券附带"提前购回"条款——换言之，在某些条件下，债券发行者有权利提前购回债券。如果债券订有提前购回条款，发行当时就应清楚注明。在某种情况下，借款者可能会希望执行前购回条款，例如利率下降时，发行者可以提前购回票息偏高的债券，重新发行票息较低的债券，如此可以节省利息成本。就投资人的立场来说，这种提前购回条款显然较为不利,因为将来如果出现原本有利于投资人的利率下降走势,借款者却提前购回债券,将使得投资人无法享受利率下降的效益。因此,相较于其他条件都相同的两种债券,设定提前购回条款债券的殖利率较高。

债券的另一项特色是价格。债券发行当时,报刊上显示的价格资料,以100为基准。固定收益证券报价大多表示为平价的百分率,通常为1000美元。因此,平价1000美元的债券,如果价格是80,即1000美元的80%,实际价格金额为800美元。同样的,如果某个债券报价为110.5,真正价格则是1000美元的110.5%,相当于1105美元。习惯上,如果证券价格高于平价,称为"溢价";反之,若证券价格低于平价,称为"折价"。

债券的另一项重要特色为殖利率。殖利率的计算方法是"票息"除以"债券价格"——请注意,票息金额是固定不变的。举例来说,如果票息为100美元,而债券价格为1000美元,则债券殖利率为10%。请注意,殖利率有很多不同的定义,此处的则称为当期殖利率。

还有另一种殖利率,称为到期殖利率,这是购买债券时必须考虑的重要因素。它可用来衡量证券到期之前的所有年度投资收益。而这项数值同时为债券票息、利率水准与债券到期时间所影响。如果债券价格不等于平价(面值),到期殖利率就不同于殖利率。

投资人务必要了解一个非常重要的基本观念:债券票息金额虽然固定,但债券市场价格并非固定不变。假定债券面值为1000美元,投资人购买债券实际支付的金额可能高于或低于1000美元,这取决于当时市场利率究竟低于或高于债券票息利率。因此,一旦长期利率发生变化,投资人购买债券所要求的殖利率也会变动。

举例来说,假定某债券票息为100美元,市场利率水准为10%。因此在这种情况下,债券市场价格将被设定为1000美元,当期殖利率为10%。

现在,假定(假设理由之后讨论)市场利率上升到15%。由于利率水准上升,投资人开始抛售债券,直到该债券的殖利率等于15%为止。请注意,如果该债券价格继续维持1000美元,殖利率为10%,但目前市场上的殖利率为15%,投资人当然会抛售殖利率10%的债券,转而从事殖利率15%的其他投资——这种情况将持续发展,直到该债券的殖利率也是15%为止。殖利率等于票息除以债券价格,如果殖利率上升,意味着票息必须增加或债券价格必须下降,但我们知道,债券票息金额是固定不变的,所以一定是债券价格下跌。换言之,债券价格必须下跌,直到固定票息100美元所提供的殖利率为15%为止。按照当期殖利率的公式计算,这意味着债券价格必须跌到667美元(100/667=15%)。由此,我们可以归纳出一个非常重要的关系:市场利率上升,债券价格下跌;反之,长期利率下降,债券价格上涨。

我们再假设利率由10%下降至5%。在这种情况下,前述债券的价格将上涨到2000美元。唯有在这个价位,票息100美元除以2000美元的结果才会等于市场利率。也就是说,当长期利率下降,债券价格将上涨。让我们看看其中的市场运作过程。当利率水准下降至5%,如果债券继续维持原来的价格(殖利率为10%),投资人必定会积极买进债券,尝试锁定偏高的殖利率。由于需求增加,债券价格将上涨。请注意,由于债券合约上设定的票息金额固定不变,一旦市场利率上升将迫使债券殖利率也跟着上升,债券价格就必须下跌;反之,市场利率下降将迫使债券殖利率也跟着下降,债券价格就必须上涨。所以,在长期利率变动与债券价格波动的情况下,精明的投资人将有获利机会。我们稍后将讨论经济循环如何影响长期利率趋势,然后再说明债券价格循环所蕴涵的机会。

债券的另一项特色是素质。借款人的素质显然会影响债券价格。最重要的债券素质是借款者的信用等级,一般来说,美国政府公债的素质算是最高的。

信用评估机构经常提供公司的素质资讯。举例来说,AAA属于最高素质的公司债,BAA的等级则稍差,BBB代表最低投资等级。不同的信用评估机构,采用的评等符号也不同,投资人可以参考这些资讯。

流动性则是买卖债券需要考虑的另一项要素。我们稍后将详细说明,为什么流动性是债券的重要定价因子。债券流动性通常可以由发行数量反映出来,美国政府公债的市场流动性最高。在一般营业时间内,投资人随时都可以买卖政府公债。

如果一家小型企业只发行少量债券,这种债券经常很难找到买家或卖家。对于债券价格而言,缺乏市场流动性是一项负面因素——换言之,流动性不佳的债券,投资人要求的殖利率通常较高。如果某家公司只发行少量债券,买进该债券的投资人数量也不多。因此,若持有人想要卖掉债券的话,恐怕很难找到接手的对象,因为该债券的市场太小。在这种情况下,如果持有人急于脱手,只有在价格方面让步。而由于这方面的风险,流动性欠佳的债券往往必须提供较高的殖利率(较低的价格),使得买方预先取得某种程度的保障。

关于债券特色的讨论,我们可以总结如下:

- 票息　　　　　投资人每年收到的固定收益款项。
- 到期期间　　　借款人偿还本金的时间。
- 价格　　　　　市场决定的价格。
- 当期殖利率　　债券票息除以当时市场价格的百分率。
- 到期殖利率　　按照目前市场价格进行债券投资,到期殖利率可用来衡量,该债券到期本金与收益流量提供的报酬水准。
- 素质　　　　　反映借款人的信用等级。
- 流动性　　　　反映债券的市场流通性或交投热络程度。
- 提前购回条款　借款人有权利提前购回债券。

债券殖利率与经济循环间的关系

为了将长期利率或债券殖利率摆在经济循环的架构内观察,我们必须了解,债券殖利率属于落后指标。当经济由漫长的衰退中逐渐复苏,领先指标已经提早回升,货币供给在几个月之前就已经加速成长。经济成长缓慢的时期,由于 Fed 采用宽松的货币政策,短期实质利率偏低。而随着经济逐渐展露复苏气象,企业的利润率也跟着提高(因为成本下降)。公司开始追加订单来补充库存不足,于是生产量开始增加,同时消费者信心也随着就业情况改善而提高。缓慢的经济成长通常伴随偏低的通货膨胀,因此商品价格缺乏上涨动力。而由于企业投资活动不积极,货币需求不高,所以债券殖利率趋于下跌。

经济复苏初期,虽然企业界着手进行新的投资计划,但借款需求还称不上强劲。在经济由缓慢成长演变为加速成长的过程,最初的征兆是短期利率与长期利率由跌势中回稳——因为借款需求逐渐增加。销售前景与利率走势为企业界打了一剂强心针。失业率也开始下降,工资成长速度回稳。由于整体经济产量增加,商品价格也回稳,甚至开始上涨。通货膨胀也停止下降而回稳。

随着经济情况越来越理想,经济增长率也逐渐攀升到长期水准之上,显示出经济过热的征兆。工厂订单显著成长,消费者信心处于巅峰状态,所得与支出水准偏高,经济产量与就业量屡创新高,商品价格也开始急涨。

为了回应强劲的需求,企业更积极地扩充产量。于是借款增加,工资加速上升,商品价格继续上涨。通货膨胀的压力开始浮现,迫使长期利率水准上升。由于货币需求增加,而且随着通货膨胀威胁逐渐恶化,放款者开始要求提高债券殖利率嵌入的通货膨胀溢价成分,债券殖利率也显著上升(参见图9-1)。随着殖利率上升,债券价格也开始迈入周期性的跌势。在这个阶段,所有的经济循环落后指标都开始上升,反映出企业的成本压力与利润威胁。经过一段适当期间之后,企业界开始采取防御措施,尝试降低营运成本。结果,原材料订单下降,投资活动也因长期利率偏高而减少。

9 债券与经济循环

债券殖利率与通货膨胀的循环转折点同时发生。

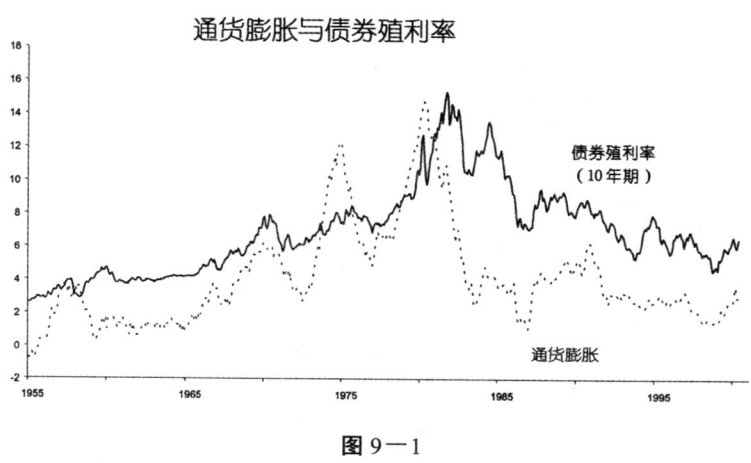

图9—1

现在,整个经济迈入景气循环的下降阶段,包括长期利率在内,所有落后指标都由偏高水准向下反转。这种经济放缓的情况,将持续到成长率向下偏离长期平均水准的2.5%~3%为止。由于投资活动减少、就业人口减少、存货累积、通货膨胀减缓,经济成长可能下降或停滞。随着物价下跌,债券殖利率与企业整体经营成本也趋于下降,债券价格走势终于达到底部。由于货币需求减少,而且放款者对于债券殖利率嵌入的通货膨胀风险溢价也减小,所以债券殖利率出现下降压力。由于相关成本继续下降,企业的获利状况最终会好转,投资机会又开始出现,借款需求又增加,于是进入另一个经济循环的领域。

长期利率与其他所有落后指标都上升,通常也意味着经济处于过热状态,工资与整体通货膨胀加速上升,商品价格持续上涨。当长期利率与其他所有落后指标下降,通常也反映出经济步调开始放缓,工资水准、借款需求与通货膨胀压力都开始减少。

问题是,购买债券的最恰当时机是何时?答案是,当经济成长步调开始放缓的时候,而且所有征兆都显示经济成长将继续走缓,因为货币供给成长率继续下降,主要领先指标走势也明确下滑。一旦经济增长率已经显著低于长期平均水准,而且通货膨胀压力已趋缓或下降,债券价格将开始上涨。反之,当通货膨胀的威胁明显,货币供给成长率继续攀升,整个经济表现非常强劲,债券殖利率势必继续向上挺进,这并不是从事债券投资的好时机。

债券殖利率(或长期利率)与经济循环之间的关系,可以摘要描述如下。此处采用的模型,我们稍早也用它来解释领先指标、同时指标与落后指标之间的关系。在目前的情况下,货币供给成长率是领先指标,工业产量成长率是同时指标,债券殖利率与通货膨胀是落后指标。下列这个模型把相关变数结合在一起:

- 货币供给成长率创峰位,随后将出现……
- 工业产量成长率创峰位,随后将出现……
- 债券殖利率与通货膨胀创峰位,随后将出现……
- 货币供给成长率出现谷底,随后将发生……
- 工业产量成长率出现谷底,随后将发生……
- 债券殖利率与通货膨胀出现谷底,随后将发生……
- 货币供给成长率创峰位。

如此周而复始地演变。

影响债券价格的因素

固定收益证券的价格波动程度,主要取决于三个因素。第一是债券到期期间,第二是票息利率,第三是价格变动开始当时的市场利率水准。债券价格可能受到前述一个或数个因素影响。为了了解个别因素造成的效应,我们将分别讨论。投资人应该尽可能探索这方面的影响,才能根据市场状况变动,拟定适当的债券投资策略。

首先观察债券到期期间。到期期间越长,价格变动越大,价格波动幅度也越高。假定殖利率由7.11%上升为9.48%,或者说,殖利率发生1/3(或33.3%)的变动。对于票息8%的5年期债券来说,价格大约下跌了9%;而票息8%的20年期债券,价格下跌将近21%;票息8%的30年期债券,价格大约下跌23%。总之,假定债券的信用等级与殖利率都相同,相对于特定殖利率变动量,到期期间越长,债券价格变动量越大。

这个现象提供了债券投资的一项重要准则。如果投资组合必须持有特定比例的固定收益证券,一旦预期利率将上升,应该尽可能持有短期证券,把资本损失降到最小。事实上,如果因为经济状况转强,或通货膨胀恶化而导致长期利率攀升,固定收益证券部分最好是持有货币市场交易工具,这些证券的到期期间最短。短期的货币市场交易工具,比较不容易发生资本盈亏。短期票据的价格对于利率变动几乎没有反映,因为借款人在很短时期内,通常是几个星期就会清偿本金。

如果投资人预期利率将下滑,那就应该持有最长期的债券,以赚取最大的资本利得。举例来说,可以选择30年期政府公债。

影响债券价格波动的第二个因素是票息利率,也就是平价状态下的债券殖利率。票息利率越低,价格波动程度越大。假定债券殖利率发生1/3的变动,即由7.11%上升到9.48%。票息8%的20年期债券价格大约会下跌21%;然而同是20年期债券,如果票息利率只有4%,价格则会下跌约24%。由这个例子可以清楚看见,低票息债券的价格波动程度较大。反之,如果利率下跌,低票息债券提供的资本得利潜能也最大,这类债券对于利率变动最敏感。

这种价格行为特质对于债券投资策略也有重要意义。如果投资组合必须持有特定比例的固定收益证券,一旦预期利率将上升,应该尽可能持有高票息证券。如果可能的话,最好完全避免持有债券,就不会发生任何资本亏损,反之,如果预期利率将下跌,最好持有低票息债券,尽可能掌握最大的资本利得潜能。

影响债券价格波动程度的第三个因素,是殖利率发生变动的起始水准。价格变动发生当时的殖利率水准越高,价格波动程度越大。举例来说,假定某人买进殖利率水准为15%的债券,如果殖利率发生变动,这种债券的价格波动程度将大于当初买进殖利率水准为8%或6%的债券。所以,1982年是买进债券的最佳时机,因为当时的10年期政府公债殖利率创下20世纪的最高纪录——15%。事实上,当利率由最高水准反转下滑,第一年的债券投资总报酬(利息收益加上资本利得)甚至大于股票投资。

另外,债券素质也会影响价格。对于其他条件都相同的债券,素质越高,殖利率越低。为什么素质较差债券的殖利率较高呢?因为把资金贷给信用等级较差的借款者,风险自然较高,放款者当然会要求较高的利息作为承担较高风险的额外报酬。因此,对于其他条件都相同的债券,素质较低债券的价格也较低,因为债券殖利率嵌入风险溢价而水准较高。同时,由于低素质债券的风险较高,价格波动程度自然大于高素质债券。

我们稍早曾经提到,美国政府公债是素质最高的债券,也是用来衡量其他债券的基准。关于如何评估债券素质,考量的因素包括:(1)已经发行的其他债务工具数量与成分;(2)发行者现金流量的稳定性;(3)发行者按时清偿债务利息与本金的能力;(4)资产保障;(5)管理能力。

市场流动性是影响债券价格的另一项因素。债券的流动性或市场性将影响殖利率水准,以及该债券与其他债券之间的殖利率差距。市场流动性由两个部分构成:(1)数量,能够买卖而不至于显著影响价格的每笔交易数量;(2)时间,完成特定交易所需的时间长度。假定其他条件都相同,流动性较差的证券,债券价格较低(殖利率较高)。流动性高的债券,能在短时间内完成大量换手,但流动性欠佳的债券,即使数量不大,经常也要花很长一段时间才能完成交易,甚至必须在价格上让步。因此这是很合理的,流动性越高,债券价格波动程度越低。从这一点看来,流动性欠佳也可视为风险成分,因为这类债券不容易在市场上随时买进或卖出。

提前购回保障条款是债券买卖时,需要留意的另一项因素。某些长期债券的发行者,可以在合约到期之前提早购回债券。提前购回条款显然不利于投资人,因为发行者通常在利率下降时提早购回债券,然后依照当时较低的利率另外发行新债券,这种手段称为替续融通。

让我们总结上述的说明。当市场利率发生变动,债券价格的波动程度会受到下列因素影响:

- 到期期间　　　到期时间越长,债券价格变动越大。
- 票息利率　　　票息利率越低,债券价格变动越大。
- 殖利率水准　　殖利率水准越高,债券价格变动越大。
- 债券素质　　　债券素质越低,价格波动程度越大。
- 市场流动性　　流动性越差,债券价格波动越剧烈。

殖利率曲线

利率与商业循环之间的关系,是一个内容非常复杂的主题,关于这方面的了解,很少有分析家能够超越席德尼·荷马。而当我们谈到利率,必须区分短期与长期利率。

短期利率与长期利率之间的关系,提供了许多重要经济资讯,包括利率差所代表的金融市场风险差异,以及经济本身的展望。由于短期利率的波动程度大于长期利率,所以短期利率总是领先变动。

不同到期期间殖利率之间的关系,称为利率期间结构,若将它绘制为曲线,则称为殖利率曲线。图形坐标的纵轴代表殖利率水准,横轴代表到期期间长度。殖利率曲线通常会向右上方倾斜(曲线斜率为正值),意味着短期利率低于长期利率。在某些情况下,殖利率曲线可能呈现水平状,短期利率与长期利率约略相等。唯有在相对罕见的情况下（例如:20 世纪 70 年代与

2000年),短期利率可能上升超过长期利率,殖利率曲线向右下方倾斜(曲线斜率为负数)。如果读者有兴趣的话,可以在彭博(Bloomberg)网站查阅殖利率曲线每天的形状。

从经济循环的角度来看,殖利率曲线斜率可以提供经济循环发展的重要线索。我们可以衡量殖利率曲线的斜率,计算长期债券与三个月国库券的殖利率码差。如果码差缩小,代表殖利率曲线趋于平坦;如果码差扩大,则代表殖利率曲线越来越陡峭。(参见图9-2)

研究经济循环各个阶段的殖利率曲线形状,我们发现一个现象:在经济成长理想、金融市场表现稳定的阶段,殖利率曲线通常会向右上方倾斜(即长期利率高于短期利率)。

整体利率水准倾向于上升时,殖利率曲线也会逐渐平坦,也就是说,长期利率与短期利率之间的码差缩小。当经济由扩张初期阶段的快速成长步调逐渐放缓时,殖利率曲线通常亦趋于平坦。一旦殖利率曲线由平坦转变为向右下方倾斜(即短期利率高于长期利率),意味着经济可能进入衰退阶段,当时的经济情况非常紧俏,金融市场的风险很高。向下倾斜的殖利率曲线,几乎必代表信用紧缩,企业生存空间受到压抑,景气显著衰退,通货膨胀威胁严重。在20世纪70年代就曾经出现过几次类似的情况。

这类事件重演的可能性很小,因为70年代的痛苦经验太深刻了。当时,最严重的问题是通货膨胀,主要是因为管制严格,货币供给快速成长,短期实质利率多年来都低于历史平均水准。除非这些条件再度发生(这是非常不可能的),否则我们的金融状况应会相对稳定。

根据历史资料观察,殖利率曲线是经济成长的重要领先指标。在经济循环的重要转折点,领先程度经常达到几个月。

长期利率与短期利率之间的码差,为什么会成为重要的领先指标呢?因为这项码差代表放款诱因。

银行争取客户存款,存款利率大约对等于90天期国库券利率。然后,银行将存款资金供给企业的长期投资需求,这些贷款适用长期利率。所以,如果长期利率远高于短期利率,银行的获利空间就很大。也就是说,如果殖利率曲线非常陡峭,放款者就有充分动机贷出资金,充裕的流动性将刺激经济景气。反之,如果殖利率曲线趋于平坦,长期利率只不过稍高于短期利率,"借短放长"的获利空间非常有限,银行业者缺乏放款动机。所以,当殖利率曲线趋于平坦,可供企业界或消费者运用的资金很有限,最后会导致整体经济成长趋缓。

如果殖利率曲线向右下方倾斜(斜率为负值),短期利率高于长期利率,银行业者完全没有放款诱因。也就是说,银行利用资金购买国库券,利息收益甚至高于长期放款。这种情况称为信用紧缩,资金拥有者不愿意踏进长期贷款市场。可是,随着殖利率曲线逐渐向右上方倾斜,借短放长的获利空间又逐渐增加,整个经济成长步调又开始加快。

殖利率曲线斜率(计算长期利率与短期利率之间的码差)是经济循环的领先指标。殖利率码差缩小,经济成长减缓;殖利率码差扩大,经济活动趋于热络。

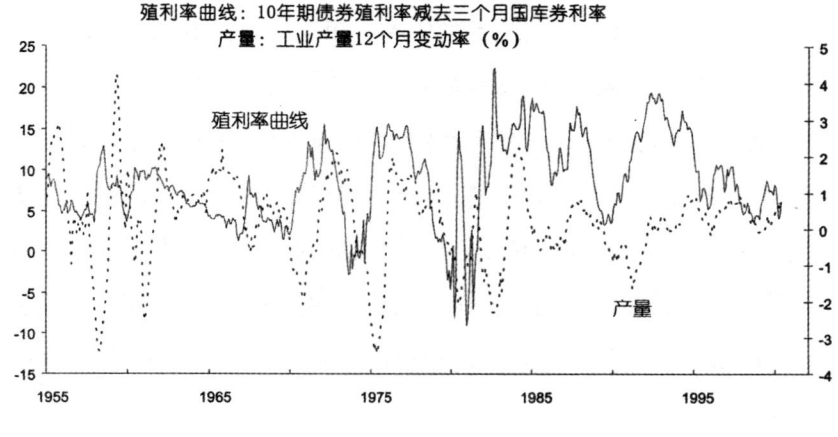

图9—2

我们可以利用领先指标、同时指标与落后指标之间的关系，来摘要总结殖利率曲线（领先指标）、工业产量成长率（同时指标）与短期利率（落后指标）之间的关系：

- 殖利率曲线趋于平坦，随后将出现……
- 工业产量成长减缓，随后将出现……
- 短期利率创峰位而开始下降，随后将出现……
- 殖利率曲线趋于陡峭，随后将出现……
- 工业产量成长步调加快，随后将出现……
- 短期利率上升，随后将出现……
- 殖利率曲线趋于平坦。

如此周而复始地演变。

信用循环

我们稍早曾经提到，到期期间相同而素质不同的公司债，通常殖利率也不同。低素质债券的殖利率较高，因为其中嵌入风险溢价，债券持有人承担额外的风险，所以要求较高的殖利率报酬。比较两种证券的殖利率，方法有两种。第一是直接计算两个殖利率的码差，第二则是计算两个殖利率的比率。举例来说，若某 BAA 等级债券的殖利率为 8.0%，10 年期国库券的殖利率为 7%，两者码差为 1%（两个殖利率的差值）或 0.14（两者的比率差）。

码差变动的驱动力量来自于信用需求与经济循环强度。假定其他条件相同，公司债殖利率必定高于联邦公债，因为联邦公债几乎没有任何信用风险，而且具备充分的市场流动性。在美国政府的保证之下，联邦公债几乎可以确保安全无虞。基于这个缘故，公司债与联邦公债之间的码差（以比率表示）必大于 1。

码差属于经济循环的领先指标，可以作为经济发展与金融市场健全程度的评估参考。当企业界认为未来景气可能好转而开始借款进行投资,码差将逐渐扩大。一旦货币需求增加使得码差扩大,货币供给也会跟着加速成长。由于流动性增加,经济成长开始转强,并进一步驱使信用需求提高。在利率下降或回稳的情况下,码差继续扩大,货币供给也持续加快成长。由于景气转佳会刺激边际借款者进入市场进行投资,所以经济转强也会促使码差扩大。对于这些边际借款者,放款者必须承担较高的信用风险,码差自然也会扩大。因此,随着信用需求提高,以及信用等级较差之借款者人数增加,使得低级与高级债券之间的码差扩大。可是,经济景气所造成的利率上升趋势毕竟有一定限度,因为信用需求不可能无限增加。于是,货币供给将放缓,货币需求也放缓,码差缩小,流动性与投资下降,最后造成经济步调减缓(参见图9—3)。举例来说,在1995年,由于利率下降,信用需求又开始扩增。

当时,货币供给成长步调缓慢,BAA等级债券与10年期公债之间的码差在经济循环谷底的读数大约是1.2(采用比率计算方法)。从此,1960年以来的第8个景气循环迈入复苏,1999年的货币供给成长率上升到15%,BAA等级债券与10年期公债之间的码差也上扬到1.6。当利率在1998—1999年间持续上升,迫使信用需求开始下降,结果造成货币供给成长率与码差都创峰位,而分别向下反转。

一旦经济开始转弱,利率也呈现跌势,直到景气触底而新的投资机会再度浮现为止。自此,码差不再缩小,货币需求增加,结果造成货币供给成长率上升。新的信用循环又开始了。

请注意,就股票价格成长率的变动而言,发生时间是和货币供给成长率/殖利率码差同时。所以,殖利率码差属于经济循环的领先指标,转折点的发生时间,与货币供给成长率/股票价格成长率的转折点位置相同。为什么呢?偏高的殖利率码差可以视为货币需求强劲的表象,最后会导致利率上升。因此,殖利率码差过分扩大,最后会迫使货币供给成长减缓,也影响整个经济成长步调。

MZM 货币供给成长率与债券码差呈现同步的循环形态,此处的码差是 BAA 等级债券与 10 年期公债之间的殖利率差值。因此,如果投资人希望判断货币供给成长率的趋势变动,可以利用债券殖利率码差作为确认指标。

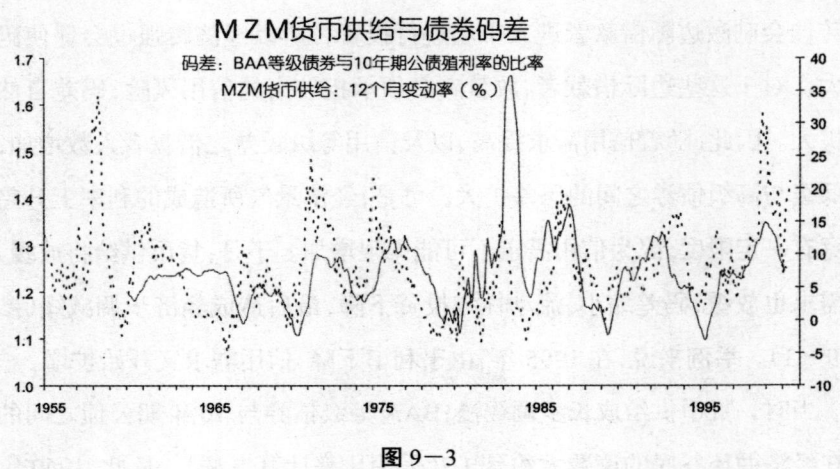

图 9-3

预测债券殖利率

为了预测债券殖利率的变动趋势,请记住长期利率是经济循环的落后指标,所以它们的变动都发生在经济景气已经明显转强的一段很长时间之后。另外,由于债券殖利率也会反映放款人对于通货膨胀的预期,所以殖利率发生转折变动的时间位置,大约与通货膨胀相同。对于经济落后指标的预测,首先应该分析领先指标的趋势,例如:货币供给成长率、殖利率曲线、BAA 等级债券与 10 年期公债之间的信用码差,以及消费者信心。

让我们观察一些典型的现象。经济领先指标连续几个月成长;接着,同时指标,例如:就业水准、所得、销售量与工业产量也开始上升。当这些指标经过几个月的成长之后,落后指标也呈现触底征兆。债券殖利率不再下滑,商品价格出现打底走势,通货膨胀与劳工成本也有缓步加速的现象。

就如同其他落后指标一样,债券殖利率开始回升;当领先指标与同时指标出现连续几个月下降之后,落后指标才出现峰位。换言之,唯有当货币供给成长率至少出现12个月的连续下降走势,而且同时指标也呈现明显疲态,债券殖利率才可能攀上循环峰位。

总之,货币供给成长率强劲上升,整体经济成长状况非常乐观,商品价格上涨,通货膨胀威胁提高,这些现象通常发生在债券处于极端弱势的情况下。这是卖出债券的时机。反之,货币供给成长持续减缓,整个景气十分疲软、商品价格下跌,通货膨胀缓和,这往往意味着债券行情非常乐观。这代表买进债券的良机。

关于债券殖利率的未来趋势变化,债券实质殖利率即政府公债殖利率减去通货膨胀率,是一项具有参考价值的指标。当债券实质殖利率低于历史平均水准,代表整体经济存在通货膨胀压力,因为当时的资金成本低廉(相对于通货膨胀水准而言),足以刺激超额信用需求,使得经济成长步调转快,通货膨胀呈现上升压力。这属于债券的空头环境。反之,如果债券实质殖利率远高于历史平均水准,随后出现下跌或持稳走势的机会很大。一般来说,债券实质殖利率超过4.0%,属于利多征兆;债券实质殖利率低于2.8%,代表债券的利空讯号。计算债券实质殖利率,最好采用10年期公债殖利率减去通货膨胀率,后者是指消费者物价指数最近12个月的成长率。

国家采购经理人协会(National Association of Purchasing Managers)公布的物价指数,也是评估债券殖利率走势的有用参考指标。该指标显示经理人认为采购价格呈现涨势的人数百分率。如果有半数以上经理人认为采购价格上涨,意味着通货膨胀压力很大,这自然不利于债券投资。如果这项价格指数下跌到50%之下,代表通货膨胀压力舒缓,当时的经济环境适合债券投资。

国家采购经理人协会每个月提出物价指数报告,这方面的资料可以通过互联网查询。这项指标的读数基本上在50%左右波动。如果读数超过50%,显示经济成长快速,景气繁荣。这种情况下,债券殖利率具有上升倾向。

如果指标读数低于50%，债券殖利率倾向于下降，适合买进债券。

　　货币供给成长率与名目GDP成长率之间的关系，也有助于判断债券殖利率走势。如果货币供给量（例如：MZM）成长速度超过名目GDP，意味着信用扩张速度快于经济成长，物价可能加速上升，债券殖利率也有上升压力。这种情况下，应该卖出债券。反之，如果货币供给成长率低于经济增长率，经济活动趋缓，通货膨胀压力减小，最后会导致债券殖利率下降。这种情况下，适合买进债券。请参考图9-4，我们发现，5年期公债殖利率与GDP成长率的走势相当一致。

　　关于债券殖利率走势，还可以参考另一项指标。一般来说，商品价格走势都领先长期利率。密切观察黄金与原油价格，以及铜与铝之类的原始物料价格，这些价格资料经常有助于判断经济状况，尤其是制造业的活络程度。商品价格上涨，债券殖利率也存在上升动力。反之，如果经济成长减缓，商品价格下跌，债券殖利率也会趋于下跌，至少很难继续上升，有助于债券价格向上挺进。

债券殖利率水准受到名目GDP成长率（扣减通货膨胀率之前的数据）的影响。

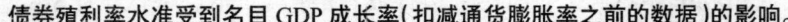

图9-4

投资人务必留意，债券殖利率具有显著的季节性形态。由 11 月底到 5 月初之间，债券殖利率具有上升趋势，由 6 月到 11 月底之间，殖利率走势则趋于稳定或下降。根据多年以来的历史资料观察，债券确实存在这种奇怪的季节性形态，或许是因为夏天的经济发展步调较慢，信用融通需求较低。换言之，夏天的货币需求较少，债券殖利率也比较稳定。

由于债券殖利率与通货膨胀属于落后指标，我们可以通过领先指标、同时指标与落后指标之间的关系来预测债券殖利率走势。就这方面来说，领先指标包括货币供给成长率、债券殖利率码差与殖利率曲线；同时指标为工业产量成长率；落后指标为通货膨胀与债券殖利率：

- 货币供给成长率出现峰位而向下反转，随后将出现……
- 工业产量成长率下降，随后将出现……
- 通货膨胀与债券殖利率下滑，随后将出现……
- 货币供给成长率与殖利率码差见底回升，殖利率曲线趋于陡峭，随后将出现……
- 工业产量成长步调加快，随后将出现……
- 债券殖利率与通货膨胀率见底回升，随后将出现……
- 货币供给成长率、殖利率码差出现峰位而下滑，殖利率曲线趋于平坦。

如此周而复始地演变。

投资人也应该运用债券实质殖利率的资料，借以判断殖利率的后续走势方向。如果债券实质殖利率偏低，通常意味着殖利率随后可能出现暴升走势。反之，如果实质殖利率水准偏高，通常意味着殖利率可能处在峰位附近。当然，这方面的预测也应该考虑短期实质利率对于整体通货膨胀趋势的影响。

投资建议

某些情况下适合买进债券或投资长期债券共同基金：经济成长减缓，货币供给速度下降，债券实质殖利率水准偏高，采购经理人指数跌破50%，商品价格下跌。

可是，一旦经济状况出现转强的征兆，例如：货币供给成长率持续上扬，商品价格上涨，消费者信心呈现极度乐观，债券实质殖利率偏低，采购经理人指数上升超过50%，投资人就必须注意债券殖利率可能即将触底。这种情况下，投资人应该缩短固定收益投资组合的到期期间，把资金转移到短期债务工具，防范资本亏损的可能性，因为短期债券对于殖利率变动的价格敏感性较低。

如果察觉经济有转强的征兆，就应该转攻为守，更进一步缩短固定收益证券投资组合的到期期间。或者，也可以考虑缩小固定收益证券组合的规模，把部分资金转移到货币市场。

请注意，任何投资规划都需要保持弹性策略，债券也不例外。当殖利率呈现下降或走稳趋势，投资人就应该逐渐增长债券投资组合的到期期间。一旦殖利率呈现走高趋势，就应该缩短债券的到期期间，尽量降低资本亏损可能造成的伤害。

码差大幅扩大的信用循环紧俏期间，往往是买进短期低级债券的时机，因为低级债券偏离公债的殖利率码差最大。这是锁定偏高利率的好方法之一。在这种情况下，应该基于收益考量而买进短期债券。这是安全而明智的策略，能够有效掌握信用循环提供的机会。

另外，请注意，一旦殖利率上升，债券价格将下跌，债券投资人也会蒙受资本亏损。反之，经济成长减缓则代表买进债券的理想机会，因为利率一旦开始下跌，投资人不仅可以锁定稍早较高的殖利率，而且还享有债券价格上涨的资本利得。

如果预期债券殖利率将上升，就应该慢慢卖出债券，尽可能把资金转移到短期债券、国库券或货币市场共同基金。如果投资人准备利用债券共同基金来应对债券的价格循环波动，应该卖掉债券共同基金，把资金转移到国库券或货币市场共同基金。

在两种不同投资工具之间进行转换操作，这项决策很重要，因为风险／报酬结构显然不同。当投资人买进债券的时候可以确定一点：定期取得票息收益，到期取得本金。这也是为什么债券被公认为属于较安全投资工具的理由。只要继续持有债券至到期，就不会发生资本损失，如果债券没有违约的话。

可是，采用"买进而继续持有"的策略，显然要付出代价，债券投资组合的总报酬可能受到影响。如果利率上升，投资人应该预先把长期债券转换为短期交易工具，等到利率恢复下降走势，再把资金转回长期债券。所以，按照经济循环而弹性操作两种不同投资工具，总报酬显然高于单纯的买进而继续持有债券，虽然后者属于安全的策略。

另一种方法是买进债券共同基金。在这种情况下，就没有所谓的面值，但共同基金的净资产价值将随着利率变动而变化——利率上升，基金净资产价值下降；利率下降，净资产价值上升。相对于直接买进债券来说，投资债券共同基金的风险较高，因为债券基金没有特定到期时间，将来不保证支付特定金额。

投资组合内持有部分债券，可以降低投资组合价值的波动程度，提供安全缓冲的功能。可是，这么一来，当利率下跌的时候，投资人不能通过其他投资工具取得更大获利机会。另外，如果债券投资采用"买进／持有"策略，报酬显然低于本书建议的弹性操作方法——在利率循环的转折点，灵活买卖债券。如果你希望降低整体投资组合的价值波动，重点不在于持有多少债券，最重要的是如何随着经济循环波动而弹性调整策略。

10
股票市场与经济循环

经过先前几章的说明,我们了解了风险如何变动,也了解了如何通过经济与金融指标来协助评估风险方向的变动。为了确实了解风险的性质,我们必须掌握经济指标之间的互动关系。就这方面来说,我们通过简单的经济循环来说明经济指标之间的关系,并且在经济与金融循环分析的最后提出一项结论,把大多数指标归纳为三类:领先指标、落后指标与同时指标。

在我们运用的模型中,三类指标间的摘要关系如下:

- 领先指标成长率创峰位而下降,随后将出现……
- 同时指标成长率创峰位而下降,随后将出现……
- 落后指标成长率创峰位而下降,随后将出现……
- 领先指标成长率触底而回升,随后将出现……
- 同时指标成长率触底而回升,随后将出现……
- 落后指标成长率触底而回升,随后将出现……
- 领先指标成长率创峰位而下降。

如此周而复始地循环。

前面几章提到的一些最重要领先指标包括：

- 货币供给成长率；
- 股票价格；
- BAA等级公司债与政府公债之间的信用码差；
- 殖利率曲线；
- 美元。

最重要的同时指标包括：

- 工业产量；
- 所得；
- 零售销售量；
- 就业水准。

最重要的落后指标包括：

- 短期利率与长期利率；
- 单位劳工成本变动量；
- 消费者物价变动；
- 生产者物价变动；
- 商品价格变动；
- 存货变动；
- 消费者分期付款信用变动。

我们知道，领先指标强劲成长代表经济热络的征兆，最终将带动同时指标走高。在领先指标与同时指标显著成长之后，一旦落后指标也开始快速攀升，往往意味着金融市场风险提高。由于股票价格属于领先指标，当通货膨胀、债券殖利率、短期利率、单位劳工成本等落后指标开始上升，通常代表着股票市场将出现剧烈波动。因此，落后指标上升应被视为股市风险提高的警讯，股票投资人应该采取适当防御措施。反之，如果落后指标下降，意味着股票市场风险下降，股价可能走高。

我们也曾经探讨经济成长的长期趋势,以及它们如何受到短期实质利率的影响。短期实质利率偏低,经常造成通货膨胀压力,短期实质利率偏高,经常能够舒缓物价压力或维持物价稳定。由于短期实质利率扮演重要的角色,我们也讨论联邦储备银行如何控制短期利率,以及如何影响货币供给成长率。由于这些变数对于经济与金融市场的冲击重大,我们也讨论商品、通货膨胀程序与美元走势的影响。

通货膨胀趋势对于长期利率或债券殖利率的走势方向具有绝对影响力。我们通过这项关系建立一种债券操作准则,换言之,通过通货膨胀的强弱而预测债券殖利率走势。债券投资策略与经济循环之间存在密切关系。经济热络经常伴随着偏高的长期利率,经济迟缓则造成长期资本需求不振,使得长期利率下降。

所有这些变动都相互关联,对于股票市场构成重大影响。接下来,我们准备利用两章篇幅处理这方面的问题。本章打算说明经济循环如何影响股票持有人的风险结构。最重要的关键问题包括:投资人应该增加或减少股票风险?是否应该持有100%的股票?

我们准备通过前几章的资料来回答上述问题。

股票长期报酬与策略

本节准备讨论股票长期投资的意义究竟如何,并且说明这种策略的真正含义。一般认为股票长期投资是非常可行的策略,因为股票价格呈现长期上涨趋势,每年的资本利得报酬大约是7%,股利收益大约是3%,所以每年的总报酬平均介于10%到11%之间(顺便提一点,货币供给的长期成长率也大约是7%)。

前述论证的重点是:投资人应该长期持有股票,不应该尝试猜测行情转折,因为股票投资的长期报酬非常可观。可是,除非我们活在理想的世界,除非一切都可以事先预期,否则前述说法未必可靠。让我们看看为什么。

首先,我们必须厘清"长期"的意义。事实上,所谓"长期",唯有在事后才有意义。让我们观察过去一些历史发展。以道·琼斯工业指数为例,1900年的读数为77.60,1922年的读数为63.90,1932年的读数为50.16。所以,假定某位投资人在1900年投资股票(买进道·琼斯工业指数),准备长期持有,结果在32年之后将蒙受严重损失。

再看看另一个例子。1928年的S&P 500指数为17.66点,1949年的读数为16.76点。如果某人在这段时间内从事股票长期投资,那么21年之内几乎没有任何资本利得可言。让我们再看看最近的例子。1968年的S&P 500指数为100.53点,当时的短期利率为5%。1982年的S&P 500指数为109.65点,当时的短期利率为20%。显然,在这14年期间内,买进/持有策略创造的报酬非常有限;事实上,挑选股票作为投资对象就相当不明智,因为这段时期的短期利率平均水准将近10%,20世纪70年代末期的水准甚至高达20%。

总之,"长期"是理想世界的用词,因为股票市场可能在长达20年或25年的期间内没有提供任何报酬。反之,在1945年到1968年之间,或在1982年到1999年之间,股票提供将近20%的报酬。我们在文献上读到的股票长期平均报酬率,通常涵盖很长一段没有任何报酬的期间,另外涵盖一段报酬率高达20%的期间。过去一个世纪以来,股票市场大约有一半时间没有提供任何报酬。

我们举这个例子只是要强调一点,投资世界里没有简单的事情,投资人随时都必须留意金融环境的变化。如果未来发展类似于20世纪最初45年的情况,而投资人打算在15年之后退休,那么股票长期投资的结果恐怕不甚乐观。赚钱没有捷径,拟定任何投资决策都务必留意整体金融与经济状况的演变。投资人应尝试了解各种可行的投资工具,以及它们的风险/报酬结构。举例来说,在20世纪70年代,投资标的应该是现金与实质资产,因为当时的通货膨胀压力极大,联邦储备银行采用宽松的货币政策。由于通货膨胀压力很大,实质资产,例如房地产、艺术品、钱币、黄金或其他商品的价格飙涨。同一段时期内,随着利率屡创历史新高,股票与债券价格也暴跌。

因此,本章的主要目的是让读者了解投资时机。身为投资者,你能够期待什么?应该追求什么?所面临的是什么样的风险?当投资人观察金融市场时,应考虑两个问题:投资手段应该更积极还是应保守一点?我所面对的是什么样的行情?接下来,我们准备回答这些问题。

股票价格与经济循环

为了深入了解股票市场与经济循环之间的关系,不妨把股票市场看成是规模庞大的资金水库,人们需要的时候可以由此取得资金。投资人可以把不需要的资金存放于股票市场蓄水库,使得蓄水量上升。反之,当投资人需要把资金挪到其他用途,水库的蓄水量就下降。

你可以把经济循环转折看成是股票市场蓄水库的控制闸门。当景气情况好转,经济成长快速,到处都是投资机会,企业界急需资金来扩充产能或购买新设备,于是企业的获利能力提高。这类投资机会的报酬率可能高达40%或50%,显然超过股市所能提供的报酬水准。因此,当经济运转热络,景气展望乐观,投资人把资金由蓄水库,也就是股票市场,转移到经济体系的实质面。

当经济成长步调迟缓,没有什么投资机会,生意人、投资人与消费者纷纷都把没有其他用途的资金转移到股票市场。他们把资金暂时"停放"在股票市场,等待其他投资机会。这种思考架构可以解释一种现象:景气非常繁荣,股票市场的绩效反而很差,经济表现迟缓,股票市场提供的报酬反而在平均水准之上。当经济增长率高达3%或4%之上,股票投资人就面临高度风险。这种情况下,股票市场的价格波动转剧,只有少数类股还能够维持上升动能。反之,当经济表现疲弱不振,成长速度低于长期平均水准,由于资金流入股票市场,整体大盘反而呈现杰出的上涨走势。稍后,我们会更深入说明如何衡量与评估这些风险与机会。

某些分析家认为,股票市场具有展望未来的能力。根据传统的看法,当经济状况很差的时候,股票市场的表现反而强劲,主要是因为股票市场预期未来的经济状况将好转,企业盈余将提高。这种说法不太具有说服力,因为市场是由投资人汇集而成,但绝大部分投资人对于经济成长状况或股票市场表现的预测能力都很差。如果市场构成分子没有展望未来的能力,整体市场如何具备这方面的能力呢?

股票市场会根据经济状况的演变而自动调整,当经济实质面不能提供投资机会,资金将汇集到股市,股价表现只不过是反映资金转移的结果。这种说法似乎比较切合实际。反之,当某特定行业或领域出现较佳投资机会,能够提供较高报酬,资金就由股市流到经济实体面。

企业盈余成长率等于名目 GDP 的成长率;换言之,企业成长率等于经济增长率。自从 1946 年以来,名目 GDP 每年的成长率平均大约是 7%。股票价格的成长步调约略对等于 GDP,大体上反映整体经济在同一段期间内的财富累积速度。企业盈余只不过是某个更大、更重要架构的一部分。

股价的长期成长率为 8%,这只不过是反映整体经济的成长率;公司盈余成长率也是 8%,这只不过是确认企业活动累积财富的趋势。请注意,企业盈余与股票市场表现之间并不存在因果关系。企业盈余与股票价格都是由相同力量所驱动:资金成长趋势与整体经济状况。

企业盈余对于股票价格趋势应该有短期的影响吧?公司盈余在一两年内的杰出表现,只不过是反映当时的经济状况强劲,企业销售量大幅提升,但成本方面还没有出现对应的波动。让我们看看 1994 年的例子。整体经济表现强劲,S&P 500 指数成分股的每股盈余大幅成长 34%。根据一般的看法,股票市场也应该表现得很理想。可是,结论不要下得太快。相同期间内,商品价格也大幅飙涨,债券殖利率快速上升,国库券利率也上扬。虽然企业盈余成长强劲,但因为商品价格、利率水准都因为经济过热而上升,股票市场实际上反而下跌4%。

让我们再看看1998年的状况,企业盈余每股下跌6%。受到亚洲金融风暴的影响,经济展望不甚乐观,商品价格与利率水准都下滑。可是,虽然企业盈余表现欠佳,但因为经济成长疲软,股票市场并没有让人失望。事实上,股票市场飙涨31%。

请注意,企业盈余的杰出表现,往往代表经济状况非常强劲,不要忘记"资金蓄水库"的概念,资金由股票市场流往经济实体面。所以,强劲的经济代表弱势的股票市场,弱势的经济代表强劲的股价表现,股票市场表现与企业盈余无关(请参考图8-3)。

这是否意味着企业盈余完全不重要?当然不是如此。涉及个别股票的选股策略尤其要考虑公司盈余,下一章会更深入地解释这个观念。可是,我希望强调一个重点,投资人不应该把企业盈余视为购买股票的合理化动机,因为盈余绩效强劲并不代表股价表现理想。总之请记住,企业盈余表现杰出,通常都意味着经济成长强劲,所以股票市场的行情走势都不会太好。

股票市场是衡量资金流动性的参考,属于非常重要的经济循环领先指标。股票市场表现强劲,意味着经济体系也将有强劲表现,但很多资金将因此流入经济实体面。股票市场疲软不堪,显示经济状况也将转差,资金将由经济体系转入股票市场。当落后指标开始向上攀升,投资人就应该开始担心股票市场。这代表经济表现已经过热,资金将逐渐由股票市场转移到经济实体面。

反之,当落后指标开始下降或走稳,代表经济成长没有过热的疑虑。换言之,经济成长稳定,成长步调在可以接受的范围内。在这种情况下,股市应该没有问题。

评估股票市场风险

评估股票市场的风险,症结不是无法及时取得金融资讯。真正的问题出在情绪方面。本节讨论的资料可以作为有用的参考准则,供你评估股票市场的风险。可是,难处是如何让自己相信资料所显示的一切。这是投资人普遍存在的问题,基本上都是因为贪婪的缘故。"行情不是继续上涨吗?为什么现在要卖出?为什么不顺其自然?我至少也可以赚取长期平均报酬。"(情况显然不是如此)真正的问题是:如何客观认识资料所告诉你的一切。关于风险管理,投资人尝试以最客观、最专业的态度来处理。

以下讨论风险衡量的参考准则,协助你回答一个问题:现在是否应该100%的投入股票市场?越多指标显示你不应该投资股票,就应该把越多比例的资金转到货币市场交易工具,例如13周国库券或货币市场共同基金。

1. 经济状况

经济呈现强劲表现,失业率显著偏低,而且货币供给稍早曾经明显加速成长,这通常代表股票多头市场的严重警讯(参见图10-1)。同时指标(经济增长率)与领先指标(货币供给成长率)超越平均水准,这种强劲而持续的成长走势很可能造成过热现象。当经济状况舒缓,成长速度低于平均水准,失业率上升,整个体系呈现些许痛苦阴影,新闻媒体经常提到"软着陆"与经济衰退的可能性,而且领先指标稍早曾经出现延伸性下降走势,通常意味着股票市场的风险偏低。

2. 金融循环

绘制各种定义货币供给(M1、M2、M3与MZM)12个月期的成长率,以及最近几十年的调整后货币基准成长率,将这些图形并列,最能够清楚显示金融循环的周期性。另外,把某种货币供给衡量指标走势图与其他领先、同时与落后指标图形并列,就能看见活生生的经济与金融循环趋势。

10 股票市场与经济循环

股票市场表现与其他经济现象间存在关联，包括经济循环以及商品价格与利率趋势。当经济表现强劲时，商品价格与利率通常也处在上升走势，股票则呈现弱势；反之，当经济活动趋缓，商品价格与利率下滑，股票市场的表现通常最理想。

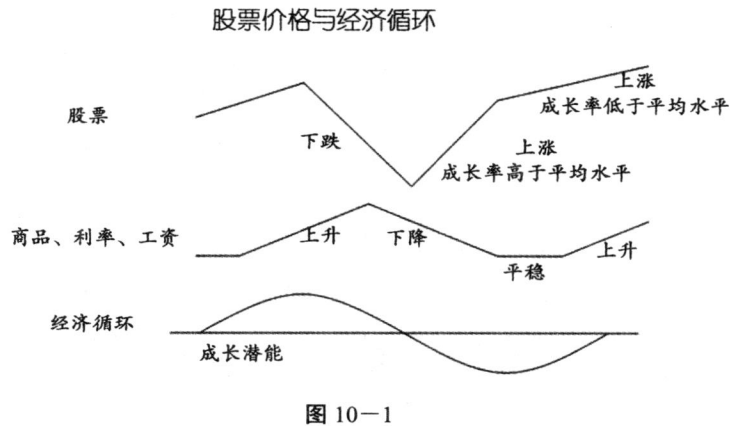

图 10-1

如图 10-2，其中显示货币供给与 S&P 500 指数的 12 个月期成长率走势，说明股价与货币供给间的关系。

这份图形也显示 12 个月期货币供给成长率与短期利率之间的重要关系。我们发现，短期利率下降之后，货币供给成长率就紧跟着上升，后者有利于股票市场。反之，短期利率上升之后，货币供给成长率紧跟着下降，这不利于股票市场的发展。

由策略角度考虑，在货币供给加速成长的期间，股票市场的投资风险低于货币供给减速成长的期间，这部分内容请参考第 7 章金融循环的讨论。进行这方面的分析，很容易通过圣路易联邦储备银行的网站取得相关资料。这个网站的 FRED 资料库可以提供所需资料。

货币供给成长率与股票价格成长率之间保持密切的关联。货币供给成长减缓，股市的表现通常也欠佳。

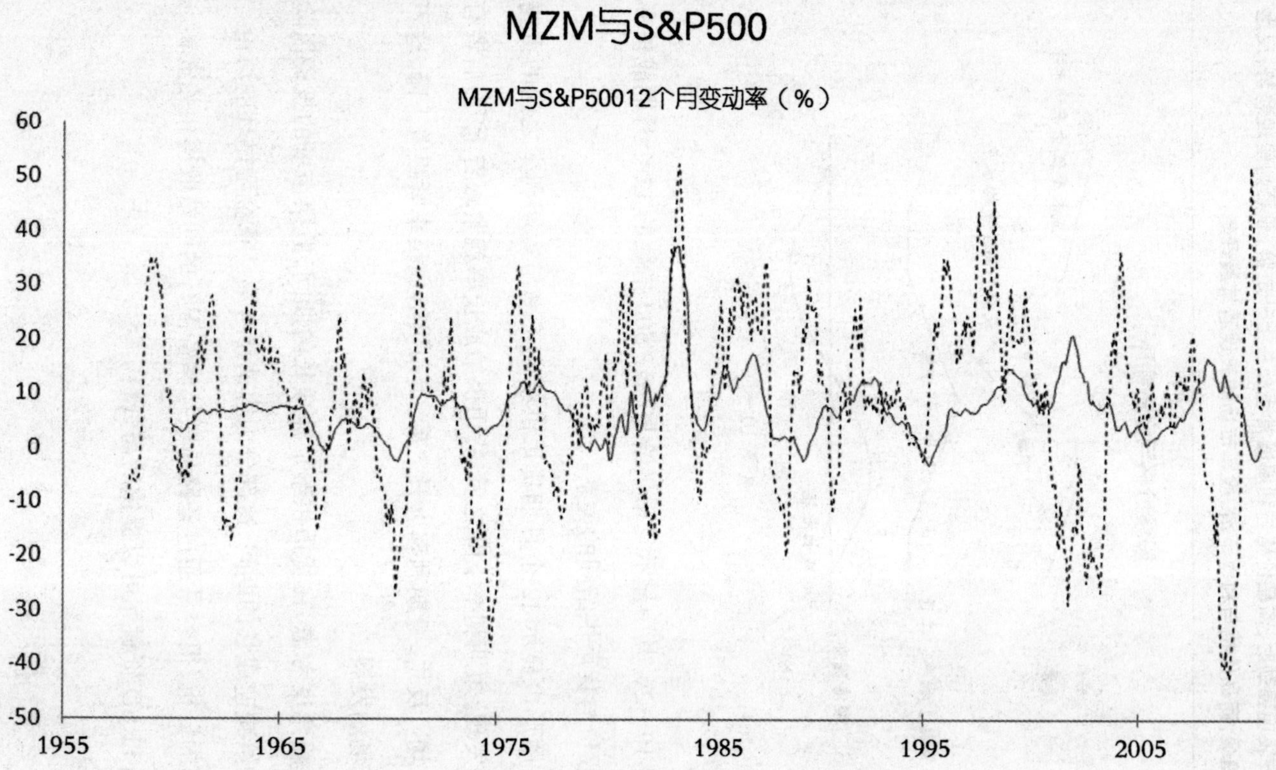

MZM与S&P500

MZM与S&P500 12个月变动率（%）

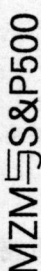

图10—2

3. 短期利率

短期利率处于跌势或稳定状态,通常意味着经济成长趋缓,成长步调接近或低于2.5%到3%之间。这类状况下,股市的风险不高,投资人应该积极介入。股票市场的涨势相当普遍,不难挑选适当的个别股票。当经济状况趋于活络,短期利率呈现上升趋势,这个时候才需要担心股票投资。这段期间内,需要谨慎挑选类股或个股,选股策略变得很重要。另外,这类状况下,最好也调高现金比率。一般来说,在短期利率开始向上反转的两三个月之后,就应该积极减少股票投资。请注意,对于当时的行情来说,现金由货币市场赚取的收益,经常高于股票市场提供的报酬。态度保守的投资人甚至可以考虑把100%的资金由股票市场转移到货币市场,后者的平均殖利率可能高于前者的报酬率。一旦短期利率处于涨势,股票行情难免出现剧烈波动,把资金完全移往货币市场,或许属于最稳当的策略,而且心理负担也较轻。

由于利率属于落后指标,利率循环的谷底位置发生在股票价格(领先指标)的峰位之前。如果我们颠倒绘制利率走势图,那么利率循环的峰位／谷底将发生在股份峰位／谷底之前。比较利率变动率(颠倒绘制)与股价变动率,我们发现领先时间相当稳定。

4. 商品价格

商品价格趋势可以用来确认短期利率走势,此处所谓的商品价格,是指商品研究局(CRB)编制的工业原材料(现货)指数。所以,如果短期利率上升,而且商品价格也处于涨势,如此就可以确认经济状况相当强劲,对于股票市场将产生不利影响(参考图10-1)。

反之,假设短期利率与商品价格都下跌,如此可以确认经济成长趋缓,景气状况转弱。在这种环境下,股票市场将重新展现吸引力。如果商品价格在一段下跌走势之后回稳,经济状况明显改善而转强,这可能引导短期利率跌势也回稳。总之,商品价格趋势可以用来确认短期利率走势提供的讯号。

另外,请注意,如果短期实质利率水准偏高,那么商品价格的涨势就不会太显著,通货膨胀也不至于构成严重威胁。

5. 通货膨胀与债券殖利率

通货膨胀是影响股票市场表现的最重要因素之一。20世纪70年代的案例就足以充分说明这一点,不论从长期或短期角度来说都是如此。如果单位劳工成本或通货膨胀的上升步调显著转快,这意味着经济发展可能过热,绝对会造成股票市场的负面影响。通货膨胀恶化,为什么会造成债券殖利率上升呢?因为债券买方所要求的通货膨胀溢价将提高。就如同短期利率一样,当债券殖利率开始走高,股票市场接近峰位的时间就不远了。

反之,如果通货膨胀压力减轻,债券殖利率下滑,通常代表经济成长趋缓,物价上涨不至于构成威胁,这种环境显然对于股票市场有利。我们可以把这些关系摆在经济/金融循环的架构上观察:

- 货币供给与股票价格成长率(两者都属于领先指标)创峰位而下降,随后将出现……
- 经济增长率(同时指标)创峰位而下降,随后出现……
- 通货膨胀与债券殖利率(两者都属于落后指标)创峰位而下降,随后将出现……
- 货币供给与股价成长率触底而回升,随后将出现……
- 经济增长率触底而回升,随后将出现……
- 通货膨胀与债券殖利率触底而回升,随后将出现……
- 货币供给与股票价格成长率创峰位而下降。

如此周而复始地循环。

债券殖利率是反映股票市场随后走势的最佳领先指标。债券殖利率一旦出现谷底,股票价格峰位就不远了——债券殖利率与通货膨胀的峰位总是发生在股票价格谷底之前。这是经济循环领先指标与落后指标之间的典型关系,股票价格属于领先指标,债券殖利率与通货膨胀属于落后指标。

6. 债券殖利率与股票本益比

前一节曾提到,债券殖利率趋势对于股票价格走势的影响很大。所以,投资人应该密切追踪债券殖利率的发展,借以判断股票市场究竟处在价格高估或低估状态。

如何判断股票的适当价值水准呢?债券殖利率与股价本益比之间的历史关系,是非常有用的参考指标。图10-3就显示10年期公债殖利率(横轴)与S&P 500指数本益比(纵轴)之间的关系,涵盖期间长达20年,图形中的每一点都代表月份读数。

我们发现,债券殖利率与股票本益比之间存在反向变动的关系。换言之,债券殖利率越高,股价本益比越低;债券殖利率越低,股价本益比越高。按这份图形观察,债券殖利率越高,投资人认定的股市合理价值就越低;反之,债券殖利率越低,股市的合理价值就越高。

债券殖利率与股票本益比之间,为什么存在反向变动的关系呢?债券殖利率偏高,意味着通货膨胀压力很大,经济前景不确定,类似如20世纪70年代的状况。这种环境下,投资人对于公司每1美元既有盈余所愿意支付的价格都降低,所以本益比下降。投资人认为市场风险提高,经济前景非常不确定,公司既有盈余代表的价值下降。反之,债券殖利率下降,意味着经济将由弱转强,投资人对于每1美元既有盈余所愿意支付的价格都提高,因为企业盈余成长的未来展望乐观。

举例来说,假定目前的债券殖利率为12%。根据图10-3观察,如果10年期债券殖利率为12%,历史本益比介于9倍到14倍之间。在这种情况下,如果目前的股票市场本益比为9倍,意味着股价偏低,可以考虑积极介入。反之,如果目前的股价本益比为14倍,代表股价已经处在历史最高水准,因为根据过去的历史资料显示,当10年期公债殖利率为12%时,股价本益比从来没有超过14倍。在这种情形下,一旦股价接近14倍本益比,就必须非常小心。

S&P 500 指数本益比与债券殖利率之间存在明显的关系。对于特定水准的殖利率,投资人可以评估当时的股价是否高估或低估。

债券殖利率与股票本益比

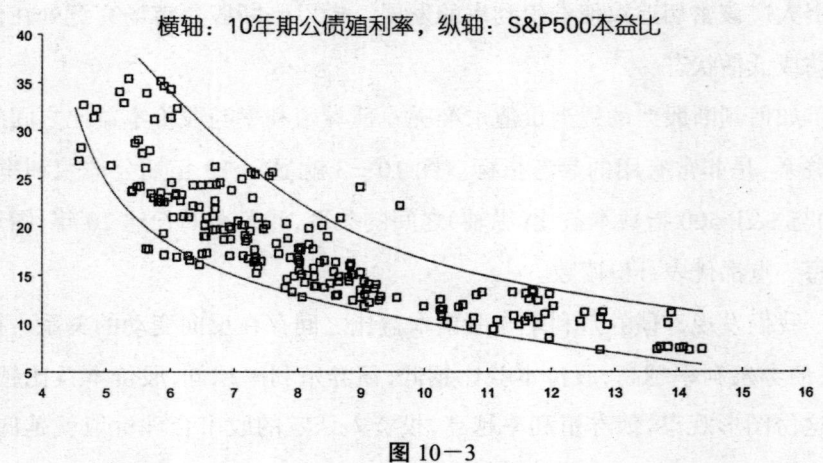

图 10—3

同样的,如果债券殖利率为 10%,历史资料显示股价本益比介于 11 倍到 20 倍之间。所以,假定债券殖利率为 10%,如果当时的股票本益比为 11 倍,意味着股价偏低;反之,如果股价本益比非常接近 20 倍,代表股价已经偏高,风险很大。

假如历史资料确实可靠的话,对于 8% 的债券殖利率,股票本益比应该位于 13 倍到 25 倍之间。如果当时的股价本益比接近 13 倍,代表股价偏低,介入股票市场的风险不高;反之,如果本益比接近 25 倍,意味着股价已经偏高,继续持有股票的风险不小。总之,观察债券殖利率与股票本益比之间的历史关系,往往可以让我们大致了解股票市场的价值究竟是高估或低估,也可以约略掌握当时的风险状况。

20 世纪 90 年代末期,股票市场本益比接近 33 倍,债券殖利率为 6%。股票价格明显高估,风险很大,股票市场属于高风险投资环境。为什么呢?因为根据历史统计数据显示,当债券殖利率为 6% 时,股价本益比从来没有越过

33倍。所以，在这种情况下，投资人应该减少持股数量。反之，相对于10年期公债殖利率，如果股票本益比偏低，投资人就可以慢慢增加持股数量。

7. 殖利率曲线

短期利率与长期利率之间的相对变动量，可以提供许多重要资料与线索，借以判断股票市场的机会与风险。我们可以计算长期利率与短期利率之间的利率差，用来衡量殖利率曲线的斜率。如果利率差扩大，殖利率曲线变得更陡峭；如果利率差缩小，殖利率曲线变得更平坦。请注意，当我们利用殖利率曲线形状变动来归纳任何结论时，务必参考货币供给成长率的分析资料。

殖利率曲线变得陡峭，这是经济状况转强的重要领先指标。所以，殖利率曲线的形状变得陡峭，意味着股票市场的风险提高，因为经济状况转强。

反之，如果殖利率曲线变得平坦，即长期利率与短期利率之间的利率差缩小，经济成长速度减缓，股票市场的风险也相对减小。因此，一旦殖利率曲线形状趋于平坦，股价上涨的可能性就提高。举例来说，由1994年到1995年底之间，10年期公债与国库券之间的利率差缩小，1995年的经济成长步调显著放慢，短期利率下滑，这种情况使得当时的股票市场走势强劲。

反之，由1998年底到1999年中，殖利率曲线形状变得更陡峭，随后的经济表现得非常强劲，最终导致短期利率上涨，使得1999年与2000年的股市蒙上了阴影。

8. 美元

如同我们稍早说明的，一个国家的通货币值可以反映这个国家的经济健全程度。如果币值坚稳，代表这个国家的经济表现强劲，没有通货膨胀压力，经济环境稳定，实质利率偏高。这都是股票市场得以蓬勃发展的条件。反之，币值疲软显示这个国家的经济不稳定，有结构性问题，通货膨胀压力大——这绝对不是股票市场展现多头行情的环境。所以，当我们拟订股票投资计划时,千万要记得观察美元汇率走势。

如果美元走势强劲,相对于欧元、日元与其他主要货币的汇率升值,这意味着美国经济发展稳定,股票价格具备上涨条件。反之,如果美元汇率走势疲弱不堪,通常意味着通货膨胀恶化,经济发展过热,整个经济环境不利于股票市场。美元相对于某种货币呈现贬值,代表你需要用更多美元才能购买一单位的该种货币。从另一个角度说,只需要更少单位的该种货币就能购买一美元。举例来说,如果日元兑换美元的汇率由120上涨到110,这代表日元升值或美元贬值,因为每一美元原本可以兑换120日元,现在只能兑换110日元。对于美国投资人来说,为了避免美元贬值带来的损失,只有购买强势货币国家的资产,或购买足以对抗商品价格上涨与通货膨胀恶化的资产,例如:房地产。

所以,美元走势是评估股票投资计划的重要参考指标之一。例如,若投资人担心股票市场可能回调整理,但预期美元币值强劲,兑换主要货币的汇率趋于上涨,那么股票市场的弱势表现很可能只属于暂时的,应该很快恢复上升动能。

反之,如果股票市场的走势强劲,看法普遍乐观,但美元兑换其他主要货币的汇率走势疲软,股票市场可能很快就会出现调整走势。面临这种状况,股票投资人最好减仓应对。

9. 公用事业类股

公用事业类股通常都涉及金额庞大的基本投资,股份对于利率走势非常敏感。如果经济条件显示利率即将上升,公用事业类股通常都会领先大盘走跌。反之,若利率出现下降走势,公用事业类股则会领先大盘走强。

所以,公用事业类股的走势,往往可以反映股票市场面临的风险程度。如果公用事业类股相对于整体市场的走势疲弱,通常意味着股票市场的涨势已经接近峰位,风险极高。反之,如果公用事业类股趋势强劲,通常代表股票市场的风险不高,可以积极投入股市。

10. 成交量

成交量是评估股票市场走势的重要指标,非常值得参考。成交量可以显示股票价格走势是否具备健全基础。成交量扩大,是股价上涨的征兆。成交量代表买进力量,唯有成交量扩大,股价才能上涨。

成交量萎缩,意味着市场参与力道不足,买进意愿不强,随后可能出现整理或调整走势。如果成交量萎缩而股价继续挺进,通常代表做头的征兆。成交量萎缩的速度越剧烈,股价跌势也就越重。

股价经过一段延伸性跌势之后,往往会突然爆出大量,这种现象称为"卖压高潮",实际上代表买进机会,因为这代表立场不稳的投资人开始恐慌卖出,但立场坚定的明智买家进场接手。下跌走势发生大量,通常代表买进良机,因为这是股价获得支撑的现象。总之,成交量扩大才代表买进机会,绝对不应该在成交量萎缩的情况下买进,因为成交量萎缩意味着股价将继续下跌。

11. 价格波动程度

行情波动程度是衡量市场参与者心理状况的重要指标。行情波动转剧,意味着市场参与者对于当时的状况不满意,所以积极进行交易,使得价格波动大增。反之,如果价格波动稳定,意味着参与者对于当时的经济状况与市场条件很满意,股价上涨的可能性较高。大体上来说,股价波动程度下降或偏低,显示投资人对于股票市场的信心很高,股价应该会继续上涨;反之,如果股价波动转剧,意味着市场风险提高。

《巴伦周刊》的价格波动指数(简称 VIX)就是衡量市场价格波动的一种指标。如果 VIX 读数介于 15 到 22 之间,代表市场价格波动程度偏低;如果 VIX 读数介于 40 到 45 之间,代表市场风险提高。

科技层面

自从20世纪80年代中期以来,科技类股就处于大涨走势,截至1999年底为止,纳斯达克指数的涨幅已经高达10倍。纳斯达克指数大部分是由科技类股构成,所以该指数的飙涨也意味着科技类股在这段时间内的杰出表现,这让一些专家们大感迷惑,因为他们始终怀疑科技类股能够持续上涨。关于科技类股的狂飙行情,我们可以由两个角度做出解释。

首先,科技类股的杰出表现,是发生在特殊环境下,通货膨胀率由15%下降为3%左右。企业界发现,它们不能再仿效20世纪70年代的情况,通过提高产品价格来增加获利。由于通货膨胀压力几乎不存在,迫使企业界维持稳定的产品价格。除了提升价格之外,增加企业获利的另一个方法是进行重组,降低成本,这显然需要仰赖科技来改善经营效率与获利能力。所以,这方面的结构变化导致电脑、软件、通讯设备、电子等高科技产品需求大增。由于产品需求增加,高科技公司的盈余与销售量实现每年40%到50%的成长。如此杰出的绩效表现,吸引大批投资人,于是科技类股价格飙涨。这套理论的支持者认为,科技类股的行情主要是起源于通货膨胀压力舒缓,所以只要通货膨胀继续维持在3%之下,行情就会持续。举例来说,1990年到2000年,科技类股为主的纳斯达克指数上涨10倍,但类股较分歧的道·琼斯工业指数与S&P 500指数大约只上涨4倍。

20世纪70年代,科技类股丝毫不起眼,甚至完全不存在,因为企业界可以轻松提高产品价格来增加公司获利,根本不需要大费周章进行科技投资。

根据第二种看法的解释,科技荣景是奠基于新发明的生命周期发展。为了解释科技与网络类股的强劲表现,或许可以由新发明的角度来观察,例如:铁路产业当初的发展。铁路网络与数字网络之间其实也有密切关联。

铁路产业最初遭遇严重的困难,因为企业界与一般人都认为没有必要兴建大规模的基础建设来配合铁路发展。所以,铁路的接受程度非常有限。虽然蒸汽机早在 1826 年就已经发明,但铁路网络的真正发展一直拖延到 80 年之后才开始。

这一切必须等到消费者与企业界了解铁路的优点:长距离大量运输物资与产品,而且成本非常低廉。最后,必要的基础建设顺利推动,铁路逐渐向中西部发展,人口聚焦在铁路沿线,商业蓬勃发展,带动整个经济景气。

就如同其他产品与发明一样,快速成长阶段结束之后,铁路产业迈入成熟阶段。这个时候,经济成长大约对等于人口成长,企业界的竞争转剧。相同的生命周期也发生在发电、电灯、汽车、轮胎等产业中。

毫无疑问,数字网络还处在婴儿期。电脑与互联网才刚发明没有多久,世界上还有很多人根本不知道它们究竟是什么东西。在个人电脑普及化之前,互联网基本上只用于军事方面。个人电脑一直到 80 年代才逐渐普及,但运用软件仍然相当原始,因为整个电脑系统的维修使用成本还是很高。

目前,个人电脑的使用还称不上非常简便,互联网仍然处在发展阶段,企业界也不完全了解如何运用这些新科技,甚至不清楚将来究竟会出现哪类基本通讯系统。这是一个促进决策速度的系统吗?或是提供娱乐的系统呢?新闻吗?或是提供另一套经营事业的方法?另一种广告媒体?以上皆是?究竟如何呢?

由全球角度来看,数字网络还没有到达快速成长阶段;我们还没有建立新的通讯标准。投资人可以确定一点,即使数字网络已经迈入快速成长阶段,绝对还有其他目前难以想象的新产品与新发明进入市场,继续推动与延伸数字网络的生命周期。

如果我们接受这种情节发展的可能性,就很难认定科技类股的价格太高,因为这些公司甚至还没有进入快速成长阶段。根据过去的经验显示,重大创新技术的快速成长阶段大约会持续 20 年。

由目前的发展阶段,到互联网最后被接受成为一种产品为止,整个过程带动的商机势必非常惊人。我们如何掌握其中的机会呢？哪家公司会成为最大的赢家？没有人知道谁会是最重要的主宰者。说不定最主要的玩家还没有诞生呢！微软公司看起来似乎已经进入生命周期的成熟阶段。说不定通用汽车公司会彻底改头换面，再度成为新时代的领导者。

投资人应该如何应对呢？最好的办法是持有非常分散的科技类股投资组合。一般人或许没有足够的资金分散投资，购买科技类股共同基金倒是不错的解决办法。把这个棘手问题交给基金经理人处理，让他们思索谁会是互联网领域内的最后赢家。

应该投资多少钱呢？不要仓促行事，最初的投资金额不要太多，然后慢慢增加。科技类股当然不会直线飙涨，但表现绝对优于整体大盘。

投资建议

了解市场风险程度，目的是让投资人尽可能减少损失，尽可能维持稳定的投资报酬。为了精确评估风险，务必要知道当时的经济与市场处在景气循环的哪个阶段。

我们知道，货币供给成长代表信用需求扩张，股票市场的表现也会很强劲(参见图10-2)，经济活动非常繁荣。经济繁荣的现象可以通过商品价格上涨来确认，然后造成短期利率与长期利率陆续上升。商品价格、短期利率与长期利率上升，代表股票市场的风险提高，意味着股价即将创峰位而向下反转。

股价下跌经常伴随着货币供给成长下降，这代表信用需求与投资需求降低，经济开始转弱。经济将持续走缓，直到商品价格、短期利率与长期利率下降为止。一旦短期利率与债券殖利率下降，就代表经济显著衰退，但信用需求很快就会因为利率下降而提高，货币供给也会开始加快成长，然后股价也跟着触底回升。于是，整个金融循环又重新开始。

投资没有捷径，彻底了解当时的经济循环与金融循环发展阶段，是管理投资组合、降低风险的第一关键步骤。

关于这个议题,不妨想想:目前是否应把持股比率调高为100%?根据我们到目前为止讨论的范围观察,唯有在下列情况之下,才可以把持股比率调高为100%:

- 经济状况转弱。
- 货币供给成长加速。
- 短期利率下跌或维持稳定。
- 商品价格下跌或维持稳定。
- 通货膨胀与债券殖利率下跌或维持稳定。
- 观察债券殖利率与股票本益比的历史关系,目前市场本益比显示的股票价格处于低估状态。
- 殖利率曲线形状越来越陡峭。
- 美元展现强势。
- 公用事业类股处于涨势。
- 股票成交量扩大。
- 股票市场价格波动程度下降或处于偏低水准。

反之,如果发生下列状况,股票投资人应该减仓:

- 经济状况转强。
- 货币供给成长减缓。
- 短期利率出现两三个月的上涨走势。
- 商品价格走高。
- 单位劳工成本增加,通货膨胀压力较强,商品价格走高,油价上涨。
- 观察债券殖利率与股票本益比的历史关系,目前市场本益比显示的股票价格处于高估状态。
- 殖利率曲线形状越来越平坦。
- 美元展现弱势。

- 公用事业类股处于跌势。
- 股票成交量萎缩。
- 股票市场价格波动程度增加或处于偏高水准。

当然,所谓的高风险或低风险乃是发生在两个极端之间;换言之,风险只是程度的问题。如果各种指标显示股票市场的风险提高,投资人就应该考虑减少持股比率,采取比较保守的策略,把更多资金移到货币市场。至于应该把多少资金投资于股票市场,这取决于个人所能够接受的风险程度、税务状况、年龄等条件,比率可能高达100%或在50%之下。反之,如果经济指标显示股票市场的风险逐渐降低,就应该考虑加码。请记住一点,投资组合管理并没有涉及真正的买卖问题,只是随着金融市场的环境变动而调整投资组合的内容与结构。

11
股价趋势技术分析

本书把股票市场视为整体经济与金融体系的一部分，随着经济成长步调由缓慢而快速，再由快速而缓慢，企业界与消费者在这些转变过程中释放出很多力量。这些力量对于金融市场（包括股票市场在内）将造成影响。我们也发现，一些金融指标可能对于景气活动构成负面冲击，例如：货币供给成长减缓或股票价格下跌。所以，我们不能独立看待股票市场，因为它是整体经济的一环。整体经济状况会影响股票市场，股票市场也会影响整体经济状况。本书提供的架构将协助你分析经济系统与股票市场之间的互动关系。

股价趋势技术分析所采用的方法则截然不同。技术分析方法建立在一个基本假设之上：任何有关股票市场的资讯都已经反映在市场本身。单纯观察股票价格行为，乍看之下或许十分狭隘；可是，技术分析确实可以提供一些助益。我们知道，何时应该增加股票投资或何时应该减少股票投资，这是没有标准答案的问题。技术分析可以在这个领域内提供一些参考线索，任何态度严肃的投资人都不应该忽略。

本章准备介绍一些运用最普遍的技术指标，并且说明相关优点与缺失。没有任何一套系统能够提供绝对的答案。任何尝试或投资方法，都需要运用大量资料,深入分析与工作,了解市场与经济体系内所发生的一切;然而,最重要的一点是专心。本章提供的资料或许可以增添一些分析工具,使你能更精确衡量市场的风险程度。

技术分析的主要功能,是运用市场内部资料来提供资讯。换言之,研究市场本身的行为,就足以拟定投资决策或拿捏投资时效。如何分析市场内部资料呢？有许多指标可供运用,请参考下文的介绍、解释与定义。

何谓"市场"？

每天交易结束之后，新闻媒体都会报道三种主要股价指数的收盘状况:道·琼斯工业指数,标准普尔500种股价指数,纳斯达克综合股价指数。道·琼斯工业指数的历史已经超过100年，当初没有先进的技术来处理复杂的股价计算，所以道·琼斯指数只是由30支最重要的股票构成。一般来说,大家都把道·琼斯工业指数视为市场的代表。最初,道·琼斯指数完全都由工业股构成。可是,随着时间的推移,科技公司扮演的角色越来越重要,道·琼斯指数也逐渐丧失"烟囱"性质。由于当初还没有电脑可以运用于复杂的计算，所以道·琼斯指数的计算公式非常单纯。当初，道氏(Charles Dow)只是加总30种股票价格,然后除以30。道·琼斯指数的"除数"最初是30,后来因为股票侵害或变更指数成分股的缘故,除数变得小于30。虽然有些调整,但道·琼斯指数的基本计算方法仍然与100多年前相同。道·琼斯指数属于价格加权指数;也就是说,股价越高,对于指数的影响也越大。所以,对于相同程度的股价变动。GE对于道·琼斯指数的影响最大。

S&P 500是另一种最受重视的股价指数,该指数利用股票总市值作为权数,属于加权股价指数。因此,股价总市值越大的股票,例如:GE、思科与微软,对于指数的影响越大。S&P 500是由500支成分股构成,都是美国最具代表性的大型公司,这些股票是由标准普尔公司挑选,这是麦格劳·希尔公司

（The McGraw-Hill Companies）的一家附属机构。S&P 500 几乎就代表成长稳定的大型国际公司，由于这项特质，指数走势基本上也可以反映大企业的营运状况。

纳斯达克综合指数大约由 5000 支成分股构成，所有成分股都在纳斯达克证券市场挂牌交易，主要都是电脑、通讯、生化科技等高科技企业，这类股票大约占指数总市值的 75% 左右。就如同 S&P 500 指数一样，纳斯达克指数也是市值加权指数，类似如：思科、微软与英特尔等大型股对于指数走势的影响最大。

除此之外，还有一些衡量个别产业或类股的指数，我们可以在报纸的金融版上看到相关报道。前述三个指数虽然不能真正代表"市场"，但已经足以反映市场的概况。这三个股价指数是技术分析的主要研究对象，借以了解整个市场的脉动。当然，除了这些股价指数本身之外，技术分析还需要借助其他资料。

每天交易结束，投资人就可以知道纽约证交所或纳斯达克交易所整理出来的一些重要统计数据。第一项是当天股价上涨的家数、股价下跌的家数，以及股价没有发生变动的家数（所谓股价没有发生变动，是指当天收盘价与前一个交易日收盘价相同）。其他重要资料还包括：上涨家数成交量、下跌家数成交量，以及特定证券交易所的总成交量。

接下来，我们准备讨论一些重要的技术指标。为了方便起见，这些技术指标一律采用 S&P 500 指数作为对象，说明如何衡量市场状况、评估市场风险高低。

移动平均

当我们观察市场的价格行为，由于股价在整个星期或月份内涨跌不定，很难判定股价的走势方向。因此，我们经常采用"移动平均"的方法，把股价行为平滑化。所谓移动平均,就是取股价的平均值,结果是一条平滑的曲线,可以反映价格的走势方向。简单移动平均是取特定期间的股价平均值,举例来说,计算最近 20 天的股价总和,结果除以 20,这就是当天的 20 天期简单移动平均值。请注意,每天都计算最近 20 天的股价平均值(换言之,每经过一天,就纳入最近一天的股价,并且剔除第 21 天前的股价,使得总天数始终保持 20 天),把每天的读数都标示在图形上,然后衔接为一条曲线,就是 20 天期简单移动平均线。以下是 n 天期简单移动平均的计算公式:

n 天期简单移动平均 = $(P_1+P_2+\cdots\cdots+P_n)/n$

其中 P 代表价格。

如果 n=10,在第 10 天,我们就加总最近 10 个交易日的价格(换言之,$P_1+P_2+\cdots\cdots+P_{10}$),把总和除以 10,结果就是第 10 天的 10 天期移动平均值。第 11 天,我们仍然计算最近 10 个交易日的价格(换言之,$P_2+P_3+\cdots\cdots+P_{11}$),结果除以 10,这是第 11 天的 10 天期移动平均值,依此类推。如果我们考虑的价格是每周(而不是每天)的价格,结果就是 10 周移动平均。

简单移动平均可能不够平滑,读数可能大幅波动,这显然是缺点。每隔一天,当我们计算新的移动平均值,必须纳入最新一天的价格,同时剔除最早一天的价格,所以计算结果可能大幅跳动。举例来说,如果所剔除的最早一天价格很高(相对于最新纳入的价格而言),今天移动平均值将向下跳动,即使今天的价格上涨也是如此。反之,如果所剔除的最早一天价格很低(相对于最新纳入的价格而言),今天移动平均值将向上跳动,即使今天的价格下跌也是如此。所以,即使今天的价格上涨(下跌),当天的简单移动平均可能下跌(上涨),完全不能反映当天的价格走势。基于这个缘故,我们经常采用第二类型的移动平均,称为指数移动平均(exponential moving average,简称为 EMA)。

在指数移动平均的计算过程内,最近价格的权数最大,因此相对于简单移动平均来说,EMA 能够更迅速地反映当时的价格变动。另外,指数移动平均不会完全剔除历史资料,过去的价格只会因为时间经过而权数越来越小,

不会完全被剔除,所以 EMA 曲线不会出现尖锐的转折。指数移动平均的计算公式如下:

EMA 今天 =K× P 今天 +(1-K)× EMA 昨天

其中 P 是价格,K 是平滑指数,K=2／(N+1),N 是 EMA 的期间。

就如同简单移动平均一样,我们必须每天计算指数移动平均,EMA 读数可以衔接为一条平滑曲线。请注意,每隔一天,EMA 都会纳入新的价格资料,但过去的价格资料仍然保留,只是重要性越来越低。

根据定义,移动平均的走势必定落后根本资料;换言之,当股票价格趋势发生变动,移动平均将在一段时间之后才会反映价格趋势变动。这是我们采用平滑程序所必须支付的代价。移动平均有两个用途:第一,移动平均让我们清楚看见市场趋势的变动。

第二,当股票价格实际穿越移动平均,这代表非常重要的讯号,尤其是对于 40 周左右的移动平均而言。请注意,移动平均的期间越长,它所代表的趋势越重要,一旦股价穿越移动平均,意义也就越重大。举例来说,如果股票价格跌破 40 周移动平均,这意味着股票市场的大趋势可能已经向下反转。反之,如果股票价格向上或向下穿越 10 天期移动平均,只具有短期趋势意义。

利用股票价格与移动平均之间的穿越作为交易讯号,可能会有反复的风险。举例来说,当股价跌破移动平均而发出卖出讯号,但不久之后又上涨而穿越移动平均,再度发出买进讯号。如果反复讯号发生在很短时间之内,投资人可能低价卖出而随后又高价买进,或在类似价位买、卖而凭空损失交易佣金。可是,如同读者所了解的,金融市场上没有绝对可靠的交易法则。每个讯号都可能正确或错误,重要或不重要,投资人必须根据其他资讯判断。

目前,很多网站提供股价走势图与各种指标,包括股价移动平均在内,使用者可以任意设定移动平均的涵盖期间。对于长期投资来说,40 周与 50 周属于最常用的移动平均;如果采用日线图,可以考虑采用 10 天(2 周)或 25 天(5 周)移动平均。

移动平均穿越系统

假设我们分别计算20周与40周移动平均。由于20周移动平均的涵盖期间较短,反映当时市场状况的速度将快于40周移动平均。因此,一条快速移动平均与一条慢速移动平均彼此配合,往往可以提供更多的资讯。投资人也可以计算两条移动平均的差距,这属于摆荡指标,指标读数摆荡于零线上下。每当摆荡指标由下往上穿越零线,也就是短期均线向上穿越长期均线,这代表买进讯号;同理,每当摆荡指标由上往下穿越零线,也就是短期均线向下穿越长期均线,这代表卖出讯号。所谓的"移动平均收敛发散指标"(moving average convergence-divergence,简称MACD)就属于摆荡指标之一,它计算两个价格指数移动平均的差值,然后再计算该差值的指数移动平均,前者代表快速线,后者代表慢速线。

这种利用移动平均穿越技巧取得的指标,称为MACD摆荡指标。几乎所有的图形服务公司都提供MACD的资料与走势图,例如:ClearStation.com与BigCharts.com。

利用移动平均计算的动能指标

计算股票价格(或股价指数)与其移动平均之间的比率,结果就是一种摆荡指标,在1.00上下波动(参考图11-1)。这种指标具有特殊性质,经过几个月的观察之后,就可以发现指标读数摆荡于两个极端值之间:上限与下限。这种指标可以反映市场或股票的动能。当指标读数接近上限,市场动能转强,行情快速上升。反之,当动能指标跌到下限附近,市场走势极端疲软,动能呈现负数。

超买／超卖指标主要协助投资人判断股价处在成长快速或缓慢期间。

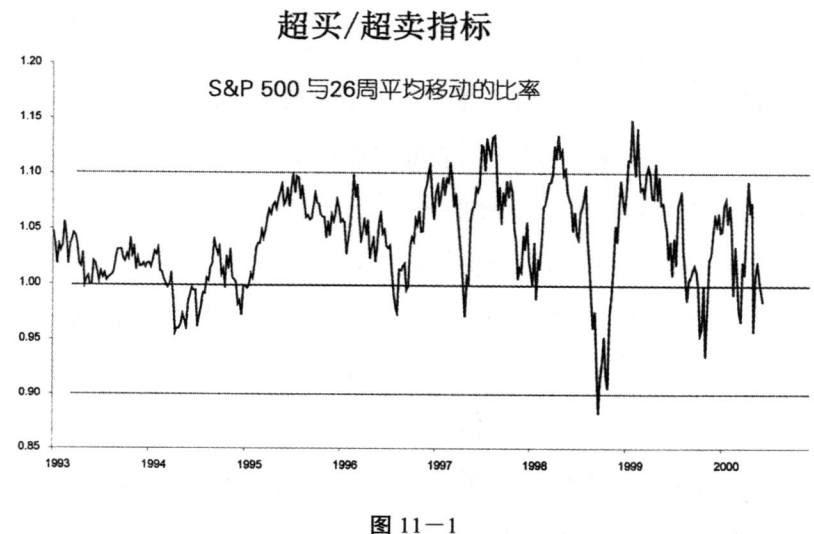

图 11-1

当市场动能非常强劲,指标读数处在上限附近,通常意味着盛极而衰,股价涨势可能趋缓或下跌。当然,动能也可能继续维持强劲,摆荡指标可能在上限附近停留很长一段期间。可是,超买讯号毕竟代表市场已经大幅上涨,随后的涨速非常可能转缓或下跌。动能指标由高档下滑,意味着市场很可能发生调整走势。

同理,当动能指标跌到下限附近,意味着价格已经大幅下挫,接下来很可能走稳或向上反弹。当然,在空头行情中,动能指标可能长期停留在低档。

另外,我们也可以利用两条移动平均来计算动能指标:一条为快速移动平均,另一条为慢速移动平均。快速移动平均除以慢速移动平均的比率,也代表一种动能指标。相对于移动平均本身而言,这个动能指标的走势比较平滑。

市场宽度指标

市场宽度指标可以提供有关整体市场走势强劲程度的资料。尤其道·琼斯主要的行情头部，我们经常发现重要的股价指数（例如：道·琼斯工业指数或 S&P 500）继续创新高，但大多数股票却处于跌势。大盘指数能够继续挺进，完全是由少数股票带动，但部分股票已经迈入空头市场。为了衡量这种背离现象，了解市场走势本身的健全程度，我们需要参考市场宽度指标。

我们利用特定交易时段内（一天或一周）的股价上涨家数与下跌家数资料，计算市场宽度指标。新闻媒体或金融报纸都提供这类资料。

腾落线是运用最普遍的市场宽度指标，这是把特定交易时段内股价上涨家数减去股价下跌家数，然后把这个差值累积到前一天的数值。如果股价上涨家数多过下跌家数，腾落线读数上升。

反之，如果大多数股票的价格下跌，腾落线读数就下降。一般来说，腾落线头部会发生在价格头部之前，因为当行情逐渐靠近头部，投资人会越来越谨慎，只会专注于少数最著名、流动性最高的股票，绝大部分股票都不再受到青睐。在市场底部，腾落线不太重要，因为它的反转时间通常落后大盘指数。所以，腾落线是一项重要指标，尤其是在行情头部。

计算特定交易时段内股价上涨家数与下跌家数的比率，这是衡量市场宽度的另一种方法，而且可以同时计算动能指标。如果市场走势非常强劲，上涨家数超过下跌家数，这项比率会快速攀升而接近上限。

反之，如果行情处于跌势，下跌家数多过上涨家数，指标会下降而接近下限。如果指标读数的波动过于剧烈，难以判断走势方向，在这种情况下，可以考虑计算其 13 周移动平均，使得曲线更加平滑。如果指标的上升速度太快，迅速逼近上限，这意味着行情需要整理休息；换言之，指标的上升速度可能趋缓或下降。

相反的,如果动能指标快速下降而逼近下限,这意味着股价下跌家数显著超过上涨家数,动能为负值,这经常代表否极泰来的现象,行情很可能在短期间内见底。可是,请注意,腾落比率就如同任何动能指标一样,很可能在超买区域(上限附近)或超卖区域(下限附近)停留很长一段时间。

我们还可以利用投资人情报公司提供的一些资料计算其他重要的动能指标。资料订阅者可以取得纽约证券交易所挂牌股票的一些交易数据,包括股价高于 30 周与 10 周移动平均的家数百分率。这两个指标很重要,因为如果很多股票价格都高于本身股价的 30 周与 10 周移动平均,意味着绝大部分股票都处在上升趋势,这也代表整体股票市场的走势强劲。一般来说,这两项指标的上限在 65% 到 70% 之间。一旦指标读数进入这个区间,通常都代表股票市场已经出现长达几个月的强劲涨势,而且绝大部分股票都参与这段涨势,这也意味着行情可能逐渐步入成熟阶段,股价涨势也会慢慢趋缓。

反之,在纽约证交所全部挂牌股票之中,如果股价高于本身股价 30 周与 10 周移动平均的家数百分率低于 30%,意味着市场已经出现一段猛烈的跌势,很少股票还处于上升趋势。这代表市场已经处于超卖状态,行情很可能即将触底回升。

表示为变动率的动能指标

技术分析的最重要假设之一,是所有的相关资讯都已经反映在市场行为本身。市场指数变动率是判断市场行为的重要指标,13 周变动率是其中最常见者。举例来说,我们可以计算 S&P 500 指数的 13 周变动率(本周价格除以 13 周之前的价格,结果表示为百分率形式,然后再减 100%)。如果股价指数变动率处在上限附近,投资人通常会获利了结,使得变动率下跌。同理,在下跌行情中,变动率到达下限附近,逢低接手的买盘会进场,促使指标回升。

一般来说，13周变动率大多摆荡在正负10%之间。换言之，如果行情下跌而变动率逼近负10%附近，代表市场处在严重超卖状态，逢低接手的买盘很可能进场。反之，如果行情走高，变动率攀升到正10%附近，可能引发获利回吐的卖压，代表市场已经进入超买状态。

其他股价指数也可以计算相同的变动率，例如：纳斯达克指数。我们知道，纳斯达克指数的波动程度甚于S&P 500，纳斯达克指数的13周变动率读数通常落在正负25%之间。所以，每当纳斯达克指数13周变动率上升到正25%附近，股价涨势通常会遭遇严重卖压。反之，每当13周变动率下跌到负25%附近，超卖状况通常会吸引买方逢低接手。请注意，至于如何设定变动率的上限与下限，多少涉及主观判断，取决于投资时间架构有多长。所以，关于动能指标的计算，每位投资人都必须挑选自己适合的参数，使用时才会得心应手。

股价形态

分析个别股票或股价指数的走势图，经常可以得到珍贵的资讯。观察股价走势图，首先应该决定股价发展的趋势。换言之，我们需要判断某支股票或股价指数目前究竟是处在上升趋势、下降趋势或横向整理走势。如果股价的转折高点持续上升，而且转折低点也持续垫高（换言之，最近的股价转折高点都高于前一个转折高点，而且最近的股价转折低点也高于前一个转折低点），则股价是处在上升趋势。我们知道，股价不可能始终上涨，股价每上涨一段距离，总需要拉回整理，股价拉回的幅度经常是前一波上涨距离的50%左右。

同理，如果股价的转折低点持续下降，而且转折高点也持续下滑，则股价是处在下降趋势。如果股价呈现横向发展，在某个期间之内，股价的头部与谷底始终落在特定区间，我们称这种趋势为横向整理。（横向整理趋势往

往提供很不错的获利潜能,我们稍后会详细讨论,但首先要了解价格形态配合的成交量)

价格横向整理区间的上限称为压力,下限称为支撑。换言之,每当股价上涨而逼近横向整理区间的上限,卖方开始积极出脱股票,因为他们相信股价已经高估,所以这个上限具有压力作用,反之,每当股价下跌而逼近横向整理区间的下限,买方开始积极承接股票,因为他们相信股价已经低估,所以这个下限具有支撑功能。只要买卖双方继续保持均势,股价就继续在这个横向区间内整理。

如果股价呈现明显的趋势,可以绘制两条直线分别衔接转折高点与转折低点,如此就可以利用价格通道清楚表示趋势。如果股价呈现上升趋势,价格通道向右上方倾斜,每当股价逼近或触及通道上限或下限,分别代表超买或超卖。如果股价显著穿越通道界限,代表趋势可能发生变化,可以考虑绘制新的价格通道。同理,对于下降趋势,我们也可以绘制向右下方倾斜的价格通道;一旦价格穿越通道界限,代表趋势可能向上反转。

所谓的双重顶或双重底,属于股价趋势发生变动的重要形态之一。让我们看看双重底的例子。在一面延伸性的下跌走势中,趋势通道向右下方倾斜,当价格创新低而触及通道下限,然后股价突然强力反弹,甚至足以贯穿趋势通道的上限。这是否代表趋势已经向上反转了呢?回答这个问题之前,需要观察随后的调整走势。如果股价回调没有再创新低,跌势大约在前一个底部附近获得支撑(所以称为双重底),然后股价又开始向上弹升,这代表股价很可能已经见底,短期之内应该不会再跌破双重底的支撑。

双重顶发生在延伸性涨势中,走势出现头部之后大幅下跌。随后,逢低承接的买盘进场,促使股价再度走高,但涨势不足以穿越前一个头部,大约在相同价位又向下拉回,于是构成双重顶的股价形态。这种形态往往意味着趋势已经向下反转。

为了判断股价趋势的可能变动,我们还需要观察成交量,这是下一节的主题。

成交量

纽约证交所或纳斯达克股票成交量的水准与趋势，属于最重要而经常被忽略或误解的指标。当我们谈到成交量，通常是指某个交易所每天或每周的总交易股数。换言之，成交量是指全部股票的买卖数量。

为了要确实了解成交量的重要意义，不妨把成交量视为买进力道。由这个角度解释，成交量扩大也就代表买进力道增加。换言之，投资人察觉到机会，于是更积极买进股票。反之，如果成交量下降，意味着买进力道减弱。投资人看法的乐观程度下降，所以买进行为不如先前积极。

成交量之所以是重要的技术指标，因为它可以提供有用的资讯。"量"是"价"的先行指标，成交量的领先程度可能是几星期（就周线图来说）或几天（就日线图来说）。周线图成交量通常都经过13周或7周移动平均的平滑。将成交量移动平均与 S&P 500 指数并列，就可以清楚显示成交量的重要性——成交量的转折点领先股价指数。换言之，在股价下跌之前，成交量先下降；成交量由底部向上翻升，经常也意味着股价即将向上反转。

在延伸性的股价跌势中，如果成交量始终偏低，那么股价跌势可能继续发展，因为没有买进力道进场。反之，在股价下跌过程中，如果成交量放大，可能意味着底部即将浮现；没错，技术分析者把这种形态称为"卖压高潮"，但也可以解释为"买进高潮"。卖压高潮代表股价跌势已经进入最末阶段，立场不坚定的持股者终于忍不住而卖出，精明的投资人则大胆进场，筹码正在做最后的清洗与换手。

如果成交量随着价格上涨而萎缩，投资人必须特别留意，因为买进力道正在下降。这种情况下，价格涨势恐怕难以为继。成交量萎缩是一个警讯，代表市场即将进入整理。反之，如果成效量大幅放大，尤其在价格发生10%到15%的巨幅跌势之后，通常意味着底部已经不远。

在股价盘整走势中，当股价游走于支撑区与压力区之间，成交量变化往往可以透露重要资讯。举例来说,假定股价在 30 到 45 之间盘整,成交量呈现放大的迹象,这意味着买方正在承接股票,股价可能向上突破。

如果每当股价触及下档支撑(30 附近),成交量就明显放大;而当股价触及上档压力区(45 附近),成交量又明显缩小,则随后向上突破的可能性更大(参考图 11-2)。假定股价在 30~45 之间游走三四个月,然后放量向上突破 45,这属于非常强劲的多头走势。可是,向上突破之后,价格可能再拉回重新测试 45 的支撑力道。

当股价处在横向盘整区间,如果成交量增加,而且继续保持大量,这代表股价迟早会向上突破,因为买方承接的股票数量很多,只要再加把劲就足以推高股价。反之,如果成交量始终不能放大,股价向下突破支撑(30)的可能性很高,这属于空头的征兆,因为重要的支撑关卡失守,而且成交量持续萎缩。

股价大跌而成交量扩增到平均水准之上,这属于非常理想的价格／成交量形态。请注意,交易范围的突破夹带着大量成交。

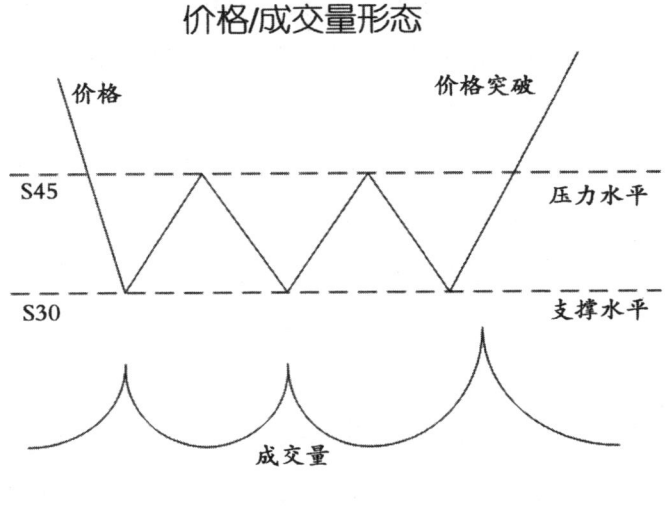

图 11-2

人气指标

很多机构都提供人气指标的资料,显示专业与业余投资人看好行情的程度。这些机构运用统计方法,调查市场投资顾问与参与者对于行情的看法,然后把这些看法归为偏多、偏空与中性。如此汇编而成的看多投资人百分率,往往可以用来判断未来的行情走势。如果部分投资人都看好行情,意味着市场走势非常强劲,投资人相信市场只可能上涨。在这种情况下,部分投资人都已充分进场,因此恐怕没有剩余资金足以继续推动行情走高。结果,随后的走势很可能陷入整理或下跌。

反之,如果看好行情的投资人百分率很低,意味着绝大部分投资人都已经卖出股票。事实上,这通常代表买进股票的好机会,因为市场上已经没有多少筹码可供卖出。在这种情况下,只要出现一点买气,就足以推动价格走高。

《巴伦周刊》每期都刊载一些运用最普遍的技术指标资料,包括人气指标在内。人气指标也称为反向指标。换言之,如果每个人的看法都非常一致,实际结果往往不是如此;如果每位投资人都认为股票即将上涨,实际上反而会下跌。反之,如果绝大部分投资人都非常悲观,行情往往见底弹升。

美国个人投资者协会每个星期都公布其成员的多头人气百分率指标读数。根据纪录显示,当指标读数上升超过50%到55%,行情通常会陷入整理或下跌。反之,如果指标读数下降到25%到30%,通常意味着市场即将触底回升。

还有另一个重要的人气指标是由投资人情报公司提供,该指标显示所有投资顾问当中,看好行情的人数百分率。当这项指标高于55%,代表行情已经接近头部,价格波动通常非常剧烈。反之,如果介于30%到40%之间,代表市场处于超卖状态,底部即将浮现。

除此之外,投资人情报公司还编制另一项人气指标,显示看好与看坏行情的人数比率。一般来说，如果看好行情人数是看坏行情人数的两倍或以上，通常代表市场头部已经不远。反之，当两种看法的人数大约相当（换言之，比率接近1.0），意味着市场即将出现重要底部（参考图11－3）。

肯萨斯统计调查公司（Consensus of Kansas City）也提供另一项人气指标，显示看多行情的专业投资人比率。当这项指标读数超过70%到75%，代表市场处于超买状态；反之，如果指标读数低于40%，意味着行情已经接近主要底部。这类指标非常重要，它让你了解其他投资人的看法——在投资领域内，通常必须克制群居本能。所以，你必须掌握其他人的想法，然后反其道而行。

投资人普遍看好行情时，市场的表现通常不佳；反之，投资人抱持悲观看法时，市场表现通常强劲。

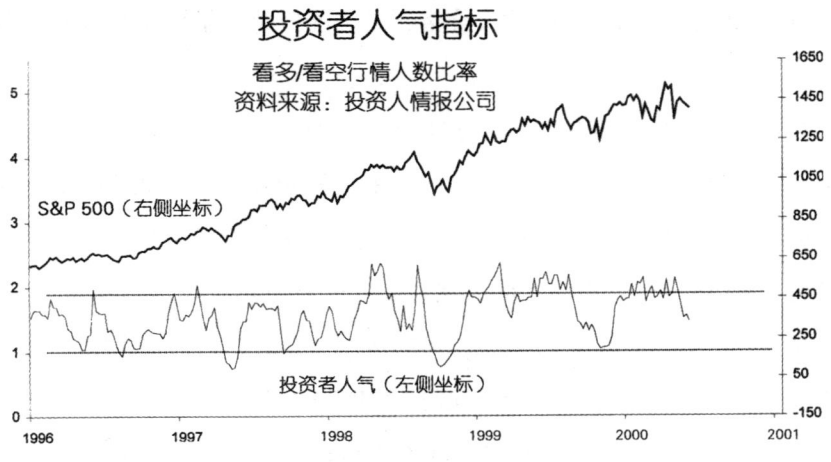

图11－3

移动平均包络与布林线

除了价格本身之外,我们也可以利用价格移动平均来绘制通道。举例来说,在 S&P 500 的价格走势图上,另外绘制股价的 40 周移动平均。我们把这条均线称为 M。对于 M 上的每一点,都计算其 110% 的价位,再把这些价位衔接为一条曲线,称为 U。所以,U 是位于 M 上方的一条曲线,对于横轴上的每一点,U 与 M 的对应关系为 U=110%M。同理,我们在 M 的下侧绘制另一条曲线 L,使得 L=90%M。如此一来,在 M 的两侧就形成包络,中心线为 M,上限为 U,下限为 L。

包络的运用很简单,中心线 M 代表趋势,上限 U 代表超买区,下限 L 代表超卖区。每当价格接近上限超买区,就出现回归中心线的倾向,当然这并不保证价格必然回调,如果行情足够强劲的话,股价可能在上限附近盘旋很久。同理,当股价跌到下限附近,意味着市场超卖,价格可能向上反弹。虽说如此,但如果整个趋势向下发展,价格还是可能停留在下限附近很长一段期间。

约翰·布林格(John Bollinger)提出布林线(Bollinger bands)的观念,这实际上就是包络的延伸。布林线是在移动平均两侧各一个标准差的距离绘制一条曲线,上下两条线形成带状。我们知道,价格风险或价格波动率通常都定义为标准差。所以,布林线的带状宽度会随着市场风险变动而自动调整,风险越大(标准差越大),带状越宽,风险越小,带状越窄。原则上,价格通常都会落在带状区间内(如果价格真的是常态分配,价格落在 1 个标准差带状区间内的几率为 68.3%)。布林线的计算有些复杂,但大部分的资料供应商与相关网站都能够提供。

季节性

　　股票价格走势是否存在季节性，这是一个颇具争议性的问题。在某些日子里，股价是否特别容易上涨？在某些月份或期间，股价是否倾向于上涨？最著名的季节性因子是所谓的1月温度计（January barometer），1月份的趋势往往可以代表全年度的走势。这种说法基本上是因为1月份是全年的第一个月份，如果投资人在年初看好股票市场，通常全年度都会看好行情。

　　关于1月温度计的说法，相关的研究很多，但分析方法经常出现瑕疵。大多数统计资料都把1月份的表现包括到全年度的绩效内，这种做法显然不恰当，因为此处的问题是：1月份与剩余月份之间的表现是否存在统计上的显著关系？如果把1月份绩效纳入而比较1月份与全年度的绩效关系，相关性自然很高。举例来说，在过去20年内，对于1月份价格上涨的年份，1月份平均涨幅为4%，全年平均涨幅为3%。就这部分资料而言，是否存在1月温度计的季节性因素呢？当然没有，因为1月份价格上涨4%，全年上涨3%，相当于其余月份均分下跌的1%。尽管存在这方面的误解，但华尔街还是普遍相信1月温度计的说法。

　　其他季节性研究也发现一些有趣的现象。根据统计资料显示，每个月份最后4天与次个月份最初5天，这短短八九天（取决于例假日的多寡）的投资获利显然高于平均水准。显然我们很难运用这个现象拟定投资法则，但如果你相信这种说法的话，卖出股票的时间不妨设定在每个月的第一个星期，买进股票的时间设定在每个月的月底。

　　股票市场还有另一个明显的季节性现象，由10月底到隔年5月底之间，股票市场的表现通常是理想，从另一个角度说，6月初到10月底的股市表现很差。如果这种说法可靠的话，倒是可以作为有效的投资准则，在11月份到5月份之间应该尽可能持有股票，然后在6月份到9月份之间卖掉。

道氏理论

道氏理论最初是由查尔斯·道在 19 世纪末 20 世纪初提出，后来经由威廉·汉密尔顿（William Hamilton）与罗伯特·雷亚（Robert Rhea）等人整理而成。经过修改之后，道氏理论的相关分析主要根据三个指标：道·琼斯工业指数、道·琼斯运输指数与道·琼斯公用事业指数。为了进一步简明道氏理论，我们需要了解这三个股价指数的意义。

道·琼斯工业指数成分股涵盖美国境内规模最大的工业制造公司。道·琼斯运输指数成分股都是经营运输业务的大型企业。道·琼斯公用事业指数成分股则包括电力公司等大型公用事业在内，这些公司拥有庞大的资产，发行大量的债务工具，经营绩效与股价表现都与利率走势息息相关。因此，在利率下滑的环境里，公用事业类股的表现最理想，因为企业经营的相关利息成本最低。反之，如果利率走高，公用事业类股的表现最差。

道·琼斯工业指数与运输指数的走势，关系非常密切。道·琼斯工业指数上升，意味着制造业蓬勃发展，整体经济表现强劲，势必带动货物与人员的运输。所以，道·琼斯指数的走势，需要经过运输指数的确认。

第三项指标：道·琼斯公用事业指数，用来判断经济环境是否健全。所谓经济环境健全，是指利率趋于稳定或下降；这种情况下，公用事业类股的表现也很不错。所以，最理想的情况是：道·琼斯工业指数创新高，而且道·琼斯运输指数与道·琼斯公用事业指数也都创新高。这种指数排列意味着经济强劲，景气繁荣，通货膨胀没有显著威胁，利率没有上升压力。

如果道·琼斯工业指数创新高，但道·琼斯运输指数与公用事业指数没有提供确认（换言之，这两个指数没有创新高），经常意味着股价上涨趋势可能发生变化，随后可能出现整理或下跌走势。这种现象代表整个系统发生问题。基于某种缘故，运输企业的经营没有办法出现对应成长，另一种可能性是运输成本成长太快。

当然,油价大涨经常带动成本上扬。事实上,公用事业指数不能确认道·琼斯工业指数的走势,经常是因为通货膨胀压力转强或利率上升。由投资人的立场来说,道氏理论的真正用途是:三种指数必须出现对应走势。如果道·琼斯工业指数创新高,那么道·琼斯运输指数与公用事业指数也必须创新高,才能确认股价上升趋势。反之,如果道·琼斯工业指数创新高,但得不到另外两项指数的确认,投资人就必须小心了。整个行情涨势的涵盖面越来越窄,上档所得到的共鸣越来越少,利率与通货膨胀方面可能发生问题。

投资建议

股价趋势技术分析提供珍贵的功能,因为我们能够借以判断市场的风险程度、行情的超买／超卖状况,以及绝大部分参与者对于市场的看法。这些资讯都非常重要,能够进一步修正我们根据经济循环所归出来的判断。最后,关于超买／超卖讯号,此处必须提出一项警告:当行情进入超买区,股价可能继续上涨而在超买区停留数个月之久。所以,超买讯号未必代表你应该卖出。

超卖的情况也是如此,行情可能持续下跌而在超卖区停留几个月之久。所以,超卖不代表你绝对应该买进。可是,如果经济与金融循环的基本面分析显示当时的市场风险很低或很高,技术分析通常也会显示对应的买进或卖出讯号。总之,基本分析与技术分析是相辅相成的,投资人应该灵活运用。

12
股票投资组合风险管理

成功而有效的管理资金,是一项非常困难而耗时的工作。如果你想找到某种致富的简单公式,恐怕会失望,因为这类公式不论看起来多么迷人,终究还是会失败。成功的管理资金,是一种持续进行的程序,需要耗费很多时间。你所投入的时间与精力越多,成功的机会就越大。

本书的主要目的之一,是提供决策的相关架构与程序,让你能够有效拟定投资决策,管理投资风险。至于你最终会采用什么程序与方法,则取决于个人的性格与习惯。没有人可以告诉你,你最适合什么;唯有你才是最后的主宰者。

本章准备处理投资组合的筛选问题,涵盖的范围很广,包括:你应该抱着什么心态来处理这方面的程序,如何管理风险,何时买进／何时卖出,以及每位投资人都必须面临的种种难题。

投资计划的成败,一方面取决于所收集的资讯,以及评估这些资讯的程序,评估资讯的频率,是决定投资成败的关键之一。专业人员每天24小时都在管理资金,随时都由经济体系与市场内吸收资讯;每一分钟,他们都尝试判断各种资讯代表的意义,考虑自己应该采取的行动,评估投资组合会受到什么影响。这些就是你的竞争对手——掌握最先进技术模型与选股方法的专业玩家。对于任何资讯,他们几乎可以瞬间反应,立即采取行动。

因此,每位投资人都必须决定,自己准备花多少时间或多久评估一次投资策略。次数越频繁,效果通常也越理想。赚钱需要辛苦工作,天下没有免费的午餐。

心态、投资风格、风险管理

成功的投资人大多认为,在这个领域内,管理资金的心态最重要,你必须尽可能由专业角度来管理投资组合,因为你的竞争对手都是专业玩家。

首先,必须以客观、冷静的态度来管理投资组合,就如同专业玩家一样,没有涉及任何情绪。一旦受到情绪影响,决策也绝对不会高明。情绪会引发压力,让你遽作决定。可是,当你情绪失控的时候,也正是你最需要控制情绪的时候,因为这段时间最容易发生亏损。任何亏损都可能严重影响投资组合的长期绩效。随时记住一个方程式:$15\%+15\%+15\%-15\%=6\%$ 的年度报酬率。换言之,如果投资组合连续三年的报酬率都是 15%,第四年发生 15% 亏损,整个四年期间的平均年度报酬率只稍高于 6%。一年的失败就足以破坏数年的努力。

控制情绪的唯一方法,就是避免仓促决定,任何行动都必须经过深思熟虑,然后慢慢执行。这是管理投资组合的最重要概念——按部就班,慢慢来。如果你决定买进或卖出,不论你对于当时的情况掌握得多么好,都难免涉及情绪。基于这个缘故,为了尽可能避免犯错,应该设计一套方案,然后按照预先计划分批慢慢买进或卖出。按部就班,慢慢来——这就是关键。

战胜自己的情绪,这就是最困难的部分。你必须把情绪摆在一边。你应该把投资组合视为自己控制的奔驰马匹。如果他们跑得很好,那就顺其自然。如果他们表现很差,那该怎么办呢?应该舍弃那些表现差劲的马匹。你

12 股票投资组合风险管理

必须把投资组合的每个成分视为财富的建构积木,不是你个人拥有的东西。很多人经常提到"我的股票……"这已经把感情投射在股票上,已经涉及情绪。任何有关赚钱的决策都必须是冷血的,不涉及丝毫情绪。只有绩效表现才重要。

某些非常著名的交易员运用冥想或禅的观念,因为这些东方哲学协助他们提升到达彻底放松的境界,使他们能够正确判断当时的情况。情绪压力可能造成的最糟情况之一,就是迫使你无法行动。但是,禅的最重要教导之一,就是当你处在两难的困境时,绝对要行动,且必须拟定决策。向前跨出一小步,不要等到情况不可收拾。只要跨出第一步,第二步自然会跟着来。总之,你必须拟定决策。

随时记住一个问题:真正的目标是什么?如果你决定投资股票,建立一个股票投资组合,那就需要设定目标。目标之一是超越大盘表现,否则你只需要购买股票指数基金或美国证交所挂牌的 Spider(代码 SPY),后者完全反映 S&P 500 的表现。所以,如果你决定投资股票,目标必定是超越市场表现。

第二个目标当然是尽量降低投资组合价值的波动程度。购买 Spider 可以取得市场相同的表现,但如果行情下跌 20%或 30%,投资组合将发生严重资本亏损。如果你决定积极管理投资组合,那是因为你不希望发生亏损,不希望看到投资组合价值萎缩。这两个目标:超越大盘的表现,尽可能降低投资组合价值波动——是你管理股票投资组合的基本原则。

投资组合应该由几支股票构成呢?成功的投资组合应该集中火力在少数几支股票。每当听到一些小道消息,就买些股票,这显然不恰当,当然也不高明。投资组合的股票种类最好保持 10 支左右,绝对不应该超过 15 支。这可以让你随时了解股票的发展状况,方便监督与控制,而且也比较容易衡量绩效。

如果投资组合涵盖的股票种类太多,就不可能随时了解每支股票的情况与表现绩效;相对于你所能够投入的时间来说,投资组合规模将有尾大不掉之虞。所以，问题不是拥有多少支股票，问题是你有多少时间照顾它们。

管理投资组合的目标之一，是管理风险。换言之，管理投资组合的价值波动程度。处理这个问题，最好不要由买进或卖出什么着眼。最好考虑买进多少或卖出多少。

很多人都曾经拥有表现杰出的股票，但他们不确定是否应该获利了结而卖出（显然涉及情绪问题）。请记住我们稍早提到的"按部就班"与"慢慢来"。为什么不先卖出一部分呢？举例来说，如果拥有100股，为什么不先卖10股看看呢？如果股价继续上涨，那么当初先卖10股应属明智之举，因为还有90%的持股继续赚钱。反之，如果股价开始下跌，这可以证明你的疑虑，股价已有偏高之嫌，或许应该继续卖出。这种处理方式，可以有效控制情绪，让市场告诉你接下来应该如何反应。

当某支股票看起来即将上涨，处理的方式也一样。是否应该立即买进？你不确定股票是否真的会上涨。为什么不先买一点，不要一次就投入庞大的资金。如果股票确实上涨，那么进场就是正确的抉择。否则，你的判断就属错误，股价不涨反跌，但你的持股不多，损失不会太严重。

不要仓促决定，应该慢慢建立头寸，这样做除了能够有效控制风险与价格波动之外，也能够控制投资决策涉及的情绪问题。不要考虑单纯地买进或卖出，应该由风险增减的角度考虑头寸规模的增加或减少。

很多人把股票投资视为扑克牌赌局。玩家会慢慢投资，如果胜算提高，就增加赌金，否则就退出赌局。投资股票的情况也是如此。如果赚钱的胜算提高，投资头寸也跟着增加。反之，如果胜算减少，就减少投入资金。如果赚钱的机会不大，显然没有必要继续持有庞大头寸。

新闻记者与股票分析家经常提到投资风格的问题，强调投资风格对于绩效表现的影响。事实上，每种投资风格都适用于某些市场状况，但经常不适用于另一些市场状况。最好不要死板地采用特定的投资风格。小型股或大型、成长型或收益型、买进或卖出、相对强势、平衡式投资组合，这些风格迟早都有出头日。可是,只要外在环境发生变化,任何投资风格都不能维持既有的表现。唯有经济与金融循环会重复发生,它们会显示哪些资产在什么时候提供最高报酬,哪些资产的风险最高。所以,投资人必须了解外在环境的变化,投资风格也需要调整。

没有固定的公式可以创造财富。投资方法必须保持弹性。如果所采用的方法不能有效运作,就必须面对现实,慢慢进行调整。如果大盘或个股走势并没有按照预期方式发展,必须迅速决定应该怎么应对。绝对禁不起犹豫不决。你必须采取行动,看起来不正确的投资方法必须慢慢调整。如果你采用的方法显然无效,不要毫无反应,或认为情况最终会好转,因为通常都不会。只要任何时期的投资绩效不彰,就应该解释为机会损失,因为你的资金如果按照其他方法投资于其他资产,结果可能更理想。

随时留意投资组合的表现。如果某些股票的表现不佳,不论这些公司的信誉多么值得信赖,只要股价没有上涨或绩效不如大盘,就慢慢降低头寸规模。然后把资金移往更有效率的个股。投资是一种持续变动的程序,由表现不佳的资产移往表现较佳的资产。可是,虽然必须迅速采取行动,但还是应该按部就班,慢慢进行调整。

选股策略:哪种投资组合?

如果股票投资的目标设定为绩效超越大盘表现,报酬波动程度很低,那么你应该拥有哪种投资组合的问题就很单纯:处于涨势的股票;当时深受市场青睐的股票,通常也是那些价格创新高的个股;或是你看到股价走势图就想拥有的股票,价量配合通常很理想。

如果接受这种选股哲学,当你看到其他人的持股创新低而继续抱牢股票,只期待股价会反转而赚一点钱,你可能会觉得非常困惑。显然,你的投资组合中绝对不允许弱势股或表现逊于大盘的股票存在。想法必须像专业玩家一样。如果医生发现你的身体有问题，他不会隐瞒事实。他会告诉你，因为这对你有利。如果某个投资头寸表现不理想，就应该剔除或减少持股。这没有任何问题，这样做对你绝对有利。

可供挑选的股票有两类：处于涨势的股票以及处于跌势的股票。这种说法并不是开玩笑，因为人们经常忘掉他们确实有选择的余地。挑选跌势中的股票，希望它们会反转回升，这对于任何投资人来说都是重大的挑战，这种获利方法的成功机会实在非常渺茫。

对于顶尖的投资人来说，当然应该挑选涨势中的股票。上涨股票可以分为三类：涨势低于大盘者、涨势与大盘相当者，以及涨势超过大盘者。如果购买个别股票的目的在于绩效超越大盘，你应该尽量挑选涨势优于大盘的股票，因为这类股票最可能让你达成投资目标。

应该挑选大型股还是小型股呢？大型股是指股票发行数量很大、总市值很高的股票；反之，小型股的股票发行数量相对有限。一般而言，小型股的股性比较灵活，股价涨跌走势较猛烈，价格波动程度当然也较大，使得投资组合的风险也提高。大型股的股价比较稳定，风险低，涨跌速度慢。那么，应该挑选哪一种？

这个问题没有绝对正确的答案。选股策略应该保持弹性，随时都挑选当时最适当的股票。你应该谨慎分析，尝试寻找最近3个月或6个月以来表现最强劲的类股。如果你需要这类的分析，可以参考互联网上许多资讯服务公司的资料（例如：BigCharts.com），包括表现最强劲类股的报告。尽量挑选绝大多数投资人希望拥有的股票，或最受市场青睐的股票。因此，首先应该由表现最强劲的股票中挑选，它们最可能继续保持强势。

在最强劲的类股内，挑选绩效最杰出的股票。这些股票显然继续创新高，所以不妨由创新高的股票着手。另外，你希望交投最活络的股票。这些股票的成交量应该呈现扩张趋势，因为这代表买进力道越来越强。

一旦决定股票名称之后，列出一张清单。挑选公司销售业绩与盈余状况最佳的股票,公司产品最好具有特色,企业经营管理应该具有创意。然后,分析这些股票的价格走势图。挑选那些价格显然处在上升趋势的股票,再由这些股票内挑选价格波动程度最低的对象——换言之,股价沿着趋势线发展而起伏波动最低者。如果价格波动过于剧烈,通常很难拿捏进场位置,你很可能买在头部,暂时陷入亏损。

当你持续买进那些价格波动稳定的股票,结果可以实际反映在绩效上。你应该挑选最近 3 到 12 个月内价格上涨速度最快的股票。成交量形态是进场买进的重要参考指标。如果股票的成交量通常很大,但某段时间内显著萎缩,这意味着股价可能接近短线头部,最好少安毋躁。

如果股价陷入区间整理,下限附近总是明显爆出大量,这代表买方积极承接的征兆。如果股票放巨量突破区间上限,代表不错的买进时机。

前述选股程序将让你拥有最佳公司的股票,它们代表最具创意、经营最完善的企业。公司居于产业龙头地位,企业盈余与销售业绩都呈现两位数字的成长。买进这类股票,当然必须支付偏高的价格,换言之,这些股票的本益比往往远高于市场平均水准。所谓本益比是指每股价格除以每股盈余的倍数,也代表你购买每 1 美元每股盈余所必须支付的股价。你必须支付偏高的价格,因为你购买的是市场上最具有吸引力的股票。

何时开始卖出

投资组合绩效与风险管理成果并非只取决于买进策略,也受到卖出策略影响。市场风险提高,通常是卖出股票的最主要原因,因为股价绩效表现大约有 80% 是由大盘走势决定的。如果大盘的上涨可能性很低,经济状况与我们稍早讨论的各种指标都显示市场风险提高,就应该开始卖出股票。降低亏损的唯一风险管理方法就是提高现金比率,没有其他替代办法。

股票表现不理想,这是卖出股票的另一个原因。如果某支股票的绩效不如大盘,就应该慢慢减少持股,把资金转移到其他更具有潜力的对象。

卖出股票的第三个理由:股价下跌10%到15%。这种程度的下跌代表一种警讯,意味着股价在短期之内没有上涨潜力。除非主要玩家开始出脱持股,把资金转移到其他类股或相同类股的其他股票,否则股价不会出现如此重大的跌幅,这意味着该公司可能发生非常不利的状况,只是市场大众还不知道而已。一旦股价下跌10%或15%,如果你准备继续持有该股票,恐怕只是徒然浪费资金的机会成本。总之,如果股价突然暴跌,就应该减仓。

关于卖出决策,最后还应该观察成交量的变化。如果股价继续下跌而成交量大于平均水准,意味着接手力道转强。这种情况下,或许值得等一等,看看后续发展如何。一旦发生这类现象,股票经过几天或几个星期的整理之后,可能恢复涨势。反之,在股价下跌过程,如果成交量始终无法放大,投资人最好结束相关头寸。

我们知道,风险管理涉及深入的分析与烦琐的决策程序,所以投资组合不适宜持有种类太多的股票。事实上,投资个别股票,目的不是争取最优异的绩效吗?这种说法或许有些过于偏激,但确实可以反映真正的重点:集中火力买进少数几支表现最棒的股票。投资组合管理也应该朝着这个目标前进。

投资组合管理策略 & 股票市场循环

拟定与执行投资策略,使得投资人能够把报酬波动局限在某个可接受的水准内。何谓可接受的水准?这当然取决于个性与个人条件。执行成功的投资策略,最重要一点是辨识股票市场所处的循环阶段。股票市场目前正开始一波大多头行情吗?或者,多头市场已经进行很长一段期间,行情距离头部不远?前面几章已经讨论过如何辨识这些阶段。

股票市场循环第一阶段的最显著特征是:

- 行情持续几个月的跌势或窄幅盘整。
- 经济状况在几年的强劲成长之后逐渐趋缓。
- 经过一年以上的缓慢成长之后,货币供给开始加速成长。
- 短期利率持续上升超过12个月而开始下降。
- 持续一年以上的走高趋势之后,通货膨胀与债券殖利率都呈现下降走势。
- 经过一年以上的涨势之后,商品价格上涨压力开始舒缓。
- 流动性增加,市场参与者察觉到新的机会,成交量开始显著增加。
- 由于通货膨胀压力减缓,经济状况预期好转,美元走势转强。
- 相对于过去几个月以来的状况,股票价值衡量指标的读数趋于合理。

这是着手建立股票投资组合的适当时机,但持有种类最好不要超过10种或15种,每支股票都应该在最强类股内挑选,而且每支股票最好都来自不同类股,最初的投资金额不要太大。开始着手投资的阶段,每支股票的配置资金不要超过总投资金额的2%或3%;等到股价涨势确定之后,才慢慢把持股比率调整到100%。为什么最初的投资金额不宜过大呢?万一时机判断错误,损失才不会太严重。反之,假设行情确实如同预期上涨,还有更多的资金可供运用。由不同类股内挑选买进对象,如此可以达到分散投资的目的,避免整体投资绩效受到少数类股表现的重大影响。

在股票市场循环的第二阶段,股价涨势明确,调整的状况相对罕见。多头行情全力展开,投资人的持股比率也应该调涨到100%。这个阶段的典型现象包括:

- 经济景气见底复苏,成长速度转快。
- 随着景气状况好转,为了进行新投资或购买产品,企业界与消费者的信用需求也提高,货币供给成长速度持续上升。
- 短期利率继续下跌,直到经济状况逐渐出现过热的征兆之后,利率走势才止跌回稳。

- 通货膨胀与债券殖利率持续下降,直到投资需求显著上升之后才回稳。
- 商品价格持续下跌,直到经济景气明显好转、原材料需求显著上升之后才止跌回稳。
- 股票成交量持续放大。
- 美元走势继续维持强势,反映美国经济状况好转,通货膨胀压力舒缓。
- 衡量股票价值的指标读数还维持在历史水准之内,没有发生显著高估的现象。

在这个循环阶段内,投资人重新调整头寸,持股比率提高到最高水准附近。最弱势的股票逐渐被抛售,资金慢慢转移到表现最杰出的类股与个股。最好设计某种方法来追踪个股相对于大盘的表现。如果发现很难追踪投资组合的绩效,应该设法减少持股,提升管理功能。

股票市场终究会踏入循环的第三阶段,这是最危险、最难以应付的阶段,典型的现象包括:

- 经济成长步调急速加快。
- 由于信用需求减少,货币供给成长速度开始减缓。
- 短期利率见底回升,至少连续上升两个月,联邦储备银行公开表示经济发展可能过热。
- 随着物价上涨压力增强,油价上涨,劳工市场紧绷造成工资上扬,通货膨胀与债券殖利率也开始上升。
- 主要商品指数快速上升。
- 股票成交量开始下降。
- 美元走势转弱,反映通货膨胀威胁增强。
- 衡量股票价值的指标读数逼近历史最高水准。

在股票市场循环的第三阶段,策略重心是保障投资组合的价值。不要再从事新的投资,表现最弱的持股应该慢慢卖出。对于特别钟爱的股票,可以考虑在下一循环的第一阶段再逢低买进。总之,慢慢减少持股,避免情绪化的突然决定。如同第一阶段只适合买进股票一样，第三阶段只应该慢慢卖出股票。股票卖出之后，应该保留现金，投资组合只应该保留最棒的类股与个股。第三阶段的策略执行重点是提高现金比率，减少头寸规模。请注意，不论在哪个阶段，策略的考量重心不是买进或卖出，而是根据市场状况发展阶段而逐渐增加或减少持股。

管理投资组合免不了涉及税金问题。关于投资风险与节税效果之间的优先考量顺序，投资人必须自行决定。在股票市场循环的第三阶段，空间应该采取保守策略而提高现金比率，或者为了节税而继续留在市场，看着股票价值慢慢萎缩。

问题

关于投资组合管理，传统智慧提出几种方法。这些方法都很单纯，表面上看起来也颇有道理。可是，这些方法也存在一些值得深入分析的疑问，我们希望在此稍作分析。

问题1：分散投资

很多市场评论家认为，分散投资是降低风险的唯一方法。所谓分散投资就是：为了减缓价值波动而买进数种资产。没错，分散投资确实可以减少价值波动，但投资绩效也会越来越类似大盘。所以，如果真的希望分散投资的话，还不如干脆购买共同基金，如此还可以节省交易佣金。另外，分散投资并不能真正降低风险，因为投资对象不论多么分散，只要大盘下跌，投资组合价值也会下降。所以，分散投资并不能消除价值波动或风险，投资人仍然需要自行管理风险。

问题2：向下摊平

随着股价下跌而向下摊平买进，降低平均持股成本，使得将来股价回升时比较容易获利。这种操作手法有些问题。我们知道，选股策略的目的在于挑选价格趋于上涨的股票。如果你打算投资的话，显然应该挑选价格趋于上涨的股票。为什么要买进那些已经造成亏损的股票呢？这似乎不是致富之道。最后一点，但不是最不重要的一点，投资的钱要从哪里来？

如果期待投资绩效优于大盘表现，就应该买进涨势中的股票。投资人希望持有价格上涨而创新高的股票，不是价格下跌而创新低的股票。把资金套在价格趋于下跌的股票，显然会发生机会成本，因为这些资金不能投资其他资产或股票。

向下摊平就像手气很差的赌徒持续增加赌注一样，他期待手气总有好转的时候。没有真正的赌徒会采取类似策略，因为这绝非长久的制胜之道。

问题3：买进而继续持有

如果你认为自己能够活很久，让投资组合绩效能够充分反映股票的长期成长，在这种情况下，买进而继续持有的策略或许有些道理。对于股票投资来说，长期是一种很模糊的概念。如果股票市场得以稳定而持续上涨，买进而长期持有的做法确实有效，但我们知道空头行情经常导致股价下跌30%或40%。买进而继续持有策略，说起来很容易，但实际不容易办到。请记住，股票市场的长期平均年度成长率是8%，但这8%是平均值，某些年份的成长率高达20%，另一些年份可能不涨反跌。

以上简单讨论这三个问题，除了厘清一些疑惑之外，也显示资金管理没有单纯有效的公式，尤其是风险管理。就如同投资人需要管理投资组合的风险一样，企业领袖也需要管理机构内的风险，提升股东的权益。这是我们接下来准备探讨的主题。

13
增进股东持有价值

前面几章有两个主旨,首先解释经济与金融循环的动态程序,其次说明这些循环作用于经济成长与金融市场的力量行为。当经济与金融循环由某个阶段过渡到另一个阶段,呈现一些重要的因果关系。这些关系在20世纪30年代末期逐渐被认知,然后在这些年来慢慢演变为现在大家熟悉的主要经济指标。领先指标、同时指标与落后指标的成长率变动,综合反映出最重要经济力量的行为与互动关系。

讨论中央银行(尤其是Fed)的功能与目标,让我们有机会介绍金融循环行为,并且学习金融变数与市场之间的互动。接下来,我们准备结合这两个循环,说明每个阶段的主要发展。

金融循环第一阶段:

- 货币供给加速成长。
- 股票市场上涨。
- 美元升值。
- 经济生产力成长转快。
- 经济,包括:所得、产量、销售量、就业水准等成长由谷底翻升。

- 商品价格下跌,然后见底。
- 短期利率下降,然后见底。
- 通货膨胀舒缓,然后见底。
- 工资成长缓和,然后见底。
- 长期利率下降,然后见底。

金融循环第二阶段:

- 货币供给加速成长,然后创峰位。
- 股票市场上涨,然后创峰位。
- 美元升值,然后创峰位。
- 经济生产力成长转快,然后创峰位。
- 经济成长加快。
- 商品价格上涨。
- 短期利率上升。
- 通货膨胀加速。
- 工资成长加速。
- 长期利率上升。

金融循环第三阶段:

- 货币供给加速减缓。
- 股票市场下跌。
- 美元贬值。
- 经济生产力成长趋缓。
- 经济成长转慢。
- 商品价格上升,然后创峰位。
- 短期利率上升,然后创峰位。
- 通货膨胀上升,然后创峰位。
- 工资成长加速,然后创峰位。

13 增进股东持有价值

- 长期利率上升,然后创峰位。

金融循环第四阶段:

- 货币供给成长减缓,然后见底。
- 股票市场下跌,然后见底。
- 美元贬值,然后见底。
- 经济生产力成长减缓,然后见底。
- 经济成长趋缓。
- 商品价格下跌。
- 短期利率下降。
- 通货膨胀舒缓。
- 工资成长减缓。
- 长期利率下降。

我们已经解释过这些力量,说明了相关行为与发生理由,讨论了投资人的应对方法。

因此,我们的第二个目标是学习如何辨识投资风险与机会,以及各种不同资产特别具有投资价值的条件。我们建议投资人如何按照经济与金融循环的阶段变化,管理这些资产,尽可能创造投资组合的最大价值。

本章准备讨论公司如何通过管理而发展策略来增进股东的持有价值,过程内将探讨前文提到的一些投资决策力量。企业领袖在追求最大经营绩效的过程中,同时也可以提高股东的投资报酬。在这个范围内,我们将讨论企业的主要功能,简略探讨计划程序,说明公司首席经济顾问扮演的角色。最后,我们将观察公司如何运用经济与金融循环所驱动的力量。这些循环与力量无论如何都会发生,为什么不利用它们呢?

当经济与金融循环由某个阶段演变到另一个阶段,过程内将释放种种力量,企业可以运用这些力量来增进股东的持有价值。换言之,企业界可以充分运用每个阶段发生的各种现象。

当企业的每个功能单位都针对相同经济循环假设采取行动，公司也同时可以达到利润最大化的目标。一旦取得管理阶层的认可之后，首席经济顾问有责任让每个功能单位都了解前述的相关假设。所以，本章的宗旨是提供一种处理方法，说明如何组织与解释资讯。最后，我们将观察最高管理阶层如何通过某些决策程序来创造最大的股东持有价值。

决策架构

首先让我们观察公司的主要决策功能与重要责任参数。通过这种程序，我们更容易了解最高管理的功能与首席经济顾问之间的互动关系，解释如何通过经济循环的演变来执行公司政策。

公司董事长有责任设定明确的经营目标与方向。他必须了解公司产品面临的经济环境，领导公司走向成长最快速的领域。如何评估董事长的领导绩效呢？这取决于他如何调和各种政治与市场的限制，充分运用与发展公司管理资源。

公司总经理的主要任务是让公司劳动尽可能平顺，完成董事长设定的目标。总经理必须处理一些更细节的程序，协调各个功能领域的工作范围与执行绩效。

财务总监的主要功能在于整理公司资料流量，编制各种财务报表。由作业角度观察，财务总监必须与银行机构保持良好关系，让公司董事会通过的投资计划能够取得最廉价的资金融通。另外，财务总监还必须管理公司的债务工具，保持适当的固定负债／流动负债比率，规避汇率与利率变动可能造成的风险。

采购是另一项重要企业功能。采购副总经理的责任类似于财务总监，必须与供应商之间保持良好的沟通，务必让公司需要的原材料能够准时交货。另外，采购副总经理还必须负责管理商品相关投资组合，规避商品价格波动可能造成的公司生产成本增加。

行销副总经理负责把公司产品推到市场，决定适当的产品价格与其他配套措施。所以，行销副总经理代表市场与生产单位之间的沟通关键，必须让生产部门了解市场需要什么品质与价格的产品。

生产副总经理负责按照行销状况与存货控制来调度生产计划，使得公司产品能够顺利交运。

最后，工程副总经理负责取得必要的机械设备，并且安排产能扩增或提高生产力的相关计划。

这些主管应该定期聚会（通常每星期至少一次），由董事长查核每个功能领域内主要计划的实施进度。某些公司把这个决策小组称为政策委员会，在董事长的领导下，负责拟订公司的发展计划。

提升股东持有价值的时效管理策略

企业可以通过很多方法来管理公司事务，增进股东持有价值。举例来说，策略联盟、合并、购并、产品发展、创新领导都可以提升市场地位，让公司的销售与盈余成长超越平均水准。不论通过哪种方法促进公司成长，管理阶层都可以运用本书讨论的一些时效观念（参考图13-1）来增进股东持有价值。

经济与金融循环的演变将释放强大能量，不论公司经营阶层是否了解，这些能量都将直接或间接影响所有企业。若是如此，企业界为什么不利用经济循环的发展，借以增进股东持有价值呢？

以下简单列举一些项目，说明企业如何拿捏决策时效：

- 购并与结束投资。
- 产能扩充。
- 生产力提升方案。
- 聘用新人。
- 采购。

- 出纳。
- 产品定价。
- 生产与存货控制。
- 购并与结束投资。
- 产能扩张。
- 生产力提升方案。
- 聘用新人。
- 采购。
- 财务。
- 产品定价。
- 生产与存货控制。

按照经济与金融循环的发展,拿捏管理与投资决策的时机,才能在风险经过调整的基础上,大幅增进股东持有价值与投资绩效。

经济循环与决策时效

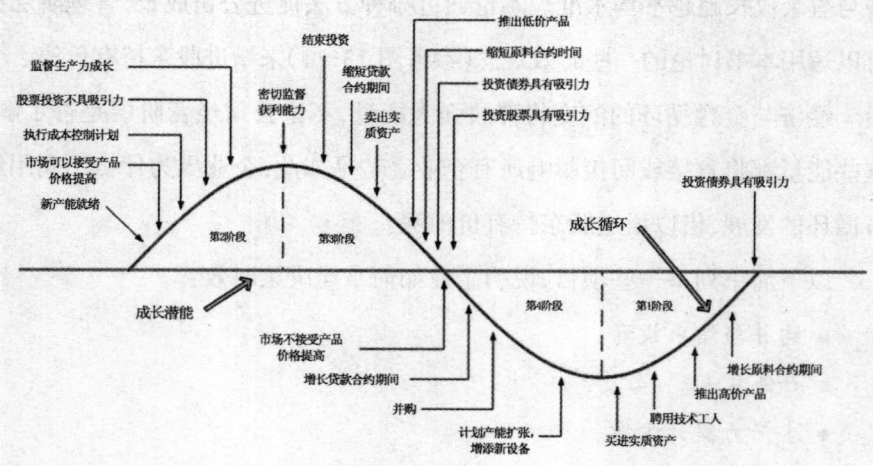

图13-1

13 增进股东持有价值

购并与结束投资

基于主要策略考量,企业经常购并新公司,或出售公司的某个部门。如果公司希望多元化经营,引进高成长潜能的新产品,可能需要购并其他公司,借以增加市场占有率,提高市场能见度,强化竞争能力。某些企业可能基于扩充产能的需要而购并其他公司,因为该企业没有充裕时间或基于其他经济理由不愿自行安排生产设施。

反之,公司也可能为了更专心经营本业而出售一些次要部门或单位。或者,企业可能因为某些部门绩效不彰,或管理阶层必须向华尔街市场证明本身的获利能力,于是出售一些部门,借以取得资金流量。

总之,不论结束投资或购并新公司的理由何在,这些决策究竟应该在经济循环的哪个阶段付诸执行,影响往往很大。什么时候是购并新公司的最佳时机呢?经济成长减缓,商品价格与利率趋于下跌,通货膨胀没有明显压力,景气状况很差而企业获利空间很小,这些现象通常代表购并新公司的最佳时机。在这些情况下,经营不善的企业经常被迫出售部分资产而求取生存。在这些情况下,某些公司可能基于策略考量或筹措周转资金而出售资产。对于管理完善的企业,如果希望寻找适当购并对象,增进股东持有价值,这个时候是执行购并计划的最适当机会。在景气的谷底,当经济刚要开始复苏之前,代表购并的好时机;一旦景气开始好转,新投资的效益可以立即显现。

出售公司资产或部门的最佳时机,刚好与购并新公司相反。在经济最繁荣、商品价格上涨、短期与长期利率走高、工资快速成长、通货膨胀压力显著的情况下,往往是处理公司资产的最佳时机。由于景气状况极佳,买方愿意支付高价,这时出售资产可以卖得最好价钱。另外,买方可能急需这些资产来扩充产能。

产能扩充

什么时候应该扩充产能呢?这是最困难的决策之一,因为管理阶层必须透视未来的发展。一般来说，在经济最繁荣、成本上涨最快的时期，也最需要扩充产能。这段期间内，生产设备与人力资源最缺乏，生产主管有最充分的理由扩充产能，也最容易说服最高决策者。

不幸的是，这通常也是实际扩充产能的最差时机。为什么呢？执行庞大的计划需要一段时间，当新产能就绪的时候，经济状况可能已经走缓，新设备可能根本没有机会派上用场。

执行产能扩充计划的最佳时机在经济景气很差、商品价格下跌、利率与债券殖利率巨幅下滑、失业状况恶化、美元走贬的期间。这个时候，货币供给也开始加速成长，显示经济状况大约在两年之后显著好转，所以目前付诸执行的产能扩充计划刚好可以应对随后的强劲需求。

在景气衰退期间扩充产能有几个优点：由于此时属于买方市场，相关厂家或供应商都非常愿意配合。另外，利率水准显著偏低，投资计划的资金融通成本也可以尽量压低。还有，由于失业情况恶化，工资成长减缓，扩充产能所需要的劳工成本与人事费用都可以大幅节省。

生产力提升方案

对于所有企业而言，提升生产力是一种持续进行的程序。可是，在成本快速上升的时期，这些方案显得更重要。大约在货币供给开始加速成长的两年之后，经济成长逐渐趋于白热化，这个时候迫切需要通过一些程序来降低成本，或通过提升生产力来抵消成本增加的威胁，如此才能维持原有的获利能力。

举例来说，在景气繁荣期间，经济增长率较长期平均水准可能高出2%到3%；在这种情况下，假设企业生产成本增加4%，生产力成长率（每单位工时的生产量）就至少必须是4%，才足以冲销单位成本增加对于企业获利能力的影响。执行生产力提升方案的最佳时机，是在经济成长相对缓慢的时期。理由请参考前一节扩充产能的讨论。

13 增进股东持有价值

聘用新人

在企业人力资源的考量上，聘用新人是最重要的长期决策之一。聘用新人——尤其是具备特殊技术人才的最理想时机，是劳工供给最充裕的时候，这当然也就是经济成长相对缓慢的期间。换言之，当时的经济增长率低于长期平均水准、工资成长缓慢、失业率下降、商品价格下跌、利率走势下降。

经济繁荣时期是聘用新人的最糟时期，因为当时的劳工需求迫切，工资加速成长，失业率下降到最低水准。当时，商品价格也大幅攀升，利率水准走高。这个时候很难找到条件适合的专业人才，除非支付高薪挖墙角。

采购

采购部门必须确定供应商能够稳定提供原材料给公司生产部门。不只要取得数量充裕的原材料而已，还必须按照最低价格取得原材料。为了完成这些目标，采购部门必须把公司生产所需要的原材料当做一种投资组合来管理。

经济学原理告诉我们，供给最充裕的时候，商品价格最低廉，这发生在经济成长迟缓的期间，当时的成长率低于长期平均水准。这个时候，失业率上升，利率下降，报章媒体的头条新闻不断强调软着陆或经济衰退。

经济成长迟缓的期间，让公司采购部门有机会逐渐延长原材料采购合约的期限，把未来几个月所需原材料的价格锁定在目前水准。一旦察觉物价开始上升，确定经济已经由谷底翻升，商品价格也见底，这个时候就应该积极延长原材料采购合约的期限。

当经济成长趋于白热化，整个景气发展在未来几个月内可能逐渐由盛转衰，那就应该缩短原材料采购合约的期限，如此才能掌握价格下跌的好处。采购部门面临的投资组合管理问题，非常类似于财务部门处理的债务管理问题。

财务

企业财务部门必须负责维系银行关系,确保公司资金融通不会发生困难,而且能够按照最低利息成本取得投资或其他用途所需的资金。虽然浮动利率借款的利息成本较不稳定,但历史证据显示,通过货币市场的短期利率进行融通,成本往往最低廉。可是,短期利率毕竟非常不稳定,一般企业都希望部分债务采用固定利率,即发行长期债务工具。

所以,管理债务投资组合就是公司财务部门的主要功能之一。财务主管必须决定浮动利率与固定利率债务之间的比率,他所面临的问题完全与采购部门相同。

经济成长步调趋缓的时期,由于利率下降,应该提高浮动利率债务的比率。当时,除了利率水准下降之外,失业率上升、通货膨胀的威胁趋于缓和、商品价格走势疲软。

如果有充分证据显示经济成长将逐渐攀升到平均水准之上,财务主管应该减少浮动利率借款比率,延长债务投资工具的到期时间。当经济开始复苏,货币供给通常会加速成长,商品价格触底回升,失业率逐渐下降。

产品定价

对任何一个企业来说,更改产品定价都是一项重大决策,因为错误估算可能造成消费者负面反应,甚至影响产品的市场占有率。经济成长趋缓期间,商品价格下跌,通货膨胀压力减缓,失业率上升,消费者对于产品价格特别敏感,但管理不善的公司为了维持既有的获利,可能被迫调高产品价格。这通常是最不适合调高产品价格的时机,因为消费者可能转向竞争者购买价格较低廉的类似产品。结果,调高产品价格之后,市场占有率可能降低,原本期待改善的获利水准甚至还会进一步恶化。

当消费者能够体谅公司调整价格的苦衷,才是调升产品价格的适当时机,也就是当通货膨胀压力显著,物价普遍上涨之时。当时,经济增长率超过长期平均水准,利率走高,失业率下降。在经济循环的这个阶段调高产品价格,把成本上涨的压力转嫁给消费者,比较容易得到认同,不会影响市场占有率。

另一个避免调高价格的方法,是变更产品内容或引进新产品。也就是所谓"大饼缩小"策略。一旦产品获利能力受到经济不景气的挤压,未必要调高产品价格来维系获利能力,也可以考虑引进一些成本较低的新产品。同理,在经济繁荣期间,不一定要单纯调高产品价格,可以推出一些噱头十足或豪华版的产品。

生产与存货控制

生产与存货控制必须随时反映销售状况与经济循环发展步调,如此才能在适当的时间,在适当的场所,供应适当的产品。公司行销部门与首席经济顾问也必须密切留意生产与存货控制,如此才能掌握经济循环发展对于销售、存货、整体生产成本的影响。这方面的资讯也需要传达给工程部门,以便在制造成本受到压力时,即时调整或执行生产力提升计划。

首席经济顾问的功能

首席经济顾问的主要功能,是在企业决策过程中,收集有关经济与金融循环的资讯,留意任何有关经济成长的预测。首席经济顾问每个月都需要向政策委员会报告,政策委员会成员包括:董事长、总经理、财务总管、会计、采购副总经理、行销副总经理、生产计划与控制副总经理、工程副总经理等,提供有关经济状况与其发展趋势的资料。

首席经济顾问的主要工作不是提供精确的预测,那是不可能的。他的职责是根据经济状况提供一些假设,并且让政策委员会了解经济循环发展的阶段。然后,由政策委员会决定如何运用这方面的资讯与假设。

有关经济循环发展的资讯与假设决定之后,董事长与总经理需要征询政策委员会的每位成员,请他们就本管理部门提出应对计划。所以,公司每个执行部门的每个决定都会配合共同的经济假设:成本趋势、商品价格、劳工市场状况、利率、销售量、通货膨胀等。唯有这种根据经济循环发展而相互协调的决策程序,才最有可能增进股东的持有价值。

结　论

经济与金融循环历经各种不同的阶段,都会释放出强大的能量。这些力量都是先前事件造成的结果,驱使经济与金融体系朝均衡状态发展。举例来说,如果货币供给成长太快,将导致非常强劲的经济表现,接下来将是利率上扬,通货膨胀恶化。

通过负面回馈的程序,利率上升与通货膨胀恶化将造成货币需求减少,最后又造成货币供给成长减缓。因此,我们的经济与金融体系包含自我规范的机制,使得长期经济增长率能够维持在2.5%到3.5%之间,实际的成长情况取决于当时的通货膨胀压力与政府管制。

随着经济与金融循环演变而释放的力量,创造了投资机会与风险。这些有助于拟定成功投资决策的力量,对于企业管理的决策程序也同样造成影响。企业体系的所有功能领域都不免受到经济与金融力量的冲击。企业管理当局可以运用这些力量来增进股东的持有价值。

可是,决策不应该是闭门造车的程序。重要的策略计划必须建立在所有高级主管都认同的经济与金融循环假设之上。如何归纳整理这些假设,则属于公司首席经济顾问的责任。经济与金融循环的假设,必须经由董事长与政策委员会认可。

一旦认同这些假设,同意经济与金融循环发展的当前阶段,以及它们对于公司的意义之后,总经理必须负责所有短期计划与策略都付诸执行。

为什么能够增进股东的持有价值呢？因为所有执行单位的决策都建立在共同的假设与预期之上,而不是各自为政、彼此冲突(参考图13-1)。当然,首席经济顾问提出而经由董事长与政策委员会认可的假设还是可能发生错误——任何预测都免不了这种风险。可是,当董事长、政策委员与首席经济顾问在下个月的聚会中,将讨论新的假设,详细检讨过去假设的失误之处,让整个管理阶层都充分了解与掌握最新的经济与金融循环演变状况,据此修正过去的决策。这种程序也同样发生在投资领域,通过修正来提升投资组合的绩效。

14
结论：指标排列结构和应对策略

第一章讨论的方程式"15%+15%+15%－15%=6%"告诉我们,投资人最主要的目标是避免发生亏损。只要某年发生亏损,过去几年辛苦累积的报酬就会受到严重侵蚀。在这个前提之下,本书准备回答两个问题。投资风险有多高？投资风险正在增加或减少？关于第一个问题的答案,我们提出一系列指标,借以反映股票市场的投资风险程度。

关于第二个问题的答案,本书提供一个架构来显示每种参数未来的可能发展方向。通过这个架构,一旦投资人判断股票市场已经进入高风险区域,就可以考虑其他投资对象。

举例来说,我们知道短期利率是评估股票市场投资风险的参数之一。短期利率上升,代表股票投资风险提高。如果短期利率连续上涨两三个月,风险程度就很高,股票市场比较适合短线交易而不是长期投资。

掌握短期利率未来的变动方向,对于投资人有什么意义呢？如果短期利率不久之后将下跌,这代表股票市场投资风险已经接近最高水准,可能也将开始下降。反之,如果短期利率很可能继续上升,那么投资风险还会进一步上升。按照这种情节发展推断,或许应该采取比较谨慎的投资方法。

你现在已经拥有足够的工具来解决这些难题。如果货币供给成长过去一年来都处于减缓状态，成长率在 0 到 3% 之间，经济成长也低于潜在水准（过去 5 年到 10 年的平均成长率），商品价格走软，采购经理人指数低于 50，那么短期利率很可能在近期之内创峰位。

我们最初曾经提到，评估股票投资风险是本书的最后一个主题。为什么？本书就像一幅马赛克镶嵌画，首先需要讨论每个部分，最后才能拼凑为整幅图形。

关于投资

赚钱的方式有很多种。你可以只赚取稳定收益，也可以尝试赚取资本利得。某些投资人认为股利是重要的收益来源，就如同债券利息一样。投资组合的总报酬包括利息、股利与资本利得。本书讨论的方法，是管理风险调整之后的总报酬，即通过管理价值波动或管理风险来管理投资组合的总报酬。

通过风险管理，可以避免痛苦的损失，使得投资报酬稍微稳定一些。如同我们稍早提到的，即使过去三年的报酬率每年都是 15%，只要今年发生 15% 的亏损，则四年来的平均年度报酬只有 6%。市场对于亏损的惩罚非常严苛，因为这代表机会损失。管理下档风险的效益，远超过管理上档的机会。

我们建议的方法是资金管理，不是金钱游戏。你必须处理整个投资组合，管理整体组合的报酬波动，务必设定合理的目标。没错，对于某些行情，某些投资方法可以创造 10%、20%、30% 甚至 100% 的报酬率，但这类表现顶多只能维持几个月，绝对不属于常态。常态水准的报酬率大约每年为 9% 或 10%。把目标调降到合理水准，如此才能把投资组合的风险程度也维持在合理水准。

某些情况下，债券可能是值得投资的对象，因为利息收益与资本利得潜能都非常可观。绝对不应该只考虑股票，通货膨胀肆虐过一阵子之后，债券投资可能极具吸引力。一旦长期利率开始下滑,债券可能出现可观的资本利得机会。没错,股票行情也可能好转,但债券价格走高的可能性更甚于股价上涨。

投资组合至少每个星期都需要衡量一次绩效。每个星期,你都应该计算投资组合的总价值,与前一星期的数据比较。把投资组合报酬率绘制为图形,然后与 S&P 500 或道·琼斯工业指数之类的大盘指数比较,评估投资组合的相对绩效。

每星期都应该检讨投资组合内每支个股或共同基金的走势图,如此才能了解哪些投资对象对于整体绩效有所贡献,哪些对象造成损失。这方面的检讨可以用来调整投资头寸,表现不佳的头寸应该降低规模,绩效理想的头寸可以考虑增加投资。这类价格走势图很容易取得,有很多网站都提供这方面的资料。

最后,如同任何策略游戏一样,投资属于知识游戏。所以,你应该随时留意与汲取投资工具、技术与策略方面的知识,定期检讨投资组合管理上所需要的各种指标。这些检讨可以让你形成有效的投资架构、度量尺标与参考准则,因为它们都经过实际测试,确实符合你的个性。

实际着手进行之前,必须评估自己的胜算。你必须确定相关准则符合自己的投资目标,而且过去从来没有造成严重亏损。如果不太确定的话,最初投入的资金不要太多,看看实际运作的情况如何,务必要保持耐心。唯有当你对于自己的投资绩效越来越有信心,实际表现真的符合预期,才可以逐渐扩大投资规模。总之,绝对要遵守投资准则,维系纪律规范。唯有如此,才可以降低风险。只有风险程度趋于下降的期间,才可以增加投资;反之,如果市场风险升高,应该减少投资规模。每个行动或每项调整都应该慢慢进行,绝对不可鲁莽行事。

拟定可靠的投资情节

把金融市场视为整体经济循环的一部分,因为我们可以通过领先指标、同时指标与落后指标的架构来观察金融行情演变。经由这种程序,投资人可以掌握非常有效的工具,借以评估市场状况的发展,所建立的投资策略也符合领先指标、同时指标与落后指标当时显示的架构。

我们认为,投资人需要追踪的指标都与下列模型有关(请参考图5-1):

- 领先指标出现峰位,接下来……
- 同时指标出现峰位,接下来……
- 落后指标出现峰位,接下来……
- 领先指标出现谷底,接下来……
- 同时指标出现谷底,接下来……
- 落后指标出现谷底,接下来……
- 领先指标出现峰位。

依照这种规律,经济与金融循环不断重复推移。对于投资人来说,前述关系还有一项重要意义。在经济与金融循环的每个阶段,投资人对于股票市场的看法都只有一个。换言之,领先指标、同时指标与落后指标的每个排列架构,都只对应一个答案,投资人都只能由一个合理立场来建构投资策略。

为了详细说明这点,让我们考虑领先指标、同时指标与落后指标的一些排列架构(参考图14-1)。为了解释方便,我们采用领先指标、同时指标落后指标等集合名词;实际上,领先指标可以是货币供给成长率或股票价格,同时指标可以是经济成长率,落后指标可以是商品价格、通货膨胀、短期利率或长期利率。

14 结论：指标排列结构和应对策略

本书发展的逻辑推演，可以协助投资人辨识领先指标、同时指标与落后指标之间的排列结构与形态。对于我们考虑的经济与金融循环，任何一种排列或形态都只对应一种结论。

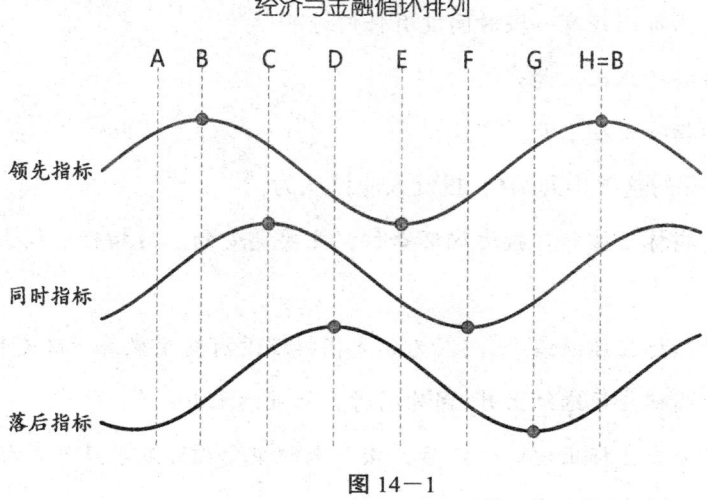

图 14—1

排列结构 A

观察指标走势图，投资人发现：

- 领先指标正在上升；
- 同时指标正在上升；
- 落后指标正在上升。

根据指标的这项排列结构，投资人应该认为：

- 领先指标应该继续上升，因为领先指标的上升走势还没有做头迹象；
- 同时指标应该继续上升，因为领先指标继续上升；
- 落后指标应该继续上升，因为同时指标继续上升；
- 接下来的重要循环发展是领先指标出现峰位，因为落后指标处在上升走势（参考排列结构B）。

排列结构 B

观察指标走势图,投资人发现:

- 领先指标已经有一段时间没有任何进展;
- 同时指标正在上升;
- 落后指标正在上升;

根据指标的这项排列结构,投资人应该认为:

- 领先指标应该非常接近循环峰位,主要是受到落后指标继续上升的影响;
- 同时指标应该继续上升,因为领先指标还没有发生显著下降走势;
- 落后指标应该继续上升,因为同时指标继续上升;
- 一旦领先指标出现峰位之后,接下来的重要循环发展是同时指标也会出现峰位(参考排列结构C)。

排列结构 C

观察指标走势图,投资人发现:

- 领先指标正在下降;
- 同时指标已经有一段时间没有任何进展;
- 落后指标正在上升。

根据指标的这项排列结构,投资人应该认为:

- 领先指标应该继续下降,因为落后指标继续上升;
- 同时指标应该非常接近循环峰位,主要是受到领先指标下降的影响;
- 落后指标应该继续上升,因为同时指标还没有发生显著下降走势;
- 一旦同时指标出现峰位之后,接下来的重要循环发展是落后指标也会出现峰位(参考排列结构D)。

14 结论：指标排列结构和应对策略

排列结构 D

观察指标走势图，投资人发现：

- 领先指标继续下降；
- 同时指标正在下降；
- 落后指标已经有一段时间没有任何进展。

根据指标的这项排列结构，投资人应该认为：

- 领先指标应该继续下降，因为落后指标还没有出现明显的跌势；
- 同时指标应该继续下降，因为领先指标继续下降；
- 落后指标应该非常接近循环峰位，主要是受到同时指标下降的影响；
- 一旦落后指标出现峰位之后，接下来的重要循环发展是领先指标触底回升（参考排列结构E）。

排列结构 E

观察指标走势图，投资人发现：

- 领先指标不再下降；
- 同时指标继续下降；
- 落后指标继续下降。

根据指标的这项排列结构，投资人应该认为：

- 领先指标应该非常接近循环谷底，主要是受到落后指标下降的影响；
- 同时指标应该继续下降，因为领先指标还没有出现明显的上升走势；
- 落后指标应该继续下降，因为同时指标继续下降；
- 一旦领先指标触底回升之后，接下来的重要循环发展是同时指标出现谷底（参考排列结构F）。

排列结构 F

观察指标走势图，投资人发现：

- 领先指标正在上升；

- 同时指标不再下降；

- 落后指标正在下降。

根据指标的这项排列结构，投资人应该认为：

- 领先指标应该继续上升，因为落后指标正在下降；

- 同时指标应该非常接近循环谷底，主要是因为领先指标继续上升；

- 落后指标应该继续下降，因为同时指标还没有出现明显的上升趋势；

- 一旦同时指标触底回升之后，接下来的重要循环发展是落后指标出现谷底（参考排列结构G）。

排列结构 G

观察指标走势图，投资人发现：

- 领先指标正在上升；

- 同时指标正在上升；

- 落后指标不再下降。

根据指标的这项排列结构，投资人应该认为：

- 领先指标应该继续上升，因为落后指标还没有出现明显的上升趋势；

- 同时指标应该继续上升，因为领先指标继续上升；

- 落后指标应该非常接近循环谷底，主要是因为同时指标继续上升；

- 一旦落后指标触底回升之后，接下来的重要循环发展是领先指标出现峰位。

由这个时候开始，整个循环又重新来过，投资人应该期待不久之后将出现排列结构 B。

基于不同的循环，转折点之间涵盖的期间长度可能差异颇大，因为每个循环都有不同的性质。以下提供一些简单的准则，但不可毫无弹性地套用，务必要先彻底观察当时的金融循环状况，并且比较目前与先前的循环。

14 结论：指标排列结构和应对策略

观察过去的经济与金融循环历史资料，我们发现下列关系：

- 领先指标峰位领先同时指标峰位的期间为一两年。
- 同时指标峰位领先落后指标峰位的期间为大约六个月。
- 落后指标峰位较领先指标峰位的领先期间少于六个月。
- 领先指标谷底领先同时指标谷底的期间为一两年。
- 同时指标谷底领先落后指标谷底的期间为一两年。
- 落后指标谷底较领先指标谷底的领先期间为一到六个月。

归纳前述领先／落后关系的过程中，领先指标采用货币供给成长率与股票价格，同时指标采用工业产量，落后指标采用通货膨胀、利率与商品价格成长率。重复强调一次，这些关系非常粗略，实际运用时务必要观察当时的循环状况。

股票投资

市场风险状况不断变动，你必须每分钟、每天、每星期、每个月都进行评估。一旦市场风险发生变化，不论你的时间架构如何，投资金额都应该调整。就如同精明的赌徒一样，应该根据胜算调整赌金或资金。

如果所有的条件都很好，投资人应该维持100%的持股。下列情况代表最棒的买进时机：

- 景气状况不理想，经济成长趋缓。当时，货币供给成长减缓的情况至少已经发生一年以上，成长率维持在0到3%之间，经济增长率则低于2.5%或3%。大部分领先指标都处于下降状态或成长趋缓。消费者缺乏信心，国家采购经理人协会的指数水准低于50。
- 金融循环阶段展现的特色是货币供给成长加速，显示联邦储备银行决定放松银根，增加货币供给来刺激经济活动。
- 短期利率下降或维持稳定。这种趋势可以进一步确认货币供给成长率将继续上升,联邦储备银行继续采取宽松的货币政策。

● 商品价格下降或维持稳定。这种趋势显示经济状况仍然疲软,通货膨胀压力不至于构成威胁。

● 通货膨胀持续下降或维持稳定。这种趋势可以进一步确认经济状况仍然处在有利投资的景气循环阶段。即使是在"低通货膨胀"期间,仔细观察经济成长形态还是可以得到经济循环阶段的重要资讯。

● 债券殖利率下降或维持稳定。债券殖利率下降或稳定可以确认通货膨胀趋缓,当时的经济循环阶段有利于股票投资。如果要评估债券殖利率所蕴涵的通货膨胀压力,应该采用实质利率水准。

● 由历史角度观察当前的10年期公债殖利率与市场本益比关系,股票市场的价格水准应该很合理。利用当时的10年期公债殖利率为基准,观察当时的股票市场本益比,如果该本益比落在历史区间的下限附近,这意味着股票市场价格偏低。

● 殖利率曲线形状趋于平坦,或保持相对平坦的形状,意味着经济成长仍然趋缓。

● 美元走势较强,显示国际市场对于美国经济的信心。

● 股票成交量扩大,逐渐逼近新高纪录。这是非常重要的技术指标,因为股票涨势绝对需要买进力道配合。

这些都是评估市场风险的重要参数。一旦这些参数的趋势发生变动,市场风险也随之变化。如果参数的趋势朝负面方向变动,市场风险就提高,投资报酬下降的几率就上升。

投资人应该随时根据这些参数的趋势来判断股票市场当时的风险方向。其次,应该预测这些参数的发展趋势是否会变动,然后按照本节讨论的方法,评估市场风险的变动方向。现在,你已经具备这方面的基本工具。

如果分析结论显示风险下降或风险偏低,那么态度就要更积极,增加持股比率。反之,如果分析结论显示股票市场最近两三个月以来的风险持续增

14 结论：指标排列结构和应对策略

加,就应该保守一点,减少持股比率。

务必记住,股票市场历经三个截然不同的阶段：多头市场初期,多头市场延续,以及多头市场最后阶段。前文已经说明如何根据经济与金融状况来辨识这些阶段（参考第十章与第十一章）。重点是如何客观认识当时所发生的一切,接受资料所告诉你的讯息,然后采取对应的行动。某些情况下,由于没有时间或因为情绪问题,我们很难接受资料所显示的讯息,更难按照这些讯息的指示采取必要行动。基于这个缘故,每当拟定重大决策的时候,务必要保持冷静与客观。

股票之外的投资

是否还有股票之外的其他替代投资对象？如果股票市场风险很低,当时的状况非常适合股票投资,那么这个问题的答案是否定的。为什么？很多相关研究文献都显示,在适合股票投资的情况下,股票投资绩效明显优于其他资产。

可是,基于分散投资的缘故,还是应该考虑股票之外的其他资产。当经济成长步调明显趋缓、商品价格下降、实质利率水准偏高、通货膨胀舒缓等经济条件下,长期债券特别值得留意。

如果经济发展趋于白热化,货币供给快速成长,实质短期利率已经逼近历史偏低水准,在这种情况下,可以考虑投资实质资产,例如：房地产、商品、贵金属、硬币、艺术品等。20世纪70年代就发生这类情形,实质短期利率非常低,导致通货膨胀急速恶化,实质资产价格飙涨。

风险管理

现在,你已经掌握了一些历经长期考验的投资准则,可供你评估股票投资的风险资讯。另外,你已经充分了解各种指标之间的关系,以及这些指标与股票市场之间的关系。所以，你现在已经具备足够的知识，可以处理所需要的资讯。

第三个重要步骤是风险评估。你必须根据各种经济变数来评估风险，包括：金融循环的演变方向、短期利率、美元、通货膨胀、商品价格、长期利率、殖利率曲线，然后根据10年期公债殖利率与S&P 500指数本益比之间的关系来评估股票价格水准。观察这些变数的状况，就可以了解股票市场的风险程度。

第四个步骤是利用本书提供的架构与资料，评估风险的变动方向。这方面的评估没有必要太深入，只要追踪各种指标的走势，就可以大约了解市场最可能的发展方向。

这四个步骤：收集资讯，通过本书取得的知识来处理这些资讯，评估风险程度，以及判断风险变动方向——应该足以让你拟定明智的策略。执行这些策略的结果，应该可以协助你判断哪些资产的投资应该增加或减少。你或许应该减少10%的持股，把这部分股票转变为现金。请记住，这个程序必须定期执行，或是每天，或是每周，或是每个月。衡量投资绩效与评估市场风险（拟定对策）的时间最好错开，分别在不同的日子里进行。

管理投资组合也有四个重要步骤。通过本书提供的知识处理资讯，评估市场风险，评估风险变动方向，根据评估结果拟定对应策略。衡量投资组合绩效代表最后的成绩单，显示你的表现成果。整个程序必须每周进行，目标是减缓投资组合的价值波动，让投资组合维持最佳结构，所有持股都有最杰出的表现。永远都使用一套最优的选股方法，永远都投资最棒的共同基金。

投资需要很多时间，专业投资人花费大量的时间与精力才得以成功。如果你希望胜过那些专业玩家，就需要加倍努力。投资是一场零和游戏，你的亏损造就别人的获利。请注意，你的对手非常精明，准备充分，掌握最佳的工具。这是一场知识的对局，所以你必须取得知识。更重要的是，这是一场纪律严明的对局。总之，唯有纪律严明地套用这些内容，你才可能成功。

15
接着如何着手

我们已经接近本书的尾声,但还是有问题:接着如何着手?对于初学者或进阶投资人来说,如何运用这些有关经济与金融循环的内容、理论、关系与资讯呢?本章尝试回答这个问题。

本章采用问答格式,内容可以分为6个部分。由资料收集开始,到绩效衡量为止,我们都针对相同的关键问题,协助管理你的权益。第一节处理资料收集问题。我们将由最简单的部分着手,然后讨论你可能需要增添的资料。我们也会说明资料的计算程序和资料来源。第二节说明资料分析方法。

第三节讨论如何预测。这部分实际上比较像是情节分析,让你了解各种替代投资方案,以及每种方案涉及的风险。

资料收集

问:究竟需要收集哪类资料,请让我有个概念。

答:有几类资料很重要。第一,有关经济方面的资料,包括:经济循环、经济成长速度、经济循环加速或减速发展的程度。

第二,有关货币方面的资料。这些资料提供金融循环的资讯,也反映联邦储备银行的态度与行动,说明金融市场与你的投资将受到什么影响。

第三,有关利率方面的资料。这些资料很重要,因为你需要利用它们来评估利率的经济与金融循环。由于利率对于金融市场的影响很大,所以需要收集与解读这方面的资料。

因为通货膨胀对于经济与金融循环构成重大影响,这方面的资料也很重要。为了收集通货膨胀资料,显然需要先收集主要商品的价格资料,因为它们是造成通货膨胀压力的主要因素。由于商品价格都属于市场交易资料,不像其他资料需要由政府整理公布,所以算是即时资料,显示经济循环目前的状况。

最后,有关股票市场本身的资料,让你了解市场内部力量与股票投机程度。

问:这些资料应该如何整理才方便观察?

答:首先,你应该把它们誊写到专门的绘图纸或是电脑表格软件。电脑表格软件可以让你直接利用输入资料绘图或编制表格。事实上,我建议你在同一份图形上绘制两三种资料的走势图,并列图形比较容易观察重复发生的形态,也比较容易寻找本书讨论的关系。一旦你熟悉这些技巧之后,最后也可以自行发现新关系。

问:请告诉我,经济循环最基本的分析需要哪些资料?

答:为了充分了解经济循环与其发展过程,重要资料包括:

- 工业产量指数。这是有关制造部门的月份资料,能充分反映整体经济活动与成长状况,也能显示商品价格的变动趋势。

- 国家采购经理人协会指数。这项指数可以就经济变动方向与成长速度提供资料(换言之,指数水准超过或低于50的程度)。

- 国内生产总值。这项资料的公布时间稍嫌太迟,没有什么战术意义。可是,仍可以让你大致了解整个经济的表现状况与成长形态。

15　接着如何着手

- 零售销售量。这些资料可以显示消费者部门的强度。
- 住宅开工。这些资料可以显示利率对于营建部门乃至整体经济的影响。
- 汽车销售量。汽车销售量趋势可以用来确认经济循环的强弱发展。
- 商业存货。商业存货的成长情况取决于销售量。如果销售表现理想，商业存货通常都会成长，显示经济表现强劲。
- 耐久财订单。一项重要的领先指标，可以显示制造部门与整体经济的发展状况。
- 每个月公布的三项指数。提供领先指标、同时指标与落后指标的资料。
- 失业救济申请人数。反映整体经济状况，显示劳工市场供需紧松程度。
- 就业资料。每个月初公布，提供就业市场的资料，显示整体经济的健全程度。
- 海外部门资料。资料来源主要有三个。第一个，总部设在法国巴黎的经济合作发展组织（OECD）。圣路易联邦储备银行也提供一些海外经济资料。国际货币基金（IMF）提供所有会员国的统计资料，涵盖面很广。
- 经纪商与主要银行。

问：请告诉我一两项必须追踪的资料。

答：最容易追踪，也绝对能够反映经济状况的资料，是国家采购经理人协会指数。另一个例子是国家采购经理人协会交货指数，显示采购经理人遇到交货延迟的百分率。工业产量指数的变动也应该追踪。

由于整体经济大约有 60% 是由消费者驱动，所以零售销售量也是很重要的资料。基于相同的缘故，就业报告可以透露一些有关劳工市场状况与通货膨胀压力的消息。

问：如何找到这些资料？

答：工业产量指数（衡量制造部门产量）、零售销售量与就业报告的资料可以在圣路易联邦储备银行的网站查询，资料库名称为 FRED。国家采购经理人协会整体指数与交货指数是由国家采购经理人协会(NAPM)公布,可以由该组织的网站下载。

问:另外还需要追踪哪些资料?

答:货币资料可以显示美国中央银行的立场,透露货币政策对于整体经济可能造成的影响。最重要的资料包括联邦储备银行公布的货币供给与全国总债务数据。最重要的货币供给数据为 M1、M2 与 M3。圣路易联邦储备银行提供 MZM(即时到期货币)与调整后货币基准的数据。

所有这些资料(M1、M2 与 M3)每星期都可以在联邦储备银行或圣路易联邦储备银行的网站查询。另外,我建议读者追踪每 8 个星期举行一次的联邦公开市场委员会开会记录。关于议程安排资料,可以在联邦储备银行的网站查询。

问:是否还有其他货币方面的资料可以协助我管理资金?

答:联邦储备银行每星期公布的全国总负债数据,显示美国非金融部门的债务成长速度。这方面的资料也可以反映整个国家的健全程度。年度成长率最好维持在 5%左右。如果水准太高,意味着不平衡,对于经济与金融市场都会造成负面影响。

问:在所有货币方面的资料中,哪一项最重要?

答:货币供给的所有资料都很重要,因为它们可以让你掌握金融循环发展。MZM 的资料最可靠,也最有用。由这个角度衡量货币供给,最能够反映金融与经济循环的发展。

其次是圣路易联邦储备银行公布的调整后货币基准数据,再有就是货币供给的所有其他数据。

问:除此之外,你认为还有哪些资料最重要?

答:利率提供的资讯很重要。最值得追踪的重要利率是 13 周国库券利率。这项利率对于市场任何变动的反应都非常敏感,也最能够反映联邦储备银行的意图。90天期商业本票衡量市场提供资金的短期利率。商业本票与国库券之间的利率差是评估金融市场风险的重要参考指标；码差扩大，意味着风险提高。可是，在这项码差扩大的情况下，股票市场也可能展现强劲走势。

在长期利率方面，5年期、10年期与30年期公债殖利率都很重要。

最后，你也应该追踪BAA等级债券的殖利率。BAA等级债券与公债之间的殖利率码差属于非常重要的指标，其走势与货币供给、股价成长和金融循环发展都有密切的关联。

问：如何找到这些资料？

答：几乎任何金融报纸都提供这方面的资料。其他资料来源包括：圣路易联邦储备银行网站的资料库FRED，或是华盛顿联邦储备银行的网站。

问：在所有利率当中，哪种利率最重要？

答：13周国库券利率，属于最重要的短期利率，对于货币政策变动非常敏感，其走势通常都会领先其他利率。

10年期公债殖利率也很重要，可以就债券投资报酬提供基本资讯，也能够反映市场对于通货膨胀的预期。

问：通货膨胀怎么样？它扮演什么角色？

答：通货膨胀趋势非常重要，因为它会对于金融市场与整体经济造成影响。通货膨胀涵盖的物价包括：消费者物价指数、生产者物价指数、国家采购经理人协会物价指数、就业成本指数，以及铜、铝、木材、黄金、原油等重要商品价格。商品研究局（CRB）原材料现货价格指数也很重要，因为这项指数不只会影响通货膨胀，也会影响整体经济，该指数与工业产量指数之间存在密切的关联。

另外一些不是直接衡量通货膨胀，但与通货膨胀之间存在重要关联的资料，例如：美元相对于其他主要货币（欧元、日元等）的汇率走势、生产力成长率与单位劳工成本。

问：关于整体股票市场的表现，我应该追踪哪些资料？

答：这可能是整份工作的最核心部分，所以需要多费一些心思。对于股票市场来说，你应该追踪：

- 标准普尔500种股价指数（S&P 500）；
- 纳斯达克指数（NASDAQ）；
- 威尔夏5000种股价指数（Wilshire 5000）；
- S&P500指数的本益比；
- S&P500指数的每股盈余；
- S&P500指数的殖利率。

其他有关股票市场本身的重要资料包括：上涨／下跌家数、股价创新高／创新低家数、每周或每天的交易最热络股票。

另外还有人气指标、上涨／下跌股票成交量、总成交量。《华尔街日报》刊载每天交易最热络的股票。前文有关股票市场技术分析的讨论曾经提到一项非常值得参考的指标：计算交易最热络股票15天的涨、跌家数比率。

最后还有海外股票市场与债券殖利率的资料。

问：在这些资料当中，你是否觉得哪些特别重要？

答：涨／跌家数、成交量、上涨／下跌股票成交量、交易最热络股票，以及S&P 500与纳斯达克等市场指数本身。

问：你建议追踪哪项人气指标？

答：《巴伦周刊》每星期都提供美国个人投资者协会（AAII）成员看好股票市场的人数百分率读数。另外，投资人情报公司提供的多头／空头百分率人气指标也值得参考。

如何分析资料

问：收集资料之后，接下来如何处理？

答:资料必须经过整理,然后才可以进行分析,了解其中的含义。接着,预测某种可能发生的情节发展(下一节讨论)。换言之,这是进行预测之前的准备工作。

问:请让我大概了解如何准备资料?

答:所准备的资料需要采用图形格式。

问:你提到很多不同类型的资料,某些是指数,另一些是就业报告、零售销售量等。如何把这些资料汇整为一份图形呢?

答:为了比较苹果与橘子,唯一的办法就是全部采用变动率。这可以让你比较不同的资料,并了解整个经济环境的动态关系。这些指标变动率的些许变化,就足以影响整个金融市场。

问:变动率到底是什么东西?

答:变动率是衡量某项资料过去12个月以来的读数变动百分率,换言之,计算目前月份读数相对于去年相同月份读数的成长百分率。每个月份都重复计算当月份的变动率。

举例来说,假设最近公布的资料是1月份的读数,计算今年1月份的数据相对于去年1月份的数据的成长百分率,这就是今年1月份(相对于去年1月份读数的)的变动率。

问:前述讨论的资料中,哪些需要经过分析,如何表示为图形?

答:第一步是准备经济趋势分析的资料。另一份图形包括国家采购经理人协会指数与国家采购经理人协会交货指数。这些资料的读数摆荡在50上下,实际水准大约相当。两者的走势应该约略相同,但还是运用两组资料来彼此验证。

第二份图形很重要,显示最近12个月以来的零售销售量变动百分率。这些资料可以采用通货膨胀调整之前或之后的数据,读数通常在0到12%之间波动。

接下来的图形是就业率成长率走势图,此处可以采用总就业人口或制造业就业人口。每个读数代表最近12个月来就业成长率的变动百分率,制造业就业人口的波动程度超过总就业人口,更能够显示真正的就业趋势与经济状况。

其次是最近12个月以来的工业产量指数变动百分率。这部分资料显示工业部门的发展,也能够反映制造业就业成长状况。我们将发现这些数据对于商品、利率、通货膨胀等经济变数都有很大影响。这也是接下来的分析主题。

问:为了了解货币政策,我需要追踪多少图形?

答:为了追踪货币政策,你需要追踪联邦储备银行提供的所有资料,以及每周或每月份公布的货币供给资料。首先是最近12个月的MZM变动百分率,显示联邦储备银行注入经济体系的资金。

第二份重要图形显示真实利率,即13周国库券利率减去最近12个月消费者物价指数变动率的状况。举例来说,如果13周国库券利率为6%,最近12个月消费者物价指数变动2.7%,那么真实通货膨胀就是6%减去2.7%,相当于3.3%。真实利率的走势方向往往能够反映联邦储备银行将采取宽松或紧缩的货币政策。真实利率水准也能够显示利率是否具有通货膨胀压力。

问:为了掌握利率变动的状况,哪种图形最重要?

答:你只需要一份图形,同时显示13周国库券利率与10年期公债殖利率。

问:通货膨胀资料如何?

答:就如同利率一样,通货膨胀是重要的经济循环落后指标,其中以最近12个月的消费者物价指数变动率最重要。

其次,准备黄金、原油与铜的价格走势图。黄金与原油价格趋势可以显示通货膨胀的未来发展,铜价变动方向也可以反映经济状况。铜价坚挺,意味着经济表现强劲;铜价下跌,意味着经济表现疲软。

木材是另一项重要商品。木材价格与住宅活动之间存在密切关联,如果木材价格下滑,意味着经济成长趋缓。当然,住宅部门属于经济循环的领先指标,可以确认利率是否上升,后者对于住宅活动将产生负面影响。反之,木材价格上涨,显示住宅部门活动热络,后者通常都是由利率下跌或走稳造成。

美元相对于其他主要货币的走势,是另一项重要资料。美元指数在纽约期货交易所(New York Board of Trade)挂牌。美元走势很重要,因为通货膨胀一旦产生某种程度以上的威胁,只能通过经济衰退才能获得控制,美元走势可以反映这方面的发展而呈现剧烈跌势。如果美元币值下跌,或许应该考虑海外投资机会。

另一项非常值得追踪的资料,是商品研究局(CRB)汇编的工业原材料(现货)价格。这些价格走势图涵盖层面很广,能够充分显示通货膨胀的状况。原材料价格普遍上涨,代表通货膨胀压力转强;反之,如果原材料价格普遍下跌,意味着通货膨胀压力舒缓。另一方面,原始物料价格也能够显示经济状况的强劲程度。其他经济分析的任何结论都可以经由这些图形获得确认。

问:股票市场状况会影响经济发展。反之,经济与金融循环也会影响股票市场。我们仍然需要追踪一些股票市场的图形。就这方面来说,至少需要准备哪些图形呢?

答:需要准备两类图形。第一类是有关股票市场与股价趋势本身的图形。当然,准备的资料越多,追踪的资料越完整,结果就越理想。第二类图形是有关人气指标。

问:哪些是最重要的图形?

答:关于第一类图形,S&P 500 指数与纳斯达克指数最重要。这两个指数是由 5000 多支成分股构成,涵盖美国境内规模最大的企业。这两份股价走势图绝对不可或缺。

其次,纽约证交所总交易量周线图也非常重要。你可以取这份走势图的

15周平滑图形。纽约证交所成交量代表股票市场趋势的领先指标。任何股票涨势如果缺乏成交量配合都不值得信赖。反之，只要成交量显著扩大，往往意味着股价即将上涨。重复强调一次，此处是采用纽约证交所成交量周线图的15周移动平均线。

问：是否还有其他图形能够显示股票市场的超买或超卖状况？

答：第一份图形可以显示股价上涨家数、下跌家数与总家数的周线图，分析对象是股价上涨家数相对于总家数的比率，以及股价下跌家数相对于总家数的比率。这些资料分别经过15周移动平均的平滑，结果的读数摆荡在特定区间内。当指标读数接近区间上限，代表超买；读数接近区间下限，代表超卖。关于如何解释超买与超卖，请参考第十一章有关技术分析的讨论。另一项超买／超卖指标是计算股价上涨成交量相对于股价下跌成交量的百分率，此处也采用周线资料，并且经过15周的平滑。

问：关于人气指标，你建议采用哪种指标？

答：《巴伦周刊》提供许多人气指标，显示看多／看空／中性投资人的百分率，大体上能够精确反映投资市场的人气状况。

预测的准备

问：为什么需要根据相关的分析资料进行预测？

答：你必须了解未来的可能发展，尝试掌握将来可能发生的情节演变。就像下棋一样，你需要考虑很多"如果……则……"的情节，评估其中最可能发生的演变。每隔一个星期或一个月，你需要重新进行这方面的评估，然后根据新的看法调整应对策略。

问：如何着手呢？

答：这些预测基本上是建立在经济循环领先指标、同时指标与落后指标之间的关系上。

详细来说,关于领先指标的预测,你只有采用落后指标;关于同时指标的预测,只有采用领先指标;对于落后指标的预测,则采用同时指标。

问:我还是不十分了解究竟如何着手。

答:最重要的预测,显然是关于股票市场的预测,这是由 S&P 500 与纳斯达克指数来代表。这项预测有两方面需要考虑。一是股票市场的走势方向,另一是股票价格成长率——快速或缓慢成长,这两个问题都很重要。

问:股票市场属于经济循环的领先指标,不是吗?

答:就如同货币供给一样,股票市场确实是经济循环的领先指标。所以,你只能运用落后指标来预测股票行情。

问:你是说,只要观察落后指标的走势状况,就能预测领先指标,如果落后指标持续下降,股票涨势大体上就没有问题。如果落后指标触底回升,就必须非常小心;如果落后指标持续攀升,这意味着股票市场的风险提高。可是,我如何判断落后指标已经见底呢?

答:如何判断通货膨胀与利率的转折点,两者的方法完全相同,因为它们都属于落后指标。重点是你能够通过哪些状况来判断它们的趋势呢?通货膨胀与利率上升之前,货币供给通常都会先加速成长,水准大约介于 0 到 15% 之间。

另外,在通货膨胀与利率上升之前,类似如零售销售量、工业产量与就业水准等同时指标也会上升。这种情况下,国家采购经理人协会指数与国家采购经理人交货指数都会远超过 50。

问:如果货币供给加速成长(0到15%之间),经济状况与同时指标都快速上升(显然超过长期平均水准),就应该预期通货膨胀与利率将走高,是吗?

答:是的。如果你察觉这些状况,而且通货膨胀与利率停止下跌,那么通货膨胀与长期利率很可能就会开始上升。

问:一旦察觉通货膨胀与利率触底回升,就应该了解股票市场风险提高,必须谨慎应对。

答：完全正确。

问：所以，如果通货膨胀与利率开始上升，股价很可能开始下跌？

答：没错。由另一个角度说，当通货膨胀与利率走势做头之前，货币供给成长率通常会下降10%到15%，成长率接近0到3%之间，整个经济状况开始走缓，就业水准、零售销售量、工业产量的成长都低于长期平均水准。同样的，国家采购经理人协会指数与交货指数往往也会下降到50之下。面对着这些情况，你应该预期通货膨胀与短期利率可能做头下滑。

问：当我察觉货币供给成长趋缓，整个经济状况逐渐恶化，然后看到通货膨胀与利率做头下滑，我对于股票市场应该保持什么样的立场呢？

答：货币供给成长趋缓，经济状况恶化，短期与长期利率纷纷下降，通货膨胀压力舒缓，这都代表股票市场即将触底回升而展开另一波多头行情。在这种情况下，股票投资风险很低，不妨大胆进场。

问：所以，预测任何指标，首先都必须知道循环的时间架构。因此，如果希望预测股票行情，首先必须把股票市场视为领先指标，然后利用落后指标来预测领先指标。换言之，我必须分析通货膨胀与利率走势，观察它们究竟呈现上升或下降趋势，然后就可以判断股票市场的风险究竟是提高或下降。

答：没错。另外，如果不确定落后指标（目前考虑的是通货膨胀与利率）的状况，那就观察同时指标。

问：谈到落后指标，我们知道，在金融循环的某些阶段，债券是很棒的投资工具。请告诉我，何时应该买进债券，何时应该卖出。请利用你所建议的图形，告诉我如何预测债券走势。

答：就如同通货膨胀与短期利率一样，债券殖利率属于落后指标。所以，如果你希望预测利率与债券殖利率的走势，就应该观察同时指标。一般来说，当经济情况转差，债券殖利率与利率都会大幅下滑。当时，工业产量成长率低于平均水准，就业状况与零售销售量也下降，GDP成长率通常低于2.5%到3%，国家采购经理人协会指数跌破50。

如果经济状况呈现如此弱势表现，债券殖利率、短期利率与通货膨胀都会下降。反之，当经济状况转强，工业产量快速成长，就业成长，零售销售量也显著成长而接近长期平均水准，采购经理人协会指数向上逼近50，你就应该预期债券殖利率与短期利率即将触底回升。

当所有指标都显示经济状况快速成长，采购经理人协会指数远超过50，债券殖利率、短期利率与通货膨胀将持续走高。

问：商品是否应该被视为一种投资对象？

答：期货市场提供商品合约交易，很多公司企业都通过期货交易规避本业经营上的风险。

问：请你告诉我一些参考准则，借以评估商品行情的展望。

答：请注意，永远都必须留意实质利率走势。如果实质短期利率高于历史平均水准（1.4%左右），就必须担心通货膨胀、债券殖利率与商品价格可能上涨，就如同20世纪70年代的情况。可是，为了刺激经济脱离衰退，联邦储备银行往往需要采用宽松的货币政策，积极刺激景气，连带着也会造成商品价格上涨，通货膨胀恶化，利率大幅攀升，主要是因为联邦储备银行的宽松政策经常会有落后效应。

问：请提供一个分析架构，让我能够预测商品价格走势。

答：预测任何指标，首先需要判断它所处的经济循环阶段；另外，商品属于落后指标。所以，商品价格变动率的发展跟随在同时指标变动率之后，同时指标包括：工业产量指数、零售销售量、就业状况与国家采购经理人协会指数。由于商品价格属于落后指标，预测其趋势变动的唯一方法，是观察同时指标与领先指标的状况，最重要的领先指标包括货币供给（MZM）与殖利率曲线。

如果货币供给已经出现两三年的加速成长，成长率由0～3%上升到10%左右，而且殖利率曲线形状变得相当陡峭，那在一年或一年半之后就应该预期经济将强劲成长，商品价格不久之后也会上涨。反之，如果货币供给成长速度在一两年之内持续减缓,短期利率上升速度相对快于长期利率,导致殖利率曲线趋于平坦,这种经济环境很可能造成商品价格下跌。

拟定投资策略

问:接下来的问题是,我如何根据这些可能的情节发展,在整个金融循环过程内拟定恰当的投资策略。

答:首先需要决定股票市场当时处在哪种循环阶段。是否处在第一阶段,一切都没有问题,整个市场的股价普遍上升?是否处在第二阶段,这是股票市场循环的成熟阶段,基本上属于个股表现的行情?是否处在第三阶段,股票市场的情况非常不乐观?

问:第一阶段应该采取哪些行动?

答:第一阶段是春回大地、欣欣向荣的阶段,应该大胆投资。可是,态度也不可以太过鲁莽,不要一次投入全部资金,最好分批进行。你有两三个月的时间可以慢慢琢磨。另一方面,你应该专注于表现最佳的部门,包括个别股票与共同基金。分散投资在这个阶段也很重要。

问:股票市场循环的第二阶段又如何呢?

答:股票市场循环第二阶段开始出现一些行情趋于成熟的征兆。这通常发生在通货膨胀与利率走势触底回升之后,商品价格也开始上涨。这些征兆显示选股策略越来越重要。这个时候,你的持股比率大约接近100%,态度必须日益谨慎。在技术指标方面,市场宽度指标显示股价普遍上涨的情况已经较为少见。

问:我应该如何应对呢?

答:你需要确定整个行情仍在继续上涨,虽然不是每支股票都上涨,必须特别留意哪些类股特别强劲,哪些类股特别疲软。卖掉表现不佳的股票,另外挑选绩效杰出的股票。

问：所以，进入成熟阶段之后，我应该随时留意，卖掉表现不佳的股票。我应该防范市场发生调整走势，最好把整个资金都集中在下档具有保障的老牌绩优股。

答：没错。这个阶段必须开始准备应付股票市场循环的第三阶段。

问：在接下来的股票市场循环内，我应该怎么办？

答：当市场踏入第三阶段，通货膨胀已经开始出现压力，商品价格也开始上涨，短期与长期利率都明显走高。这个时候，必须开始执行防御性投资策略，重点不再是购买新股票，应该慢慢减少持股，提高现金比率。换言之，你应该慢慢卖掉表现不理想的股票。举例来说，对于你持有 100 股的某支股票，当价格下跌 5%到 10%左右，卖掉 20 股，如果股价继续下跌，就把所有持股卖掉。

问：是否能够提供一些参考准则，让我拟定债券投资策略？

答：债券价格取决于许多因素，到期期间长度是其中最重要的一项。到期期间越长，债券价格对于利率波动的敏感程度越大。如果长期利率开始下跌，受惠最大的债券是到期期间最长者。由另一个角度说，如果债券殖利率下跌，短期债券提供的资本利得最少。

债券发展趋势可以划分为三个阶段：第一阶段，债券殖利率下降；第二阶段，债券殖利率触底回升；第三阶段，债券殖利率伴随着通货膨胀上升。

第一阶段应该持有长期债券。换言之，债券殖利率趋于下降的期间内，你希望债券投资组合基本上都持有长期债券，它们提供的资本利得潜能最大。

问：如果由于经济状况转佳，通货膨胀压力增强，而债券殖利率看起来已经见底，我应该如何应对呢？

答：在债券循环的第二阶段，应该获利了结，卖掉长期债券，把资金转移到存续期间较短的债券，防范利率上升可能造成的资本损失，因为长期债券价格对于利率波动的敏感性最高。

问：一旦通货膨胀压力见底，债券殖利率看起来即将上升，我应该如何调整债券投资组合呢？

答：这个阶段应该积极转换持有短期债券，到期期间最好不超过两年。万一利率上升，这些债券价格所受到的影响很有限。事实上，整个固定收益组合最好完全持有 13 周国库券，这些债券价格完全不会波动。第三阶段是以防御为主，尽量持有现金。投资国库券的资金仍然可以提供不错的收益，因为这段期间的利率趋于上涨。

当你察觉债券殖利率创峰位，一旦确信债券殖利率已经开始下降而进入第一阶段，就可以转而用手中持有的现金买进长期债券。换言之，由这个时候开始，应该慢慢把短期债券转换为长期债券。

问：商品投资是否具备任何优点？

答：在商品价格趋于上涨的期间，专心从事商品投资当然具有优势，因为股票与债券在这段期间内的表现通常不理想。所以，在股票与债券的空头市场，商品投资提供不错的获利机会。另外，商品价格上涨也经常能够带动某些商品相关股票的涨势，例如：能源或矿产类股。

采取行动

问：假设我刚完成每周或每个月的投资预测评估，应对策略也完成必要调整。这个时候，我准备拟定投资策略，我面临的第一个问题可能是：究竟应该采用共同基金还是个别股票。

答：在任何时候，绝大部分共同基金的持股比率都很高，几乎接近 100%。可是，每位投资人都有自己的风险问题需要处理，把资金交给共同基金，显然不能消除这些风险。事实上，在股票行情不佳期间，大多数共同基金的表现也不理想。

问：如果股市行情不佳，共同基金的表现也不好，那应该怎么办呢？

答：你应该慢慢卖掉共同基金持股，把资金转移到货币市场账户赚取固定收益,或者把资金转移到你认为行情不错的其他资产类别。

问:根据一般说法,共同基金的投资期间应该都很长。

答:或许没错吧。可是,股票市场很可能在很长一段期间内都表现不理想,你很难期待共同基金在这段期间内能够提供重大获利。因此,投资人似乎应该自行负责投资绩效,管理自己的资金,了解自己的投资组合为什么绩效不彰。

衡量投资组合绩效

问:你曾经提到,衡量绩效是发展投资计划的重要层面之一,并且必须把这方面的讯息回馈到投资计划。请问这是什么意思?

答:衡量投资绩效是资金管理的最重要层面之一。如果投资人没有时间评估投资组合的绩效,把这些绩效与大盘相互比较,那就不应该自行管理资金。你应该每个星期定期衡量绩效,了解投资组合表现理想或不理想的原因。

问:应该如何处理呢?

答:专注于那些造成亏损的头寸。如果所持有的股票已经有一个月没有任何表现,由买进时间算起的价格已经下跌超过 10%,那就应该慢慢卖掉。错误需要改正,这就是重点。

问:如果某支股票的表现不佳,甚至造成亏损,我应该怎么处理?

答:立即采取行动!不用立即卖掉所有持股,但必须卖掉一小部分,然后观察随后的发展。如果继续发生亏损,那就继续出脱持股。如果你挑选错误的共同基金,基金经理人显然不适任,总是买进错误的股票,那就应该卖掉共同基金。

问:这些资金应该如何处理?

答:这取决于你的投资策略。如果你认为市场风险很高,那就继续持有现金。反之,如果你认为市场还有赚钱机会,不妨把资金再度投入市场,购买强势股或表现杰出的共同基金。

著作权合同登记号 图字:04-2010-037 号

Profiting in Bull or Bear Markets

Copyright © 2001 by The McGraw-Hill Companies, Inc.
ISBN 978–0–07–136706–6

All rights reserved. No part of this publication may be reproduced or transmitted in any form or by any means, electric or mechanical, including without limitation photocopying, recording, taping, or any database, information or retrieval system, without the prior written permission of the publisher.

This authorized Chinese translation edition is jointly published by McGraw-Hill Education (Asia) and Shanxi People's Publishing House. This edition is authorized for sale in the People's Republic of China only, excluding Hong Kong, Marco SAR and Taiwan.

Copyright © 2011 by McGraw-Hill Education (Asia), a division of the Singapore Branch of The McGraw-Hill Companies, Inc. and Shanxi People's Publishing House.

本书简体中文版由山西人民出版社和美国麦格劳－希尔教育（亚洲）出版公司合作出版。未经出版者预先书面许可,不得以任何方式复制或抄袭本书的任何内容。

版权所有,违者必究。
本书封底贴有 McGraw-Hill 公司防伪标签,无标签者不得销售。
ISBN 978-7-203-07112-9

国际知名短线交易大师带你走进日内交易的艺术殿堂
本书只讲一件事：日内进出，攫取厚利

在国际范围广泛受到赞誉的短线交易大师杰克·伯恩斯坦与中国读者分享思考。

1995年台湾股票指数期货市场筹备期重点投资者教育读物。受到众多机构的推崇。

15年来，当冲高手声名远播，百闻终得一见。

对于我的书能够呈献给中国读者，我感到十分荣幸。我很高兴能把这本日内交易的专著介绍给你。提高交易者的获利能力，帮助投资者利用价格波动，使他们笑傲今日的市场，是我的希望和目标。

在这本书中，你会发现多种多样的技术分析方法和手段，帮助你从今日的市场波动中捕获利润。本书中的技术分析，可以运用于股票市场，也可以运用于期货市场。中国是世界的产品生产中心，很多交易者是期货市场上原材料商品的买家和消费者，所以学习商品交易技巧，捕捉有利的价格时机，间不容息，裨益良多。书中所述也适用于单纯的投机，投机与投资在应用技术分析工具上并无二致。

精确的指标应该运用于优秀的思维以及严格的交易纪律之上。《短线交易大师》给予了我们启发。

——新湖期货董事长 马文胜

国外成熟市场的操作策略给了我们全新的分析视角。此书在指标的实战运用方面很有新意值得回味。

——《期货兵法》、《期货策略》作者 方志

金融投资市场是个多元化多生态的市场。这是一本从日内交易角度阐述经验和投资智慧的著作，即便对结构性投资的长线投资者，也会在技巧上给予您启迪。

——道通期货研究所所长 范适安